Andrássy Studien zur Europaforschung

herausgegeben von

Band 16

Martina Eckardt | Christian Schubel [Hrsg.]

Wettbewerb der Gesellschaftsrechtsordnungen in Ost-Mitteleuropa?

Nomos

Die Herausgabe dieses Bandes wurde vom ungarischen Ministerium für Humanressourcen im Rahmen des Nationalen Exzellenzprogramms sowie von der Baden-Württemberg-Stiftung gefördert.

Die Deutsche Nationalbibliothek verzeichnet diese Publikation in der Deutschen Nationalbibliografie; detaillierte bibliografische Daten sind im Internet über http://dnb.d-nb.de abrufbar.

ISBN 978-3-8487-1624-1 (Print)

ISBN 978-3-8452-5665-8 (ePDF)

1. Auflage 2016

Vorwort

In den letzten beiden Jahrzehnten ist die Frage, inwieweit die Integrationsprozesse auf dem europäischen Binnenmarkt zu einem Wettbewerb der Gesellschaftsrechtsordnungen geführt haben, zweifellos Gegenstand vielfältiger Forschungsaktivitäten gewesen. Allerdings ist hierbei zumeist auf die Rechtsordnungen der alten EU-Mitgliedstaaten geblickt worden. Auch aus Anlass des 10. Jahrestages der EU-Osterweiterung veranstalteten die Professuren für Finanzwissenschaft (*Prof. Dr. Martina Eckardt*) und für Zivil- und Wirtschaftsrecht (*Prof. Dr. Christian Schubel*) der Andrássy Universität Budapest (AUB) am 22. und 23. Mai 2014 gemeinsam eine interdisziplinäre Tagung zum Thema „Wettbewerb der Gesellschaftsrechtsordnungen in Ostmitteleuropa?“. Neben der Fokussierung auf eine spezielle Region der EU, deren Entwicklung in den letzten Jahrzehnten eine Reihe von Besonderheiten prägten, ist der konzeptionelle Ansatz der Tagung durch den Versuch gekennzeichnet gewesen, die unterschiedlichen Perspektiven der „Anbieter“ und der „Nachfrager“ eines solchen Wettbewerbs herauszuarbeiten. Den ersten Tagungstag eröffnete die Sicht der „Anbieter“. In drei Abteilungen wurde untersucht, inwieweit die Gesetzgeber der verschiedenen Mitgliedstaaten sich bei aktuellen Neukodifikationen oder laufenden Reformarbeiten im GmbH-Recht vom Gedanken eines Wettbewerbs der Rechtsformen haben leiten lassen. Der zweite Tagungstag analysierte ausführlich die Nachfrageseite, wobei auch die Erfahrungen von Praktikern mit dem Wettbewerb im Gesellschaftsrecht einbezogen wurden.

Als Antwort auf die Fragestellung der Konferenz „Gibt es einen Wettbewerb der Gesellschaftsrechtsordnung in Ostmitteleuropa?“ ergab sich nach zwei Tagen intensiver Diskussion ein eindeutiges „JEIN“. Einigkeit herrschte, dass die Gesetzgeber der Region sehr wohl das jeweilige nationale Gesellschaftsrecht auch als einen Faktor im Standortwettbewerb um die Ansiedlung von Unternehmen betrachten. Uneindeutig fiel dagegen die Einschätzung aus, welchen Stellenwert die Rechtsformenwahl für die Unternehmen selbst einnimmt. Einhellig waren aber alle Beteiligten der Ansicht, dass die interdisziplinäre Auseinandersetzung zwischen Rechts- und Wirtschaftswissenschaften fruchtbare Denkanstöße für die jeweils eigenen Überlegungen ergeben hat.

Dieser Band versammelt nun Beiträge von Mitwirkenden an dieser Tagung. Sie stellen teilweise eine Weiterentwicklung der damaligen Vorträge aufgrund der Diskussionen und des neueren Forschungsstandes dar. Trotz längerer Bemühungen ist es den Herausgebern allerdings lediglich gelungen, von ca. der Hälfte der Tagungsreferenten Beiträge für die Publikation zu erhalten. Umso herzlicher sei diesen Mitwirkenden für die mit der Abfassung der schriftlichen Ausarbeitung und der Weiterentwicklung ihrer Vorträge verbundenen Arbeit gedankt. Zu danken haben wir ferner der Baden-Württemberg Stiftung, welche die Durchführung der Tagung und diese Veröffentlichung finanziell gefördert hat.

Martina Eckardt *Christian Schubel*

Inhalt

Einführung

Wettbewerb der Gesellschaftsrechtsordnungen in Ostmitteleuropa – Thematische Einführung

Prof. Dr. Christian Schubel, Andrássy Universität Budapest

1. Warum Ostmitteleuropa?

Der Titel der Konferenz offenbart, dass an den nächsten beiden Tagen bei einer Thematik, die in den letzten Jahren viel diskutiert worden ist, der Fokus auf eine spezielle Region der Europäischen Union gerichtet werden soll. Was spricht nun aus Sicht des Juristen dafür, sich dem „Wettbewerb der Gesellschaftsrechtsordnungen" ausgerechnet mit Blick auf Ostmitteleuropa zu widmen?

Aus der Perspektive des Gesellschaftsrechtlers und Rechtsvergleichers ist Ostmitteleuropa ein großes Experimentierfeld: Es handelt sich um eine Region, in der die heutigen EU-Mitgliedstaaten vor einem Vierteljahrhundert im Zuge der rechtlichen und ökonomischen Transformation begonnen haben, ihre Gesellschaftsrechtsordnungen in einem bislang kaum gekannten Umfang umzugestalten und zielgerichtet weiterzuentwickeln. Da sich diese Entwicklung auf einem in räumlicher Sicht nicht so gewaltigen Raum und unter ähnlichen strukturellen Bedingungen vollzogen hat, liegt die These nahe, dass – so die Rechtsformauswahl die Standortentscheidung von Unternehmen überhaupt zu beeinflussen vermag – sich entsprechende Wirkungen im ostmitteleuropäischen EU-Beitrittsraum leichter nachweisen lassen müssten als anderswo. Bei der Standortauswahl zwischen Györ und Bratislava oder zwischen Ostrava und Katowice könnten die jeweiligen Angebote der nationalen Gesellschaftsrechtsordnungen eher eine Rolle gespielt haben als bei einer Wahl zwischen London, Paris und Berlin. Zudem liegt hier für den Blick auf die Anbieterseite ein reichhaltiges Untersuchungsmaterial vor, sind doch die Gesetzgeber der ostmitteleuropäischen Staaten in den letzten beiden Jahrzehnten aus Anlass des Systemwechsels und des EU-Beitritts immer wieder auf dem Gebiet des Gesellschaftsrechts aktiv geworden. In allen Staaten dieser Region sind im letzten Vierteljahrhundert moderne Gesellschaftsrechtsgesetze geschaffen worden und noch immer ist ein Ende des Reformeifers nicht abzusehen: Aktuell bieten umfassende Neukodifizierungen des Gesellschaftsrechts in

Ungarn und Tschechien sowie Reformdiskussionen in der Slowakei und Polen eine hervorragende Gelegenheit, sich dieser Thematik zu widmen.

2. Besonderheiten der Region

Was ist in Ostmitteleuropa anders? Oder – vorsichtiger formuliert: Was könnte bei der Beschäftigung mit der Frage nach einem Wettbewerb der Gesellschaftsrechtsordnungen anders sein, wenn man den Blick auf den ostmitteleuropäischen EU-Beitrittsraum richtet und nicht auf die weiter westlich liegenden Teile der Gemeinschaft? Zumindest vier Aspekte sollten insoweit beachtet werden.

Erstens ist bei der Suche nach den Wirkungen des Wettbewerbs die allgemeine Entwicklung des Gesellschaftsrechts zu beachten, auf die bereits hingewiesen worden ist: Ohne jeden Zweifel hat auf diesem Gebiet in den ostmitteleuropäischen Staaten während der letzten zweieinhalb Jahrzehnte ein tiefgreifender Modernisierungsprozess stattgefunden. Ende der 80er Jahre des 20. Jahrhunderts befanden sich die gesellschaftsrechtlichen Vorschriften in den späteren EU-Beitrittsstaaten – so man sie in der sozialistischen Zeit nicht ganz aufgehoben hatte – auf dem Stand, den sie am Vorabend des II. Weltkrieges gehabt hatten.[1] Für das dazwischen liegende halbe Jahrhundert fehlte nicht nur jede Weiterentwicklung durch den Gesetzgeber, sondern auch eine für die Stabilisierung der gesetzlichen Regelungen erforderliche kontinuierliche Judikatur.[2] Blickt man ausschließlich auf das Gesellschaftsrecht – und nicht auf das wirtschaftsrechtliche Umfeld – dann haben in den Jahren nach der politischen Wende die Elemente einer Regulierung die Aspekte einer Deregulierung notwendigerweise deutlich überlagert. Reguliert werden musste zunächst der Transformati-

---

1 *Csehi*, in: Hommelhoff/C.Schubel/Teichmann (Hrsg.), Societas Privata Europaea (SPE) – die europäische Kapitalgesellschaft für mittelständische Unternehmen, Baden-Baden 2014, S. 119, 120, spricht mit Blick auf diese Jahrzehnte von einem „Dornröschenschlaf" des ungarischen Gesellschaftsrechts; siehe auch *ders.* in diesem Band, unter I.

2 In Polen hat man nach 1990 das Fehlen neuerer Rechtsprechung auf dem Gebiet des Gesellschafts- und Handelsrechts durch einen Rückgriff auf ältere Judikate aus der Zwischenkriegszeit zu kompensieren versucht: Viele Rechtsprechungssammlungen aus dieser Zeit erfuhren einen Nachdruck. Siehe hierzu *J.Schubel*, Gestaltungsfreiheit und Gestaltungsgrenzen im polnischen Vertragskonzernrecht, Tübingen 2010, S. 11 ff.

onsprozess von den sozialistischen Wirtschaftseinheiten hin zu tradierten Gesellschaftsformen. Und dann war ein halbes Jahrhundert Gesellschaftsrechtsentwicklung aufzuholen, die insgesamt eher durch regulatorische Elemente geprägt gewesen ist. Letzteres fand seinen sichtbarsten Ausdruck in der erforderlichen Anpassung an das Gemeinschaftsrecht, auch wenn diese bei der zweiten Kapitalgesellschaftsform, um die es hier vor allem gehen soll, einen deutlich geringeren Umfang gehabt hat, als im Aktienrecht. All dies schließt selbstverständlich nicht aus, dass es in jüngerer Zeit auch zu einer stärkeren Deregulierung gekommen sein könnte.

Zweitens hat man in den ostmitteleuropäischen Staaten der Rechtsvergleichung immer einen wesentlich höheren Stellenwert beigemessen, als dies in Deutschland und anderswo verbreitet der Fall gewesen ist.[3] Das Wissen um die Lösungen anderer Rechtsordnungen stellt zweifellos eine wichtige Voraussetzung für einen Wettbewerb zwischen diesen Ordnungen dar.[4] Insoweit scheint es zunächst nur um einen Ideenwettbewerb in der Rechtswissenschaft zu gehen,[5] doch deutet vieles darauf hin, dass in den ostmitteleuropäischen Beitrittsstaaten rechtsvergleichende Untersuchungen das Tätigwerden der Gesetzgeber unmittelbar bestimmt haben,[6] auch weil der schnelle Modernisierungsprozess ohne die Mitwirkung von Rechtswissenschaftlern, die in diesen Ländern – anders als in Deutschland – ja häufig auch in der anwaltlichen Praxis tätig sind, nicht durchzuführen gewesen wäre.

Drittens sind die ostmitteleuropäischen Gesellschaftsrechtsordnungen in den letzten Jahren erkennbar innovationsfreundlicher gewesen. Selbst-

---

3 Siehe nur *Horn*, Die Rolle des Privatrechts in der Transformation von Wirtschaft und Gesellschaft in Mittelosteuropa und Osteuropa, in: Horn u.a. (Hrsg.), Die Neugestaltung des Privatrechts in Mittelosteuropa und Osteuropa, München 2002, S. 3, 48.

4 Hierzu *Kerber*, Koreferat zu Kieninger, in: Schäfer/Eger (Hrsg.), Ökonomische Analyse der europäischen Zivilrechtsentwicklung, Tübingen 2007, S. 203, 205 f.

5 Vgl. *Kieninger*, Aktuelle Entwicklungen des Wettbewerbs der Gesellschaftsrechte, in: Schäfer/Eger (Hrsg.), Ökonomische Analyse der europäischen Zivilrechtsentwicklung, Tübingen 2007, S. 170, 172 f.

6 So sind in fast allen ostmitteleuropäischen EU-Beitrittsstaaten größere Gesetzesprojekte auf dem Gebiet des Privat- und Unternehmensrechts regelmäßig von speziellen Kodifikationskommissionen vorbereitet worden, deren Tätigkeit ganz entscheidend von Rechtswissenschaftlern mitbestimmt worden ist. Siehe z. B. zur Entstehung des polnischen Gesetzes über Handelsgesellschaften (Kodeks spółek handlowych = KSH) und zur dort erfolgten Einbeziehung ausländischer Experten *Sołtysiński*, in: Festschrift für Marcus Lutter, Köln 2000, S. 921 f.

verständlich will ich als deutscher Gesellschaftsrechtler nicht in Frage stellen, dass in meiner Heimatrechtsordnung an vielen Stellen innovativ an neuen Lösungen gearbeitet wird. Doch handelt es sich beim deutschen Gesellschaftsrecht um ein sehr komplexes Gebäude, an dessen Ausbau schon seit ca. eineinhalb Jahrhunderten intensiv gearbeitet wird und zu dessen großen Vorteilen gerade auch die mit einem solchen Ausbau verbundene Rechtssicherheit gehört. Hieraus ergeben sich Pfadabhängigkeiten, die häufig bis in die Details hineinwirken und selbst beim Auftreten neuartiger Probleme die Lösung vorgeben. Insoweit sind die Pfade in den ostmitteleuropäischen Rechtsordnungen längst nicht so tief eingetreten, man tut sich leichter, auf der Suche nach einer interessanten Fortentwicklung auch neue Wege zu beschreiten.[7]

Viertens wird in deutschen Untersuchungen der (mögliche) Einfluss des Gesellschaftsrechts auf die Standortwahl völlig ausgeklammert, weil man ihn von vornherein für absolut unbedeutend und nicht messbar hält. Stattdessen soll allenfalls ein Wettbewerb um die bloße registerrechtliche Inkorporation von Gesellschaften, die ihren Geschäftsbetrieb dann in anderen Staaten entfalten, also um sog. Scheinauslandsgesellschaften, vorstellbar sein.[8] Ob diese Einschätzung tatsächlich zutreffend ist, soll hier offen bleiben. Wichtig ist jedoch, dass mit Blick auf die ostmitteleuropäischen EU-Beitrittsstaaten die Gewichte anders gesetzt werden müssen. Hier erscheint ein Wettbewerb um die Inkorporation von Gesellschaften – von Sondersituationen abgesehen – kaum wahrscheinlich zu sein, weil die Gesellschaftsformen dieser Länder international einfach zu unbekannt sind. Anders als im Westen Europas dürften hier die entsprechenden Aktivitäten der Mitgliedstaaten auch nicht vom Bestreben motiviert sein, durch die Verbreitung des eigenen Gesellschaftsrechts ökonomische Vorteile für die

7 Als Beispiel lässt sich auf die Vorschläge im Abschlussbericht des *Forum Europaeum Konzernrecht*, ZGR 1998, 672 ff., verweisen (u.a. Gruppenführung nach dem „Rozenblum“-Konzept und Geschäftsleiterpflichten in der Krise nach dem „wrongful trading“-Modell), mit denen eine Fortbildung des Gemeinschaftsrecht angeregt wurde. Während die Vorschläge auf der europäischen Ebene keine Umsetzung erfahren haben, fanden sie bei den Reformen des Unternehmensrechts in den EU-Beitrittsstaaten durchaus Beachtung. Siehe etwa die §§ 30 und 64 des ungarischen Gesetzes über die Wirtschaftsgesellschaften von 2006 (GWiG); dazu *Baumann*, Das Konzernrecht Ungarns nach dem Inkrafttreten des Gesetzes Nr. IV aus dem Jahr 2006 über die Wirtschaftsgesellschaften, Frankfurt/M. 2011, S. 222 ff., 433 ff.

8 Siehe etwa *Kieninger*, aaO (Fn. 5), S. 173 f.

heimischen Dienstleistungserbringer zu erzielen.[9] Dagegen ist es für den ostmitteleuropäischen Beitrittraum nicht von vornherein ausgeschlossen, dass dem Gesellschaftsrecht zumindest aus der Perspektive der Anbieter, also der mitgliedsstaatlichen Gesetzgeber, im Standortwettbewerb eine gewisse Relevanz zukommt. Dieser Aspekt ist bei der inhaltlichen Auffächerung der Thematik im Blick zu behalten.

3. Inhaltliche Auffächerung der Thematik aus juristischer Sicht

Diskussionen über den Wettbewerb der Gesellschaftsrechtsordnungen werden fast ausschließlich mit Blick auf die Gründungssituation geführt, wobei in erster Linie die finanziellen Kosten, mitunter aber auch der zeitliche Aufwand der Errichtung einer neuen Gesellschaft thematisiert werden. Bei den Einzelthemen rückt dann vor allem das gesetzliche Mindeststammkapital in den Fokus, darüber hinaus eventuell Notar- und Registerkosten u.ä.[10] Eine entsprechende Ausrichtung der Untersuchung liegt sicherlich insb. dann nahe, wenn man von einem bloßen Inkorporations-, statt von einem Standortwettbewerb ausgeht. Die Konzentration auf die Gründungssituation ließ sich zudem lange Zeit damit rechtfertigen, dass eine Verlegung des einmal gewählten Satzungssitzes in den Bereich einer anderen Rechtsordnung nach dem Recht vieler EU-Mitgliedstaaten grundsätzlich nicht möglich gewesen ist.[11] Dies ist unterdessen aber anders geworden: Möglich sind nicht nur grenzüberschreitende Verschmelzungen von Kapitalgesellschaften, sondern auch eine grenzüberschreitende Satzungssitzverlegung, verbunden mit einem identitätswahrenden Formwechsel.[12] Bei der Beantwortung der Frage, in welchem Mitgliedstaat die fusionierte Gesellschaft ihren Sitz nehmen sollte bzw. welcher Staat sich als

---

9 Die Bedeutung dieses Motivs (mit Blick auf Westeuropa) herausstellend *Eidenmüller*, in: Festschrift für Andreas Heldrich, München 2005, S. 581, 584 f.

10 Siehe etwa *Braun/Eidenmüller/Engert/Hornuf*, ZHR 177 (2013), 131 ff.

11 Insoweit hat sich die Situation in den letzten beiden Jahrzehnten fundamental verändert; zur Ausgangssituation dieser Entwicklung siehe nur *Merkt*, RabelsZ 59 (1995), 545, insb. 560 ff.

12 Hierzu mit Blick auf den ostmitteleuropäischen Bereich *Oplustil/Dziuba/Hain*, Grenzüberschreitende Umwandlung von Gesellschaften nach europäischem und nationalem Recht – vor dem Hintergrund des polnischen, ungarischen und tschechischen Rechts, in: C.Schubel/Kirste uam. (Hrsg.), Jahrbuch für Vergleichende Staats- und Rechtswissenschaft 2014/2015, Baden-Baden 2016, S. 209 ff.

Ziel der Satzungssitzverlegung anbietet, dürften gesellschaftsrechtliche Regelungen zumindest tendenziell eine größere Bedeutung erlangen. Außerdem wird durch diese Entwicklung der Kreis der relevanten gesellschaftsrechtlichen Themen über das Gründungsrecht hinaus erweitert. Dies auch deshalb, weil die an derartigen Umstrukturierungen Beteiligten regelmäßig schon (positive oder negative) Erfahrungen mit verschiedenen Gesellschaftsrechtsordnungen gemacht haben.[13] Vor diesem Hintergrund sollte die Betrachtung möglicher Gebiete für einen Wettbewerb der Gesellschaftsrechtordnungen breiter ansetzen.

3.1 Kapitalschutzsystem

Nicht nur in den wissenschaftlichen Diskussionen über einen Wettbewerb der Gesellschaftsrechtsordnungen stößt man immer wieder auf das gesetzliche Mindeststammkapital, sondern die entsprechenden Regelungen genießen nachweisbar auch die Aufmerksamkeit der mitgliedsstaatlichen Gesetzgeber.[14] Beim gesetzlichen Mindeststammkapital handelt es sich um ein Rechtsinstitut, das sich bei fremden Rechtsordnungen zumeist problemlos ermitteln und bezüglich dessen sich dann auch leicht ein Vergleich erstellen lässt – allenfalls müssen Wechselkurse beachtet werden. Ob das satzungsmäßige Stammkapital tatsächlich vollständig oder nur zu einem Teil aufgebracht werden muss und ob es für die spätere Einzahlung der restlichen Mittel Fristen gibt oder nicht, ist dann schon zumeist völlig außerhalb der Betrachtung, ganz zu schweigen von der Strenge bzw. Liberalität der gesetzlichen Regelungen über die Modalitäten der Kapitalaufbringung. Wenn aber das satzungsmäßige Stammkapital grundsätzlich überall auf dem Wege einer Sacheinlage aufgebracht werden kann, dann

---

13 Vgl. auch *Eidenmüller*, ZGR 2007, 168, 175 f.

14 So ist z. B. in Ungarn das Mindeststammkapital bei der korlátolt felelősségű társaság (Kft.) zum 1.9.2007 von 3 Mio. HUF auf 500.000 HUF herabgesetzt worden – zuvor hatte ein offizieller Gesetzentwurf sogar eine Herabsetzung auf 1.000 HUF vorgeschlagen; hierzu *Baumann*, in: Jahrbuch für Vergleichende Staats- und Rechtswissenschaft 2008, S. 185 ff. Seit dem 15.3.2014 beträgt das Mindeststammkapital der Kft. gemäß § 3:161 Abs. 4 des neuen ungarischen Bürgerlichen Gesetzbuches (UBGB) allerdings wieder 3 Mio. HUF. In Polen ist das Mindeststammkapital der Spółka z ograniczoną odpowiedzialnością (Sp. z o.o.) zum 1.1.2009 von 50.000 PLN auf 5.000 PLN herabgesetzt worden; vgl. Art. 154 § 1 KSH.

hat beispielsweise die Frage, zu welchem Zeitpunkt diese Einlage werthaltig gewesen sein muss – ob zum Zeitpunkt des Vertragsschlusses,[15] der tatsächlichen Einbringung,[16] der Anmeldung der Gesellschaft zum Handelsregister[17] oder deren Eintragung ins Register[18] – womöglich größere Auswirkungen als die Ziffer des gesetzlichen Mindeststammkapitals. Erst recht verliert diese Ziffer an Relevanz, wenn man die ausschließliche Fixierung auf die Gründungsphase aufgibt; stattdessen gelangen die Vorschriften über die Kapitalerhaltung stärker ins Blickfeld: Inwieweit werden die Möglichkeiten der Gesellschafter beschränkt, risikolos Gewinne aus der Gesellschaft entnehmen zu können? Betreffen derartige Beschränkungen eventuell sogar die Vornahme von sog. Dritt- bzw. Verkehrsgeschäften mit der Gesellschaft? Wie sieht es mit der Zulässigkeit von Cashpool-Systemen aus usw. Beim Kapitalschutzsystem einer mitgliedsstaatlichen Rechtsform sind also viele Punkte in den Blick zu nehmen.[19]

3.2 Gründungsvorschriften

Die bei der Errichtung einer neuen Gesellschaft zu beachtenden Vorschriften scheinen lediglich für die kurze Phase der eigentlichen Gründung von Bedeutung zu sein, weil sie vor allem hier für einen finanziellen und zeitlichen Aufwand sorgen. Dabei handelt es sich zweifellos um sehr wichtige Aspekte, deren Bedeutung nicht geleugnet werden soll. Allerdings ist darauf aufmerksam zu machen, dass eine Verengung des Blickfelds auf die Gründungsphase erneut nicht sachgerecht erscheint. Es gibt durchaus einzelne Vorschriften, die sich bei einer mittel- und langfristigen Betrachtung viel gravierender auswirken können. So veranlasst z. B. das Verbot der Gründung einer Einpersonengesellschaft durch eine andere Einpersonen-

---

15 So Art. 14 § 2 und Art. 175 KSH nach Ansicht der herrschenden Meinung im polnischen rechtswissenschaftlichen Schrifttum; vgl. *Kryzel*, Das Kapitalschutzsystem der deutschen GmbH und der polnischen spólka z o.o. nach der Reform, Hamburg 2012, S. 122 ff.

16 So § 3:10 Abs. 3 UBGB.

17 So § 9 Abs. 1 des deutschen GmbHG.

18 So § 59 Abs. 6 des slowakischen Handelsgesetzbuches (Obchodý zákonník = ObchZ).

19 Siehe den Beitrag von *Patakyová* und *Duračinská* zum slowakischen Recht in diesem Band.

gesellschaft[20] – ca. 60 % der deutschen GmbH haben nur einen Gesellschafter[21] und sind daher von diesem Verbot betroffen – in der Praxis Notlösungen, deren zusätzlicher finanzieller und zeitlicher Aufwand zunächst überschaubar zu sein scheint: Man beschließt die Aufnahme eines Strohmannes und greift hierfür gern auf die Person zurück, welche Geschäftsführer der neuen Gesellschaft werden soll.[22] Erfüllt der Geschäftsführer dann aber später nicht die Erwartungen, weshalb man ihn im Streit entlassen muss, dann drohen sehr zeit- und geldaufwendige Auseinandersetzungen im Gesellschafterkreis. Ein Investor, der bereits entsprechende Erfahrungen sammeln musste, dürfte davor zurückschrecken, sich noch einmal in eine derartige Konstellation zwingen zu lassen.

3.3 Gestaltungsfreiheit

Die Bedeutung der Freiheit zur privatautonomen Ausgestaltung der inneren Organisation einer Gesellschaft tritt natürlich dort völlig zurück, wo es nur darum geht, möglichst schnell und kostengünstig eine neue Gesellschaft zu gründen. Mehr noch: Verfahren, die zum Ziel haben, die Gründung einer neuen Gesellschaft innerhalb weniger Tage, wenn nicht sogar Stunden zu ermöglichen, arbeiten häufig mit Musterverträgen, bei denen die Gestaltungsmöglichkeiten nahezu vollständig ausgeschlossen worden sind, ohnehin setzt eine sinnvolle Benutzung der Gestaltungsfreiheit zumeist guten und teuren anwaltlichen Rechtsrat voraus.[23] Insoweit scheinen unüberbrückbare Gegensätze zu bestehen. Allerdings gewinnt bei einer über die Gründungsphase hinausreichenden mittel- und langfristigen Betrachtung dieser Aspekt dann aber gerade bei der zweiten Kapitalgesell-

---

20 So etwa Art. 151 § 2 des KSH oder § 105 a Abs. 1 ObchZ. Zur europarechtlichen Zulässigkeit derartiger Regelungen *Grundmann*, Europäisches Gesellschaftsrecht, 2. Aufl., Heidelberg 2011, S. 150 ff. (Rn. 303 ff.); *Habersack/Verse*, Europäisches Gesellschaftsrecht, 4. Aufl., München 2011, S. 355 f. (§ 10 Rn. 11 ff.).

21 Vgl. *Bayer/Hoffmann*, GmbHR 2014, 12 ff.

22 Siehe zu dieser Praxis *Lutter*, in: Festschrift für Hans Erich Brandner, Köln 1996, S. 81 ff.

23 Zur Verbreitung von Mustervertragsgründungen in der ungarischen Gesellschaftspraxis und der mit der Nutzung solcher Muster verbundenen (weiteren) Einschränkung der Gestaltungsmöglichkeiten siehe *Csehi*, aaO (Fn. 1), S. 119 ff.

schaftsform große Bedeutung.[24] Bei der Frage nach der Gestaltungsfreiheit geht es allerdings um mehr als nur um das Fehlen von gesetzlichen Regelungen, die etwas verbieten oder zwingend vorschreiben, zudem bestehen enge Berührungspunkte zur Rechtssicherheit, denn nur rechtssichere Gestaltungsmöglichkeiten sind wirklich von Wert.[25] Diesem Fragenkreis sollte daher noch mehr Aufmerksamkeit gewidmet werden.[26]

3.4 Haftungsfragen und Absicherung grenzüberschreitender Unternehmensgruppen

Zukünftig könnten noch zwei weitere Themenkreise an Relevanz gewinnen, auf die an dieser Stelle zumindest kurz aufmerksam gemacht werden soll. Zum einen geht es um die Regelungen über die Haftung insb. von Geschäftsführern, aber auch von Gesellschaftern. Derartige Vorschriften werden bei einer auf die Gründungsphase fokussierten Betrachtung nicht thematisiert, können aber später große Bedeutung erlangen. In den ostmitteleuropäischen Mitgliedstaaten hat sich dieser Bereich in den letzten Jahren dynamisch entwickelt, was auch darauf zurückzuführen ist, dass insoweit fast immer eine reichhaltige Rechtsprechung existiert. Das Tempo der Entwicklung scheint mitunter auf Kosten der Klarheit und Rechtssicherheit zu gehen, nicht ausgeschlossen ist zudem, dass es zu Überregulierungen kommen könnte. Da die Thematik sehr komplex ist, lässt sie sich rechtsvergleichend nur schwer erschließen,[27] auch deshalb würde diese Problematik in einem Wettbewerb der Gesellschaftsrechtsordnungen wohl lediglich „negativ“ wirken, in dem Sinne, dass sie die Flucht aus einer Rechtsordnung auslösen könnte.

---

24 Dass im Rahmen eines Wettbewerbs der Gesellschaftsrechtsordnungen auch der Vertragsfreiheit wichtige Bedeutung zukommt wird z. B. von *Eidenmüller*, FS Heldrich, S. 581, 592, betont.

25 Die Bedeutung von Rechtssicherheit hervorhebend *Kieninger*, aaO (Fn. 5), S. 194; *Roth*, ZGR 2005, 348, 368.

26 Siehe hierzu die Beiträge von *Csehi* und *Dobrin* in diesem Band.

27 Dies schon deshalb, weil bei der Verantwortung der Geschäftsleitungen nicht nur eine zu strenge Haftung vermieden werden muss, sondern auch – umgekehrt – die Möglichkeiten der Gesellschaft, pflichtvergessene Vorstände und Geschäftsführer in Anspruch nehmen zu können, nicht zu sehr beschränkt werden dürfen. Letzteres ist offenbar zurzeit im polnischen Gesellschaftsrecht der Fall; siehe hierzu *Sabat*, WiRO 2014, 225 ff.

Schließlich dürften zukünftig jene Regelungen eine wichtige Rolle spielen, mit denen eine Rechtsordnung die Integration von Tochtergesellschaften in eine grenzüberschreitende Unternehmensgruppe „begleitet", also eine solche Integration ermöglicht oder sogar rechtssicher gestaltet, eventuell aber auch beschränkt oder ganz verhindert. Die Praxis agiert hier häufig – bewusst oder unbewusst – noch in einer rechtlichen Grauzone, in der vieles praktiziert wird, was in seiner rechtlichen Problematik weitgehend unreflektiert bleibt. Auch wegen der Erwähnung dieses Themas im Aktionsplan der EU-Kommission zum Europäischen Gesellschaftsrecht[28] könnte sich dies aber mittelfristig ändern.

---

28 Kommission, Aktionsplan: Europäisches Gesellschaftsrecht und Corporate Governance – ein moderner Rechtsrahmen für engagiertere Aktionäre und besser überlebensfähige Unternehmen, KOM (2012) 740 endg., 17, 20. Zu dieser Initiative siehe nur *Hommelhoff,* KSzW 2014, 63 ff.; *Mülbert*, ZHR 179 (2015), 645, 657 ff.; *C.Schubel*, in: Festschrift für Peter-Christian Müller-Graff, Baden-Baden 2015, S. 305 ff.

1.
Gründungsvorschriften und Gestaltungsfreiheit

Das Kapital der Kapitalgesellschaften im slowakischen Recht

Prof. JUDr. Mária Patakyová, PhD, JUDr. Jana Duračinská, PhD, Comenius-Universität Bratislava

Trotz der Bemühungen um eine Harmonisierung der Rechtsregelungen und deren Approximation im Rahmen der EU ist paradoxerweise die Konkurrenzfähigkeit der Rechtsordnungen nicht nur im Ostmitteleuropa immer aktuell. Der Wettbewerb der Gesellschaftsrechtsordnungen hängt eng mit der ökonomischen Seite der Konkurrenzfähigkeit der nationalen Volkswirtschaften zusammen, und das vor allem unter dem Einfluss der (noch immer bestehenden) ökonomischen Krise. Es stimmt, dass zwischen den EU-Staaten Ostmitteleuropas die Konkurrenznähe einen bedeutenden Faktor darstellt, vor allem aufgrund ihrer geographischen Nähe, aber auch aufgrund ihrer ähnlichen politischen und ökonomischen Genese. Die Problematik des Kapitals gehört zu den Kriterien, die eine bedeutende Rolle bei dem Erwerb eines Vorteils in der Form der Attraktivität der Unternehmensumwelt spielen. Die rechtliche Regelung der Mindestanforderungen für die Gestaltung des Kapitals kann fraglos „eine Motivation für die Anlockung“ von Investoren sein.

In der EU-Rechtslandschaft wird die Rechtsregelung für das Kapital vor allem durch die zweite Richtlinie 77/91/EWG des Rates zur Koordinierung der Schutzbestimmungen, die in den Mitgliedstaaten den Gesellschaften im Sinne des Artikels 54 Absatz 2 des Vertrages im Interesse der Gesellschafter sowie Dritter für Gründung der Aktiengesellschaft sowie für die Erhaltung und Änderung ihres Kapitals vorgeschrieben sind, um diese Bestimmungen gleichwertig zu gestalten (Neufassung 2012/30/EU) (weiter „zweite Richtlinie“ oder „Kapitalrichtlinie“) beeinflusst. Die Novelle der Kapitalrichtlinie Nr. 2006/68/EG hat eine Vereinfachung der Rechtsregelung gebracht[1], womit Raum für eine größere Variabilität der nationalen Regelungen entstanden ist. Aus Gründen der Klarheit wurde im

---

1 Die Vereinfachung der zweiten Richtlinie wurde als eine der Prioritäten des Aktionsplans zur Modernisierung des Gesellschaftsrechts und Verbesserung der Corporate Governance in der Europäischen Union, KOM (2003) 284 endg. (21.5.2003), in Angriff genommen.

Rahmen der entstehenden Änderungen die ursprüngliche zweite Richtlinie revidiert[2] und in der Form der Neufassung der Kapitalrichtlinie bearbeitet.

Die aktuelle Regelung des Kapitals im slowakischen HGB, aber auch allgemein die Regelung des Gesellschaftsrechts, wurde durch die Implementation der europäischen Vorschriften beeinflusst. Die Notwendigkeit, die slowakische Regelung an die Erfordernisse der europäischen Richtlinien anzupassen, wurde vor allem durch die Novelle des HGB Nr. 500/ 2001 Z. z. mit Wirksamkeit ab dem 1.1.2002 befriedigt. Durch diese Novelle wurde in das slowakische Gesellschaftsrecht die zweite Richtlinie auch im Zusammenhang mit der Regulation der Gestaltung, Erhaltung und Änderung des Kapitals u. a. eingearbeitet. In der Begründung des Erlasses der Kapitalrichtlinie wird ausgeführt, dass die Koordinierung der einzelstaatlichen Vorschriften über die Aufrechterhaltung, die Erhöhung und die Herabsetzung des Kapitals vor allem deshalb bedeutsam ist, um beim Schutz der Aktionäre einerseits und der Gläubiger der Gesellschaft andererseits ein Mindestmaß an Gleichwertigkeit sicherzustellen. Wie weiter in der Begründung steht, es ist daher notwendig, Unionsvorschriften zu erlassen, um das Kapital als Sicherheit für die Gläubiger zu erhalten, indem insbesondere untersagt wird, dass das Kapital durch nicht geschuldete Ausschüttungen an die Aktionäre verringert wird, und indem die Möglichkeit einer Gesellschaft, eigene Aktien zu erwerben, begrenzt wird.

Seit der Implementation der Kapitalrichtlinie gilt im slowakischen HGB ein Prinzip der realen Gestaltung des Kapitals und der Kapitalerhaltung. Die aktuelle Regelung hat die Aufgabe, der Gestaltung des sog. „fiktiven" Kapitals und verschiedenen Praktiken, die das Gesellschaftsvermögen gefährden, vorzubeugen. Die Regelung dient nicht nur zum Gläubigerschutz (Haftungsstock), sondern auch zum Schutz der Gesellschafter und der Gesellschaft. Zu diesem Konzept gehört auch die Forderung eines Mindest-

2 Die Kommission hatte in ihrem Aktionsplan zur Modernisierung des Gesellschaftsrechts und Verbesserung der Corporate Governance vom Mai 2003 als mittelfristige Priorität die Erstellung einer Durchführbarkeitsstudie vorgeschlagen, um Alternativen zu dem von der Zweiten Richtlinie auf dem Gebiet des Gesellschaftsrechts (Richtlinie 77/91/EWG) eingeführten System der Kapitalerhaltung, welches auf Aktiengesellschaften in der EU Anwendung findet, zu untersuchen. Die Durchführbarkeitsstudie über Alternativen zum System der Kapitalerhaltung, das von der Zweiten Richtlinie auf dem Gebiet des Gesellschaftsrechts 77/91/EWG vom 13.12.1976 eingeführt wurde, sowie Analyse der Auswirkungen des neuen Bilanzierungssystems der EU auf die Gewinnausschüttung wurde im Jahre 2008 vorgelegt.

betrages des Kapitals.[3] Man muss anerkennen, dass der Sinn und Zweck des bestimmten Mindeststammkapitals auch darin liegt, der Gesellschaft insbesondere in der Anfangsphase die Teilnahme am Geschäftsverkehr überhaupt zu ermöglichen (Kreditunterlage). Der vorliegende Beitrag ist auf den engeren Teil der Problematik der realen Gestaltung des Kapitals und der Kapitalerhaltung orientiert und zwar auf das Prinzip der realen Gestaltung des Kapitals durch die Einlagen der Gesellschafter in die Kapitalgesellschaften im Rahmen der slowakischen Regelung, ebenso auf Sanktionen, die im Falle der Nichteinhaltung der gesetzlichen Vorgaben über die Gestaltung der Kapitals eintreten. Der Beitrag analysiert gleichzeitig die Übertragbarkeit der Geschäftsanteile bzw. der Aktien, die auch ein bedeutendes Kriterium für die Rechtsformwahl darstellt. Der Beitrag wird – Bezug nehmend auf die Neufassung der zweiten Richtlinie, die neuen Raum für größere Variabilität der nationalen Regelungen eröffnet hat – vor allem aus der Sicht der Genehmigungen, die aus der zweiten Richtlinie folgen und die Unterschiede zwischen den nationalen Regelungen hervorrufen können, formuliert. Der Beitrag basiert auf dem aktuellen Stand zum Zeitpunkt der Beitragsabgabe im August 2014.

1. Prinzip der realen Gestaltung des Kapitals im slowakischen Gesellschaftsrecht

Unter dem Begriff der Kapitalgesellschaft fasst das slowakische Gesetz Nr. 513/1991 Zb. Handelsgesetzbuch (weiter nur „HGB“) die Gesellschaft mit beschränkter Haftung und die Aktiengesellschaft zusammen. Bei diesen Kapitalgesellschaften schreibt der Gesetzgeber ein bestimmtes Kapital (Stammkapital der GmbH bzw. Grundkapital der AG) und dessen Mindestbetrag vor, der effektiv vor der Anmeldung der Gesellschaft zum Handelsregister bezahlt werden muss. Die Einzahlung und die Erhaltung des Kapitals werden durch die Regelung des HGB gesichert. Die Aufbringung von Kapital und eine Einzahlung des Mindestbetrags sind die Voraussetzungen für die Eintragung der Kapitalgesellschaften in das Handelsregister.` Die Höhe des Kapitals wird in das Handelsregister eingetragen. Bei

3 Analyse der Möglichkeit einer Herabsetzung der Forderung auf Einlagepflicht und der rechtlichen Mindestanforderung auf das Kapital, Material zur Regierungsbesprechung vom 2/2012, zugänglich: *http://www.rokovanie.sk/Rokovanie.aspx/BodRokovaniaDetail?idMaterial=20784.*

den Kapitalgesellschaften darf die Höhe des Kapitals nicht unter den durch das Gesetz bestimmten Betrag herabgesetzt werden.

Unter dem Einfluss der Überlegungen der EG-Kommission über die Erweiterung des Anwendungsbereichs der zweiten Richtlinie auf die Gesellschaften anderer Rechtsformen wurden die Ausgestaltungen der zweiten Richtlinie über die Änderung des Kapitals, über den Erwerb *eigener* Geschäftsanteile, über die Gewinnbeteiligung, über die Nichtigkeit der Gesellschaft u. ä. durch die Novelle des HGB Nr. 500/2001 Zb. auch auf die GmbH erstreckt.[4] In dieser Richtung sind auch die Einlagen in das Kapital in dem slowakischen HGB für alle Formen der Handelsgesellschaften übereinstimmend in den §§ 58, 59 und 59 b HGB geregelt.[5] Der Betrag des Kapitals ergibt sich *aus* den *Stammeinlagen bzw. Einlagen* der Gesellschafter (weiter „Einlagen“). Die Einlagen können nach dem § 59 HGB in Form von Einzahlungen eines Geldbetrages (Bareinlage) oder in Form einer Einbringung von in Geld bewertbaren Vermögensgegenständen (Sacheinlage) aufgebracht werden. Das Kapital der Gesellschaft ist nach dem § 58 Abs. 1 HGB ein geldlicher Ausdruck der Summe aller Bar- und Sacheinlagen sämtlicher Gesellschafter.

Im Einklang mit der Kapitalrichtlinie darf eine Sacheinlage nur aus Vermögensgegenständen bestehen, deren wirtschaftlicher Wert feststellbar ist. Diese Vermögensgegenstände können nicht aus Verpflichtungen zu Arbeits- oder Dienstleistungen bestehen. Die Sacheinlage muss vor der Eintragung der Gesellschaft in das Handelsregister im vollen Umfang geleistet werden. Wenn die Gesellschaft keine Rechte am Gegenstand, der die Sacheinlage bildet, erwirbt, ist der Gesellschafter verpflichtet, dessen Wert innerhalb einer 90-tägigen Frist ab Zusendung der Aufforderung seitens der Gesellschaft in Geld zu bezahlen, und die Gesellschaft ist verpflichtet, den Gegenstand dem Gesellschafter zurückzugeben. Wenn bei

---

4 *Vráblová*, Ochrana majetku kapitálových spoločností, Bratislava: Ing. Miroslav Mračko, EPOS, 2003, S. 34.

5 Obwohl die zit. Bestimmungen systematisch in die allgemeinen Vorschriften über Handelsgesellschaften eingeordnet sind, dürfen die Unterschiede zwischen Personengesellschaften und Kapitalgesellschaften bei der Erläuterung der rechtlichen Bedeutung des Kapitals nicht verwechselt werden; das Kapital wird in allen rechtlichen Formen von Handelsgesellschaften gebildet, sofern die Gesellschafter eine Einlageverpflichtung übernehmen. Bei den Personengesellschaften ist es aber wegen der unbegrenzten Haftung der Gesellschafter nicht bedeutend, ob das Kapital gebildet wird oder nicht. Bei den Kapitalgesellschaften erfordert das Gesetz eine reale Gestaltung des Kapitals vor allem wegen des Gläubigerschutzes.

der Eintragung des Kapitals in das Handelsregister der Wert der Sacheinlage nicht die Summe, die bei der Übernahme der Einlagenverpflichtung bestimmt wird, erreicht, ist der Gesellschafter verpflichtet, den Unterschiedsbetrag an die Gesellschaft in Geld zu bezahlen. Der Vermögensgegenstand und die Bestimmung des Betrags, in dessen Höhe ein Vermögensgegenstand auf die Sacheinlage des Gesellschafters angerechnet wird, müssen im Gesellschaftsvertrag, im Gründungsvertrag oder in einer Gründungsurkunde angeführt werden. Der Wert der Sacheinlage wird durch das Gutachten festgestellt. Das Gutachten muss

- die Sacheinlage beschreiben,
- die angewandten Bewertungsverfahren nennen und angeben,
- die Angabe beinhalten, ob der Wert der Zahl und dem Emissionskurs der gezeichneten Aktien oder dem Wert der übernommenen Einlagenverpflichtung entspricht.

Nach der slowakischen Judikatur[6] ist die Festlegung des Geldbetrags, zu dem die Sacheinlage auf die Einlage der Gesellschafter angerechnet wird, von großer Bedeutung für die Gesellschafter und ihre Position in der Gesellschaft. Die Festlegung eines Geldbetrags, der in einem *ausgesprochenen Missverhältnis zum wirklichen Wert des eingelegten* Vermögensgegenstands steht, kann den guten Sitten widersprechen und zur absoluten Nichtigkeit der Vereinbarung über Sacheinlagen führen.

Die Europäische Kommission hat im Aktionsplan vom 21. Mai 2003 zur „Modernisierung des Gesellschaftsrechts und Verbesserung der Corporate Governance in der Europäischen Union“ konstatiert, dass eine Vereinfachung der zweiten Richtlinie zur Förderung von Effizienz und Wettbewerbsfähigkeit der Unternehmen beitragen würde, ohne den Aktionärs- und Gläubigerschutz zu verringern. Nach diesen Grundsätzen wurde ein Vorschlag zur Änderung der zweiten Richtlinie verfasst und diese Richtlinie dann durch die Richtlinie Nr. 2006/68/EG novelliert. In diesem Zusammenhang hat auch die Novellierung des slowakischen HGB im Jahre 2008 eine Vereinfachung der Bewertung der Sacheinlagen gebracht. Nach der Implementation der zweiten Richtlinie in der Fassung der oben angeführten Novelle in das slowakische Recht (§ 59 b HGB) muss die Sachein-

6 Urteil des Obersten Gerichtshofs der Slowakischen Republik 4Obo 125/2003, ZSP 54/2004.

lage bei der Erfüllung der folgenden Bedingungen nicht durch ein Gutachten bewertet werden:

- der Wert der Sacheinlage wird für einen Stichtag ermittelt, der nicht mehr als sechs Monate vor dem Tag der tatsächlichen Einbringung des Vermögensgegenstands liegt;
- die Bewertung wurde mit dem Gutachten nach anerkannten Bewertungsnormen vorgenommen;
- es sind keine neue Umstände eingetreten, die eine wesentliche Änderung des beizulegenden Zeitwerts der Vermögensgegenstände zum Zeitpunkt ihrer tatsächlichen Einbringung bewirken würden (andernfalls hat das Leitungsorgan eine neue Neubewertung zu veranlassen);
- ferner auf Beschluss des Organs, das über die Änderung des Kapitals entscheidet - wenn der Wert der Sacheinlage aus der Vermögensaufstellung des gesetzlichen Abschlusses des vorausgegangenen Geschäftsjahrs hervorgeht, sofern dieser Abschluss durch einen Abschlussprüfer unbedingt geprüft worden ist.

Wenn keine Neubewertung vorgenommen wurde, können ein oder mehrere Gesellschafter, die am Tag des Beschlusses über eine Kapitalerhöhung zusammen mindestens 5 % des gezeichneten Kapitals der Gesellschaft halten, eine Bewertung durch einen unabhängigen Sachverständigen verlangen.

Das Leitungsorgan ist im Einklang mit Artikel 12 der Kapitalrichtlinie verpflichtet, einen schriftlichen Bericht zur Aufbewahrung in der Urkundensammlung des Handelsregisters zu veröffentlichen. Dieser Bericht muss Folgendes umfassen:

a) eine Beschreibung der betreffenden Sacheinlage,
b) den Wert der Sacheinlage,
c) die Methode der Bewertung,
d) eine Angabe, ob der Wert der Zahl und dem Emissionskurs der gezeichneten Aktien oder dem Wert der übernommenen Einlagenverpflichtung entspricht,
e) eine Erklärung, dass in Bezug auf die ursprüngliche Bewertung keine neuen erheblichen Umstände eingetreten sind.

Was die Bezahlung der Bareinlage oder deren Teil betrifft, so muss diese nach der Novelle Nr. 357/2013 Z. z. des HGB vor Entstehung der Gesellschaft auf ein spezielles Einzelkonto eingezahlt werden. Das Konto wird durch einen Einlagenverwalter bei einer Bank errichtet. Im Begründungsbericht der Novelle ist betont worden, dass die bisher häufig benutzte Bareinzahlung der Bareinlage zu Händen des Einlagenverwalters, nicht mehr möglich sei. Die Bezahlung der Bareinlage wird bei der Registrierung der Gesellschaft durch den Kontoauszug nachgewiesen (der Kontoauszug ist eine der Beilagen zum *Antrag* auf Eintragung der *Gesellschaft in das Handelsregister)*. Über die Geldmittel darf man vor Entstehung der Gesellschaft ausschließlich verfügen, wenn es sich um Folgendes handelt:

- ein Ersatz der Kosten, die aus Anlass der Gründung und der Entstehung der Gesellschaft von dieser nach dem Gesellschaftsvertrag zu tragen sind;
- die Rückgabe der Bareinlage mit den üblichen Zinsen, wenn die Zeichner nach der Zeichnung der vorgesehenen Höhe des Grundkapitals weitere Zeichnungen der Aktien ablehnen;
- die Rückgabe der Bareinlage, wenn die Gesellschaft nicht entsteht.

Auch wenn dies im Begründungsbericht der Novelle ausdrücklich nicht erwähnt wird, liegt der Sinn und Zweck der oben angeführten Regelung darin, der Gestaltung des sog. „fiktiven" Kapitals vorzubeugen.[7] Auf der anderen Seite darf jedoch auch nicht außer Acht gelassen werden, dass die Bareinlage schon am zweiten Tag nach der Eintragung der Gesellschaft in das Handelsregister abgehoben werden kann, sodass die Novelle nicht ihren Sinn und Zweck erfüllt und auf keinen Fall Rechtssicherheit für die Gläubiger gebracht hat.

Durch die Novelle Nr. 357/2013 Z. z. wurde nicht nur das HGB novelliert, sondern mit einer Wirksamkeit ab dem 1.12.2013 auch das Gesetz Nr. 530/ 2003 Z. z. über das Handelsregister geändert. Im Sinne der Empfehlungen der EU[8] wird die Eintragung in das Handelsregister binnen zwei Arbeitstagen ab Einreichung des Antrages durchgeführt. Im Falle einer grenzüberschreitenden Verschmelzung wird die Eintragung binnen 21 Tagen vorgenommen. Die Möglichkeit, den Antrag und die erforderlichen

---

7 Z. B. in den Fällen, in denen der Einlagenverwalter eine schriftliche Erklärung über die Bezahlung der Bareinlage im Registrierungsverfahren der Gesellschaft vorlegt, die nicht im Einklang mit der Wirklichkeit steht.

8 *http://europa.eu/youreurope/business/start-grow/start-ups/index_de.htm;* die EU fordert ihre Mitgliedsländer auf, bestimmte Ziele anzustreben: Unternehmensgründung nach Möglichkeit binnen drei Arbeitstagen, Abwicklung aller Verwaltungsschritte über eine einzige Behörde, Erledigung aller Formalitäten für die Registrierung online.

Beilagen online in elektronischer Form einzureichen, wurde in das slowakische Gesetz im Jahre 2007 umgesetzt. Seit dem 1.6.2010 ist es möglich, den Antrag durch den einheitlichen Ansprechpartner zu stellen, mittels dessen man auch Informationen über einschlägige Vorschriften, Bestimmungen und Formalitäten bekommen und den Antrag online stellen kann.

1.1 AG-Grundkapital

Der Mindestnennbetrag des Grundkapitals der AG beträgt 25.000 EUR (unabhängig davon, ob die Aktiengesellschaft auf Grund eines öffentlichen Angebots oder ohne öffentliches Angebot der Aktien gegründet wird). Bei den Banken oder bei den Sparkassen bestimmt die Höhe des Mindestkapitals das Gesetz Nr. 483/2001 Z. z. über Banken, das in diesem Fall einen Mindestbetrag von 16.600.000 EUR bzw. – wenn die Bank Hypothekarkredite anbietet – in der Höhe von 33.200.000 EUR fordert. Ein höheres Mindestkapital wird auch z. B. vom Gesetzesbuch über Wertpapiere und Wertpapierdienstleistungen (Gesetz Nr. 566/2001) für Wertpapierhändler gefordert.

Eine Mindesthöhe für den Nennwert einer Aktie wird durch das Gesetz nicht festgelegt, der Nennwert der Aktie muss aber durch eine positive ganze Zahl ausgedrückt werden. Die Summe der Nennwerte der Aktien muss gleich dem Grundkapital der Gesellschaft sein. Die AG kann Aktien mit verschiedenen Nennwerten ausgeben. Der Emissionskurs darf nicht niedriger als der Nennwert der Aktie sein. Wenn der Emissionskurs höher ist, bildet der Unterschied zwischen dem Nennwert und dem Emissionskurs das sog. Agio (den Mehrbetrag). Falls der bezahlte Betrag nicht für die Bezahlung des ganzen Emissionspreises reicht, er zuerst auf die Summe des Agios angerechnet.[9]

Bei der Sukzessivgründung (Stufengründung) der AG ist das Zeichnen der Aktien gegen Sacheinlagen nicht möglich. Im Zusammenhang mit den Bareinlagen ist der Zeichner verpflichtet, mindestens 10% des Nennwerts der gezeichneten Aktien innerhalb *der* gesetzten *Frist* und auf ein Bankkonto, das im öffentlichen Angebot der Aktien angeführt wird, zu bezahlen, anderenfalls ist die Zeichnung unwirksam. Das HGB bestimmt nicht,

9 Im Einklang mit dem Artikel 30 der Kapitalrichtlinie, nach dem – wenn ein Mehrbetrag vorgesehen ist – dieser in voller Höhe gezahlt werden muss.

ob die Gründer den vom Gesetz bestimmten Mindestbetrag heraufsetzen können. Die EU-Kapitalrichtlinie umfasst keine festgelegten Grenzwerte für die Wirksamkeit des Zeichnens der Aktien. Bezug nehmend auf die Vertragsfreiheit und auf die Willensautonomie bei der Gründung der Gesellschaft und Bezug nehmend auf die Absenz des impliziten Verbots, sind die Gründer berechtigt, eigene Bedingungen für die Wirksamkeit des Zeichnens der Aktien zu setzen.[10] Sofern bis zum Ende der Frist für die Zeichnung der Aktien die Gesamtzahl der gezeichneten Aktien nicht mindestens die Höhe des vorgesehenen Grundkapitals erreicht, ist die Zeichnung unwirksam. Die Gründer können in diesem Falle die fehlenden Aktien in einer einmonatigen Frist selbst zeichnen, anderenfalls gehen die Rechte und Pflichten der Zeichner aus der Zeichnung der Aktien unter und die Gründer sind verpflichtet, die bei der Zeichnung einbezahlten Bareinlagen samt der üblichen Zinsen zurückzuerstatten. Die gezeichneten Aktien sind von den Zeichnern innerhalb der im Verzeichnis der Aktienzeichner angegebenen Fristen einzubezahlen. Die Zeichner sind verpflichtet, bis spätestens zum Beginn der Gründungsversammlung mindestens 30% des Nennwertes der Aktien einzubezahlen.[11]

Bei der Simultangründung (Einheitsgründung) der AG wird ohne Aufgebot auf Zeichnung der Aktien die vorgesehene Höhe des Grundkapitals zur Gänze aus den Einlagen der Gründer gebildet. In diesem Falle stellt das Gesetz keine Begrenzung der Arten der Einlagen fest. Vor der Anmeldung der Gesellschaft zum Handelsregister muss der ganze Wert des Grundkapitals gezeichnet und mindestens 30% der Bareinlagen bezahlt werden. Der Aktionär ist verpflichtet, den Emissionskurs der Aktien, die er gezeichnet hat, in der – von der Satzung festgelegten – Frist zu bezahlen, spätestens in einem Jahr ab der Entstehung der Gesellschaft. Im Falle einer Verspätung mit der Bezahlung der Einlage muss der Aktionär die Zinsen in der durch die Satzung bestimmten Höhe für den unbezahlten Betrag bezahlen, sonst in der durch das Gesetz bestimmten Höhe von 20%. Ein Aktionär, der trotz Aufforderung der Gesellschaft seine Verpflichtung

---

10 *Patakyová u.a.*, Obchodný zákonník, 3. Aufl., Praha, Nakladateľstvo C.H. Beck, 2010, S. 504.

11 Zur Wirksamkeit der Zeichnung der Aktien fordert das HGB noch die Erfüllung einer weiteren Voraussetzung: Die Gründer sind verpflichtet, die Gründungsversammlung so einzuberufen, dass sie innerhalb von 60 Tagen ab dem Tag, an dem durch Zeichnung die vorgesehene Höhe des Gründungskapitals erreicht wurde, abgehalten werden kann.

in der dafür festgelegten Frist nicht erfüllt, kann von der Gesellschaft aufgrund der Entscheidung des Vorstands ausgestoßen werden.

1.2 GmbH-Stammkapital

Bei einer GmbH muss das Stammkapital mindestens 5.000 EUR betragen. Eine Stammeinlage der Gesellschafter muss mindestens 750 EUR betragen. Im Gegensatz zum Grundkapital einer AG wird das Stammkapital nicht in eine Vielzahl von Stammeinlagen mit einem bestimmten Nennbetrag zerlegt, sondern es werden nur so viele Stammeinlagen gebildet, wie Gesellschafter vorhanden sind. Jeder Gesellschafter kann nur eine Stammeinlage übernehmen, wobei der Betrag der Stammeinlage für die einzelnen Gesellschafter verschieden bestimmt werden kann. Das HGB regelt, dass vor der Einreichung des Antrags auf Eintragung in das Handelsregister auf jede Stammeinlage mindestens 30% eingezahlt werden müssen. Der Gesamtwert der eingezahlten Stammeinlagen muss zusammen mit dem Wert der abgegebenen Sacheinlagen vor der Anmeldung der Gesellschaft zum Handelsregister mindestens 2.500 EUR betragen.

Der Gesellschafter ist verpflichtet, die Stammeinlage unter Einhaltung der Bedingungen und der Frist zu bezahlen, die hierfür im Gesellschaftsvertrag festgelegt worden sind, spätestens innerhalb von fünf Jahren ab der Entstehung der Gesellschaft oder ab des Eintritts in die Gesellschaft oder ab der Übernahme einer neuen Einlagenverpflichtung. Wenn sich der Gesellschafter mit der Bezahlung der Einlage verspätet, muss er durch das Gesetz bestimmte Zinsen in der Höhe von 20% für den nicht geleisteten Betrag bezahlen, falls der Gesellschaftsvertrag keine andere Höhe der Zinsen festlegt. Ein Gesellschafter, der trotz Aufforderung der Gesellschaft seine Verpflichtung in der dazu bestimmten Frist nicht erfüllt, kann von der Gesellschaft aufgrund einer Entscheidung der Generalversammlung ausgestoßen werden.

Für den Fall, dass die Gesellschaft durch einen Gesellschafter gegründet wird, legt das HGB im Einklang mit der Richtlinie 2009/102/EG des Europäischen Parlaments und des Rates vom 16.9.2009 „auf dem Gebiet des Gesellschaftsrechts betreffend Gesellschaften mit beschränkter Haftung mit einem einzigen Gesellschafter" fest, dass das Stammkapital als Voraussetzung für die Eintragung in das Handelsregister voll aufgebracht werden muss.

Die Höhe des Kapitals spielt eine wichtige Rolle bei der Festlegung von Geldstrafen im Insolvenzverfahren. Eine Person, die gegen ihre Verpflichtung zur Einbringung eines Antrags auf Eröffnung eines Insolvenzverfahrens nach dem Gesetz Nr. 7/2005 Z.z. über Insolvenz und *Restrukturierung* verstoßen hat, ist verpflichtet eine Geldstrafe in der Höhe des im Handelsregister eingetragenen gezeichneten Kapitals, meistens in der doppelten Höhe des Mindestbetrags des durch das Gesetz bestimmten Kapitals, zu bezahlen.

Im Zusammenhang mit dem Prinzip der realen Gestaltung des Kapitals im slowakischen Gesellschaftsrecht konzentrieren wir uns auf die Mindesthöhe des Kapitals, auf die Bezahlung der Bar- und Sacheinlagen und auf die Definition des minimalen Umfangs der Einlagen, der im Zeitpunkt der Einreichung des Antrags beim Handelsregister bezahlt werden muss, aber auch auf die Fristen, innerhalb derer die Einlagen (wenn diese nicht schon bei der Eintragung der Gesellschaft in der vollen Höhe eingezahlt worden sind) seitens der Gesellschafter bzw. Aktionäre im vollen Umfang bezahlt werden müssen. Das Prinzip der realen Gestaltung des Kapitals wird im slowakischen Gesellschaftsrecht allerdings noch durch weitere Anstellungen realisiert, z. B.:

- durch das Verbot der Befreiung des Gesellschafters bzw. des Aktionärs von der Verpflichtung die Einlage zu leisten und durch das Verbot der Aufrechnung (der Gesellschafter bzw. der Aktionär darf nicht eine Forderung gegen die Gesellschaft mit der Forderung der Gesellschaft auf die Bezahlung der Einlage aufrechnen) [12];
- durch das Verbot der Rückgabe der Einlage während der Gesellschaftsdauer[13].

Die Europäische Kommission hat im Jahre 2012 eine eingehende Konsultation zur Zukunft des europäischen Gesellschaftsrechts eingeleitet. Die Kommission hat daher im Internet ein Konsultationspapier veröffentlicht, um Stellungnahmen aller beteiligten Akteure einzuholen. Unter Hinweis auf den Bedarf eines gesellschaftsrechtlichen Rahmens, der den aktuellen gesellschaftlichen Anforderungen und neuen Entwicklungen im wirtschaftlichen Umfeld entspricht, hat die Europäische Kommission u. a. auch eine Frage zur Eigenkapitalregelung für europäische Unternehmen

12 § 113 Abs. 1 HGB und § 108 HGB (für die GmbH) bzw. § 177 Abs. 2 HGB (für die AG).

13 § 123HGB (für die GmbH); § 179 Abs. 2 HGB (für die AG).

gestellt. Gefragt wurde, ob die für das Eigenkapital geltenden rechtlichen Mindestanforderungen und die Vorschriften für die Kapitalerhaltung geändert und aktualisiert werden sollten.[14]

Die slowakische Regierung hat sich im Jahre 2012 unter dem Einfluss der Vorlage eines Verordnungsentwurfs für eine Europäischen Privatgesellschaft (SPE) für ausgewählte Arten von Gesellschaften entschlossen, eine Analyse der Möglichkeit der Herabsetzung der Forderung auf Einlagepflicht und der rechtlichen Mindestanforderung für das Kapital auszuarbeiten.[15] Die Analyse wurde nicht auf die Regelung der AG ausgerichtet, da die Regelung der AG ein Ergebnis der Harmonisierung mit dem Recht der EU verkörpert. Im Falle der AG ist die Mindestanforderung für die Höhe des Grundkapitals durch die Kapitalrichtlinie zwingend vorgeschrieben. Den Gegenstand der Analyse bildete ausschließlich die GmbH. Diese Analyse hatte nur einen informellen Sinn und hat nur einige der möglichen Varianten aus bestehenden Lösungen präsentiert, ungeachtet dessen steht sie für den aktuellen Trend im Gesellschaftsrecht. Die Analyse betont, dass die Garantiefunktion des Kapitals nur von einer Bedarfsdeckung aus eigenen Ressourcen zeuge, was aber keine Sicherheit bedeute, dass die Gesellschaft über ein solches Vermögen real verfüge[16]. Die Garantiefunktion des Kapitals verkörpert an sich keine Lösung des *Verhältnisses* von *Gläubiger* und *Schuldner* und der Risiken, die aus der Unternehmenstätigkeit hervorgehen. Wie in der Analyse steht, hängt das Institut des Kapitals mit weiteren Rechtsinstituten, z. B. mit den Buchführungsvorschriften, mit den Zielen und Prinzipien des Insolvenzrechts, mit der Regelung der Verpflichtungen der Leitungsorgane (vor allem ihrer Treuepflicht) und mit den Regelungen der Rücklagen zusammen, weshalb eine Vorschrift über ein Stammkapital in Höhe eines Euros eine neue rechtspolitische und systematische Überlegung verlange. Betroffen seien nicht nur Institute des kodifizierten Rechts, sondern auch Doktrinen, z. B. die Doktrin der Durchschnittshaftung.

---

14 *http://europa.eu/rapid/press-release_IP-12-149_de.htm*

15 *http://www.rokovanie.sk/Rokovanie.aspx/BodRokovaniaDetail?idMaterial=20784*

16 Es erfüllt vielmehr nur die Funktion einer „satzungsmäßig fixierten Bilanzziffer“, so *Raiser/Veil*, Recht der Kapitalgesellschaften, 6. Auflage, München. Verlag Franz Vahlen, 2015, S. 73.

In der Zeit der Vorbereitung dieses Beitrags wurde ein zwischenressortliches Anhörungsverfahren zum Entwurf einer Novelle des HGB[17] beendet, der die Möglichkeit der Gründung einer GmbH mit nur einem Euro Stammkapital angeht. Die Fassung der Novelle[18] schlägt nach dem Vorbild des deutschen MoMiG (Gesetz zur Modernisierung des GmbH-Rechts und zur Bekämpfung von Missbräuchen) aus dem Jahre 2008 eine Gestaltung der rechtlichen Grundlagen für eine Unterscheidung von zwei Arten der GmbH vor: eine „ordentliche GmbH", bei der die Anforderung an die Aufbringung des Grundkapitals auf 25.000 EUR erhöht wird, und eine „start up GmbH", welche schon mit einem Euro Stammkapital gegründet werden kann. Eine „start up GmbH" darf maximal durch drei Gesellschafter gegründet werden, im Unterschied zur „ordentlichen GmbH", die maximal durch fünfzig Gesellschafter gegründet werden kann. Die Rechtsregelung des „start up GmbH" Statutes bringt nach der Fassung des Entwurfes noch weitere Begrenzungen, vor allem die Bildung der eigenen Ressourcen und deren Erhaltung betreffend. Der Entwurf der Novelle schlägt gleichzeitig mit der Unterstützung der „start up GmbH" neue Regeln für die Finanzierung der Kapitalgesellschaften in Situationen vor, in denen wegen einer Krise der Gesellschaft die Übertragung des ganzen Risikos auf die Gläubiger droht; geregelt werden weitere Verpflichtungen der Leitungsorgane in der Krise.

Der Entwurf der Novelle greift auch in die Haftung der Leitungsorgane ein. Er bringt ein sog. „Register der Disqualifikation", in dem die Mitglieder von Leitungs- und Aufsichtsorganen oder andere Gesellschaftsvertreter eingetragen werden sollen, denen die Ausübung der Tätigkeit aufgrund einer Gerichtsentscheidung verboten worden ist. Gleichzeitig dehnt die Novelle die Haftungsgründe der Mitglieder der Leitungsorgane aus. Durch die Novelle sollen auch Regelungen des Gesetzes Nr. 7/2005 Z.z. über Insolvenz und *Restrukturierung* geändert werden. Die Bestimmungen über eine Geldstrafe in der Höhe des im Handelsregister eingetragenen Kapitals wegen einer verspäteten Stellung des Antrags auf Eröffnung eines Insolvenzverfahrens sollen entfallen. Die Novelle bringt für diesen Fall die Präsumtion einer Vertragsstrafe in der Höhe des niedrigsten Grundkapitals

17 *https://lt.justice.gov.sk/Document/DocumentDetails.aspx?instEID=-1&matEID=7314&docEID=370241&docFormEID=-1&docTypeEID=1&langEID=1&tStamp=20140718174318043*

18 *http://www.epredpisy.sk/predpisy-vo-vlade/2526769-obchodny-zakonnik-zmena-niektorych-zakonov*

der AG (d.h. 25.000 EUR). Da in der Zeit der Übergabe dieses Beitrags der Entwurf der Novelle des HGB noch nicht dem slowakischen Parlament vorgelegt wurde, ist zurzeit die Änderung des HGB und die Möglichkeit der Gründung einer GmbH mit nur einem Euro Stammkapital eine *de lege ferenda* Frage.

2. *Übertragbarkeit der Aktien und Geschäftsanteile*

Die Möglichkeiten der Übertragung einer Gesellschaftsbeteiligung spielen eine bedeutende Rolle bei der Rechtsformwahl, z. B. bei einer beabsichtigten Aufnahme von Finanzinvestoren. Die relativ schwache Position unterscheidet den Aktionär in seiner konzeptionellen Verfestigung deutlich vom GmbH-Gesellschafter. Der Aktionär wird vom Gesetz eher als Geldgeber bzw. Unternehmensfinanzierer und nicht als gestaltender Mitgesellschafter angesehen.[19] Auf der anderen Seite kann sich der Aktionär darauf beschränken[20], die Aktien lediglich als Kapitalanlage zu betrachten und nichts zu tun, als die jährliche Dividende zu kassieren oder an der Börse auf Kursgewinne zu spekulieren.[21]

Die kapitalistische Natur der AG kommt darin zum Ausdruck, dass jede Aktie ein selbstständiges Mitgliedsrecht begründet. Wer mehrere Aktien erwirbt, ist rechtlich mehrfaches Mitglied, ohne dass die Aktien verschmelzen. Eine Teilung ist unzulässig.[22] Eine Auswechselung des Aktio-

---

19 *Kalls/Nowotny/Schauer*, Österreichisches Gesellschaftsrecht, Wien, Manzsche Verlags- und Universitätsbuchhandlung, 2008, S. 508.

20 In diesem Zusammenhang weisen wir auf die MITTEILUNG DER KOMMISSION AN DAS EUROPÄISCHE PARLAMENT, DEN RAT, DEN EUROPÄISCHEN WIRTSCHAFTS- UND SOZIALAUSSCHUSS UND DEN AUSSCHUSS DER REGIONEN Aktionsplan: Europäisches Gesellschaftsrecht und Corporate Governance - ein moderner Rechtsrahmen für engagiertere Aktionäre und besser überlebensfähige Unternehmen und Vorschlag für eine RICHTLINIE DES EUROPÄISCHEN PARLAMENTS UND DES RATES zur Änderung der Richtlinie 2007/36/EG im Hinblick auf die Förderung der langfristigen Einbeziehung der Aktionäre sowie der Richtlinie 2013/34/EU in Bezug auf bestimmte Elemente der Erklärung zur Unternehmensführung /* COM/2014/0213 final - 2014/0121 (COD) *//* COM/2012/0740 final */ hin.

21 *Raiser/Veil*, Recht der Kapitalgesellschaften, 4. Auflage, München, Verlag Franz Vahlen , 2006, S. 75.

22 *Raiser/Veil*, Recht der Kapitalgesellschaften, 4. Auflage, München, Verlag Franz Vahlen , 2006, S. 75.

närs durch die Übertragung der Aktie bedeutet keine Änderung der Satzung der Gesellschaft. Das Stammkapital wird im Gegensatz zum Grundkapital einer AG nicht in eine Vielzahl von Stammeinlagen mit in der Regel übereinstimmendem Nennbetrag zerlegt, sondern es werden nur so viele Stammeinlagen gebildet, wie Gesellschafter vorhanden sind; jeder Gesellschafter kann nur eine Stammeinlage übernehmen. Es gilt ein Prinzip der Einheit der Mitgliedschaft, das allerdings den späteren Erwerb eines zweiten Geschäftsanteils nicht ausschließt, ohne dass eine Verschmelzung eintritt.[23] Die Bestimmung der Gesellschafter ist eine Pflichtangabe des Gesellschaftsvertrags und jede Übertragung des Geschäftsanteils bedeutet auch eine Änderung des Gesellschaftsvertrags. Der Charakter jeder Gesellschaft und deren Gesellschaftsbeteiligung beeinflusst dann auch die Möglichkeit, über diese Gesellschaftsbeteiligung verfügen zu können.

Eine einzelne Aktie repräsentiert einen bestimmten Anteil am Grundkapital der AG, wobei die Summe der Nennwerte der Aktien der Höhe des Grundkapitals entspricht. Jede Aktie hat ihren Nennwert (Prinzip der Nennwertaktien). Das HGB kennt keine nennwertlose Aktie, bei der der Anteil nicht als Geldbetrag ausgedrückt wird (Stückaktie)[24]. Nach dem slowakischen HGB können die Aktien in zweierlei Form ausgegeben werden: Namensaktien oder Inhaberaktien. Inhaberaktien können nur als Buchausführung herausgegeben werden. Namensaktien können in zweifacher Ausführung herausgegeben werden – als Aktien in Urkundenausführung (Aktienurkunden) oder als Buchausführung (verbuchte Aktien oder dematerialisierte Aktien). Die Namensaktien in Urkundenausführung werden durch Indossament und Übergabe übertragen. Zur Wirksamkeit der Übertragung von Namensaktien gegenüber der Gesellschaft erfordert das HGB eine Eintragung der Änderung des Aktionärs in das Aktienbuch, das durch den Zentralen Depositär der Wertpapiere (Centrálny depozitár cenných papierov - CDCP) geführt wird. Die Übertragung der verbuchten Aktien ist durch das Gesetz Nr. 566/2001 Z. z. über *Wertpapiere* und Investitionsdienstleistungen geregelt worden und erfolgt durch die Registrierung, die seitens des Zentralen Depositärs der Wertpapiere durchgeführt wird.

---

23 So auch das deutsche Recht vor dem Inkrafttreten des MoMiG, vgl. *Raiser/Veil*, Recht der Kapitalgesellschaften, 4. Auflage, München, Verlag Franz Vahlen, 2006, S. 371.

24 Der Umfang der Rechte des Aktionärs ergibt sich aus dem Verhältnis der Stückzahl der ausgegebenen Aktien zur Menge der vom Aktionär gehaltenen Aktien.

Die Übertragbarkeit der Aktien ist ein typisches Element der AG als Kapitalsammelstelle, wofür eine leichte Übertragbarkeit der Aktien notwendig ist. Diesem Leitbild der AG entspricht die – börsennotierte – Publikums-AG. Die Übertragbarkeit von Inhaberaktien und derjenigen Namensaktien, die auf einem öffentliche *Wertpapiermarkt gehandelt* werden, kann nicht ausgeschlossen oder beschränkt werden. Das Verbot des Ausschlusses der Übertragbarkeit von Inhaberaktien hängt mit der Anonymität des Aktieninhabers zusammen, da bei dieser Form das Wesen der Aktien als *au porter* Wertpapiere erhalten bleibt [25]. Die Übertragbarkeit von Namensaktien kann in der Satzung beschränkt, aber nicht gänzlich ausgeschlossen werden (nicht für den Fall, dass die Namensaktion auf dem öffentlichen *Wertpapiermarkt gehandelt* wird). Der Hauptgrund hierfür ist, dass die Namensaktien eine bessere Kenntnis des Aktionärskreises und die Pflege des unmittelbaren Kontakts der Gesellschaft mit ihren Aktionären ermöglichen.[26] Falls die Übertragbarkeit durch die Satzung beschränkt wird, muss die Satzung auch die Gründe für eine Ablehnung der Zustimmung zur Übertragung der Aktien und gleichzeitig eine Frist, innerhalb derer die Gesellschaft verpflichtet ist, über den Antrag des Aktionärs auf die Erteilung der Zustimmung zu entscheiden, feststellen. Die Gründe für eine Ablehnung der Zustimmung müssen ausreichend festgelegt sein, sie können z. B. ein Interesse an der Stabilisierung des Aktionärskreises ausdrücken.[27]

Über die Erteilung der Zustimmung entscheidet der Vorstand, soweit *nicht* die *Satzung* etwas *anderes* bestimmt. Falls das zuständige Organ nicht über den Antrag des Aktionärs in der vorgeschriebenen Frist entscheidet, gilt die Zustimmung als erteilt. Die Gesellschaft haftet dem Aktionär für den Schaden, der ihm durch die Verletzung dieser Verpflichtung entstanden ist, und im Falle einer Nichterteilung der Zustimmung ist sie auf Antrag des Aktionärs verpflichtet, die Aktien zu einem angemessenen Preis zu kaufen. Der Antrag muss binnen eines Monats ab der Zusendung der Ablehnung seitens der Gesellschaft gestellt werden, sonst vergeht das Recht. Wenn der Aktionär seine Ansprüche rechtzeitig geltend macht,

---

25 *Patakyová u.a.*, Obchodný zákonník, 3. Aufl., Praha, Nakladateľstvo C.H. Beck, 2010, S. 467.

26 *Raiser/Veil*, Recht der Kapitalgesellschaften, 4. Auflage, München, Verlag Franz Vahlen , 2006, S. 77.

27 *Patakyová u.a.*, Obchodný zákonník, 3. Aufl., Praha, Nakladateľstvo C.H. Beck, 2010, S. 468.

aber die Gesellschaft untätig bleibt, kann der Aktionär eine Klage gegen die Gesellschaft auf die Erfüllung der Verpflichtung zur Vereinbarung des Vertrags erheben. *De lege ferenda* könnte die Regelung durch Entsperrung der Übertragbarkeit oder durch analoge Anwendung der Satzung über das Recht der Aktionäre auf dem Aktienkauf effektiver gemacht werden.[28]

Im Falle der GmbH unterscheidet das HGB zwischen einer Übertragung auf die Gesellschafter der GmbH und einer Übertragung auf dritte Personen, die nicht Gesellschafter der GmbH sind. Bei der Übertragung auf andere Gesellschafter der GmbH erlaubt das Gesetz die Übertragung, falls es im Gesellschaftsvertrag nicht anders festgelegt worden ist. Bei der Übertragung auf eine dritte Person folgt der Ausschluss der Übertragung direkt aus dem Gesetz. In dem Gesellschaftsvertrag können die Gesellschafter vereinbaren, dass eine solche Übertragung auf eine dritte Person (generell) erlaubt ist oder die Übertragung die Zustimmung der Generalversammlung erfordert. Im Falle der GmbH unterscheidet man zwei Formen des Ausschlusses der Übertragung von Gesellschaftsanteilen:

a) Eine Form bildet der oben angeführte Ausschluss der Übertragung auf eine dritte Person, den aber die Gesellschafter durch den Gesellschaftsvertrag modifizieren oder ganz ausschließen können.
b) Eine zweite Form wurde mit der Novelle des HGB Nr. 246/2012 Z. z. mit einer Wirksamkeit ab dem 1.9.2013 eingeführt. Durch diese Novelle wurde die Übertragung eines Mehrheitsanteils an die Nichtexistenz eines Steuerrückstands angebunden. Diese Gesetzesbestimmung kann nicht durch den Gesellschaftsvertrag ausgeschlossen werden. Die Gesellschaft muss bei der Eintragung der Änderung der Gesellschafter in das Handelsregister eine Bescheinigung von dem Steuerverwalter vorlegen, dass der Übertragende und auch die Erwerber keinen Steuerrückstand[29] haben. Diese Gesetzesbestimmung wird nicht angewendet, wenn es sich um ausländische Übertragende oder Erwerber handelt, oder auch wenn die Gesellschaft einen eigenen Geschäftsanteil erwirbt oder weiter überträgt. Die Wirkungen der Übertragung treten mit der Eintragung in das Handelsregister ein.

---

28 *Patakyová u.a.*, Obchodný zákonník, 3. Aufl., Praha, Nakladateľstvo C.H. Beck, 2010, S. 468.

29 Der Steuerverwalter gibt keine Bescheinigung ab, wenn Steuerrückstand höher als 170,- EUR ist.

3. *Sanktionen wegen Nichteinhaltung der Anstellungen betreffend des Kapitals (Auflösung und Nichtigkeit der Gesellschaft)*

Die Auflösung der Gesellschaft und die Nichtigkeit der Gesellschaft erfolgen grundsätzlich entsprechend der allgemeinen Regelung des HGB (§§ 68 und 68 a HGB) und bilden die Sanktionen, die im Falle, dass die Anstellungen betreffend des Kapitals nach dem HGB nicht eingehalten worden sind, eintreten können.

Die Herabsetzung der Höhe des Kapitals unter den bestimmten Betrag ist gemäß dem § 68 HGB u. a. ein Grund für die Auflösung der Kapitalgesellschaft. Das Gericht ist berechtigt, auf Antrag der Verwaltungsbehörde oder auf Antrag desjenigen, der ein Rechtsinteresse nachweist, oder aus Selbstinitiative über die Auflösung der Gesellschaft zu entscheiden.

Falls der Betrag des Kapitals im Errichtungsakt der Gesellschaft nicht aufgeführt wird, kann nach dem § 68 a HGB die Nichtigkeit der Gesellschaft durch eine gerichtliche Entscheidung ausgesprochen werden. Das HGB klärt nicht explizit, wem eine Sachbefugnis zugesprochen wird, im Wege der Klage zu beantragen, dass die Gesellschaft für nichtig erklärt werde. Im Gegensatz zum Verfahren über die Auflösung der Gesellschaft wird das Verfahren über die Nichtigkeit der Gesellschaft nur auf Antrag eingeleitet. Das Gericht ist nicht berechtigt, aus Selbstinitiative oder auf Antrag irgendeines Subjekts über die Nichtigkeit zu entscheiden. Aktivlegitimiert ist gemäß dem § 80 des slowakischen Gesetzes Nr. 99/1963 Zivilprozessordnung (weiter „ZPO“) derjenige, der ein dringendes Rechtsinteresse nachweist. Passivlegitimiert ist die Gesellschaft. Die Wirksamkeit der im Namen der Gesellschaft mit Dritten vorgenommenen Rechtsgeschäfte wird durch die Entscheidung des Gerichts über die Nichtigkeit nicht berührt. Die Gesellschafter bzw. die Aktionäre bleiben zur Einzahlung der Stammeinlagen verpflichtet, soweit es das Interesse der Gläubiger auf die Erfüllung der Verbindlichkeiten der nichtigen Gesellschaft erfordert. Wenn die Gesellschaft keine Gläubiger, event. keine Verbindlichkeiten hat, sind die Gesellschafter bzw. Aktionäre nicht verpflichtet, die versprochenen Einzahlungen zu leisten.

Das Institut der Nichtigkeit der Gesellschaft ist der Effekt der Implementation der ersten Richtlinie 68/151/EWG *zur Koordinierung der Schutzbestimmungen, die in den Mitgliedstaaten den Gesellschaften im Sinne des Artikels 58 Absatz 2 des Vertrages im Interesse der Gesellschafter sowie Dritter vorgeschrieben sind, um diese Bestimmungen gleichwertig zu gestalten* in das slowakische Gesellschaftsrecht, konkret die Implementation der Art. 11 und 12, welche die taxative Aufzählung der Bedingungen für die Aussprache der Nichtigkeit der Gesellschaft umfassen.

Die Auflösung nach dem § 68 HGB und auch die Nichtigkeit nach dem § 68 a HGB bewirken, dass die Gesellschaft in Liquidation tritt. Trotzdem dürfen die Gründe der Nichtigkeit mit den Gründen der Auflösung der Gesellschaft nicht verwechselt werden. Bei der Nichtigkeit handelt es um die Gründe, die im Stadium der Gründung entstehen und die bei der Eintragung in das Handelsregister nicht behoben werden. Bei der Auflösung handelt es um Fälle, in denen die Gesellschaft im Einklang mit dem Gesetz gegründet worden ist, in denen dann aber nach der Gründung der Gesellschaft Gründe entstanden sind, welche die Auflösung durch Beschluss des Gerichts rechtfertigen. Die Nichtigkeitsgründe kann man schon nicht mehr im Stadium des Gerichtsverfahrens beseitigen, im Unterschied zu den Auflösungsgründen, bei denen das Gericht im Einklang mit der zweiten Richtlinie eine ausreichende Frist einräumen kann, um den Mangel zu beheben.

4. Schlussfolgerungen

In der Zeit der Übergabe dieses Beitrags befindet sich ein Entwurf der Novelle des slowakischen HGB im legislativen Prozess [30], der die Möglichkeit der Gründung einer GmbH mit nur einem Euro Stammkapital angeht. Nach der Gesetzesbegründung[31] des vorbereiteten Entwurfes der Novelle stehen die Modelle von Kapitalgesellschaften in verschiedenen Rechtsordnungen miteinander *im Wettbewerb, wobei es die um die Großzügigkeit bei einigen Fragen (vor allem bei den Pflichten der* Einzahlung und der Erhaltung des Kapitals) *geht. Ein Ziel der Novelle ist es, dem aktuellen Trend im Gesellschaftsrecht in der Weise entgegenzuwirken, dass die slowakische Regelung des Gesellschaftsrechts etwas konkurrenzfähiger zu den Rechtsregelungen der umstehenden Staaten wird. Der Entwurf der Novelle des HGB befindet sich noch im legislativen Prozess und in der Zeit der Vorbereitung dieses Beitrags ist er noch nicht dem slowakischen Parlament vorgelegt worden. Daher kann man zurzeit nicht eindeutig bestimmen, ob oder in welcher Fassung die Novelle des HGB verabschiedet*

---

30 Siehe dazu Kapitel 1.2.

31 *http://www.epredpisy.sk/predpisy-vo-vlade/2526769-obchodny-zakonnik-zmena-niektorych-zakonov*

wird. Die Möglichkeit der Gründung einer GmbH mit einem Euro Stammkapital ist in der slowakischen Rechtsordnung eine *de lege ferenda* Frage.

Literaturverzeichnis

Aktionsplan zur Modernisierung des Gesellschaftsrechts und Verbesserung der Corporate Governance vom Mai 2003

Analyse der Möglichkeit der Herabsetzung der Forderung auf Einlagepflicht und der rechtlichen Mindestanforderung auf das Kapital, Material zur Regierungsbesprechung vom 2/2012, [Abruf am 25.5.2014], zugänglich: *http://www.rokovanie.sk/Rokovanie.aspx/BodRokovaniaDetail?idMaterial=20784*

Empfehlungen der EU, [Abruf am 25.5.2014], zugänglich: *http://europa.eu/youreurope/business/start-grow/start-ups/index_de.htm*

Fassung des Gesetzes zur Änderung des Gesetzes Nr. 513/1991 Zb. Handelsgesetzbuch [Abruf am 13.8.2014], zugänglich: *http://www.epredpisy.sk/predpisy-vo-vlade/2526767-obchodny-zakonnik-zmena-niektorych-zakonov*

Gesetzesbegründung des Gesetzentwurfes zur Änderung des Gesetzes Nr. 513/1991 Zb. Handelsgesetzbuch [Abruf am 13.8.2014], zugänglich: *http://www.epredpisy.sk/predpisy-vo-vlade/2526769-obchodny-zakonnik-zmena-niektorych-zakonov*

Kalss, S./ Nowotny, Chr./ Schauer, M. (2008): Österreichisches Gesellschaftsrecht, Wien: Manzsche Verlags- und Universitätsbuchhandlung.

Konsultation zur Zukunft des europäischen Gesellschaftsrechts, [Abruf am 25.5.2014], zugänglich: *http://europa.eu/rapid/press-release_IP-12-149_de.htm*

MITTEILUNG DER KOMMISSION AN DAS EUROPÄISCHE PARLAMENT, DEN RAT, DEN EUROPÄISCHEN WIRTSCHAFTS- UND SOZIALAUSSCHUSS UND DEN AUSSCHUSS DER REGIONEN Aktionsplan: Europäisches Gesellschaftsrecht und Corporate Governance - ein moderner Rechtsrahmen für engagiertere Aktionäre und besser überlebensfähige Unternehmen

Patakyová, M. (2010): a kolektív: Obchodný zákonník. 3. vyd. Praha: Nakladateľstvo C.H. Beck.

Raiser, Th./ Veil, R. (2006): Recht der Kapitalgesellschaften, 4. Auflage, München: Verlag Franz Vahlen.

Vorschlag für eine RICHTLINIE DES EUROPÄISCHEN PARLAMENTS UND DES RATES zur Änderung der Richtlinie 2007/36/EG sowie der Richtlinie 2013/34/EU in Bezug auf bestimmte Elemente der Erklärung zur Unternehmensführung /* COM/2014/0213 final - 2014/0121 (COD) *//* COM/2012/0740 final */

Vráblová, S. (2003): Ochrana majetku kapitálových spoločností, Bratislava: Ing. Miroslav Mračko, EPOS.

Wiedergeburt der Gestaltungsfreiheit im ungarischen Gesellschaftsrecht

Prof. Dr. Zoltán Csehi, Pázmán-Universität Budapest

1. Einleitung

Als Vorzeichen des Untergangs des Sozialismus in Ungarn, in einem Zeitalter, als 70 bis 80% der gesamten Wirtschaft verstaatlich gewesen sind, und nur eine, die kommunistische Partei, die einzige legitime Kraft auf der politischen Bühne existieren konnte, ist ohne Privateigentum, ohne Markt, ohne freie Wirtschaft, ohne politische und wirtschaftliche Vereinigungsfreiheit das Gesetz Nr. VI von 1988 über die Wirtschaftsgesellschaften[1] verabschiedet worden. Obwohl in Ungarn im 19. Jahrhundert alle wichtige Bereiche des Handels- und Gesellschaftsrechts geregelt worden waren und sowohl die wirtschaftliche Tätigkeit, als auch die Praxis und Dogmatik des Gesellschaftsrechts auf europäischem Niveau geübt wurden[2], haben die Verstaatlichung bzw. Nationalisierung der Wirtschaft und die zentralisierte, direkt regulierte kommunistische Wirtschaftsregierung dieses Erbe Mitte des 20. Jahrhundert abgeschafft.[3] Nur einige Registerrichter und damalige Universitätsassistenten wussten in den Jahren 1988/89 noch einiges über das Gesellschafts- und das Firmenrecht.

2. Das Gesetz Nr. VI von 1988

Die jüngste Geschichte des modernen ungarischen Gesellschaftsrechts reicht bis zum Jahr 1988 zurück, als das oben genannte Gesetz Nr. VI von

---

1 Tag der Verkündung: 10. Oktober 1988.

2 *Horváth*, A magyar magánjog történetének alapjai [Die Grundzüge der Geschichte des ungarischen Privatrechts], Budapest 2006, S. 395 ff.

3 *Csehi*, Über die Atlantis-Insel des ungarischen Handelsrechts, Unordnung staatlicher Regulierung oder Freiheit für Unternehmen, in: Kohl/Kübler/Ott/Schmidt (Hrsg), Zwischen Markt und Staat. Gedächtnisschrift für Rainer Walz, Köln/Berlin/München 2008, 147-168.

1988 über die Wirtschaftsgesellschaften[4] angenommen wurde.[5] Das Gesetz war im Grunde zwischen 1990 und 1998 in Kraft und ermöglichte die kapitalistische Umgestaltung der Wirtschaftspersonen: Aus staatlichen Unternehmen, die als eine bestimmte Art der sozialistischen Personen galten, wurden moderne Gesellschaftsformen. § 20 des Gesetzes von 1988[6] enthielt folgende Norm: „Den Inhalt des Gesellschaftsvertrages bezüglich ihres Verhältnisses untereinander können die Gesellschafter im Rahmen der Rechtsnormen frei bestimmen; sie können von den auf den Gesellschaftsvertrag bezüglichen Bestimmungen des vorliegenden Gesetzes abweichen, wenn das vorliegende Gesetz die Abweichung nicht untersagt."[7] Eine Ausnahme von dieser Regel bildeten die Vorschriften der Aktiengesellschaft, deren zwingender Charakter vom Gesetz gesondert festgestellt wurde.

Sinn und Zweck der dispositiven Regelung ist die Ermöglichung einer freien Gestaltung der Innenverhältnisse der Gesellschaft im Gesellschaftsvertrag. Einerseits wurde der Typenzwang der Gesellschaften im Gesetz deklariert, andererseits baut die Entstehung einer Gesellschaft auf dem freien Willen ihrer Gründer auf und durch diesen freien Willen kann der Gesellschaftsvertrag, die Satzung bestimmt werden. Der Wortlaut des Gesetzes warf zahlreiche Auslegungsfragen auf, inwieweit und in welchen Fragen den Gesellschaftern der Gesellschaft die Freiheit zusteht, die einzelnen Verhältnisse zu regeln. Bestimmte richterliche Entscheidungen versuchten, die Vorschriften des Gesetzes auszuführen, jedoch nur mit mäßigem Erfolg. Die Rechtsprechung zum § 20 hat den vertraglichen Charakter der Rechtsverhältnisse der Gesellschafter untereinander betont und die Dispositivität der Normen für die Innenverhältnisse der Gesellschaft anerkannt. In der damaligen Rechtsprechung findet man daher Aussagen wie diese: „Die Gesellschafter dürfen den Inhalt des Gesellschaftsvertrags ausschließlich in Bezug auf ihr Verhältnis untereinander regeln, das heißt nur zwischen den Gesellschaftern."[8] Die Disposivität wurde als Vertragsfrei-

---

4 Das Gesetz Nr. VI von 1988 über Wirtschaftsgesellschaften trat am 1.1.1989 in Kraft.

5 *Kisfaludi,* Company Law in Hungary, in: Jessel-Host/Kulms/Trunk (ed.), Private Law in Eastern Europe, Tübingen 2010, 410.

6 § 20 ist der entsprechend § 5 des Gesetzes LXV vom Jahre 1991 abgeänderte Text.

7 Festgestellt durch: § 5 des Gesetzes LXV vom Jahre 1991, in Kraft seit dem 01.01.1992

8 KGD1995. 124. – KGD ist eine monatliche Entscheidungszeitschrift über die Entscheidungen des Obersten Gerichts in Verwaltungs- und Wirtschaftssachen.

heit verstanden und auf der Grundlage eines solchen Verständnisses beurteilt, wie und in welchen Bereichen die Gesellschafter Freiheit haben, den Gesellschaftsvertrag frei, abweichend vom Gesetz oder bezüglich der im Gesetz nicht geregelten Fragen zu bestimmen. In der Rechtsprechung wurde darauf hingewiesen, dass „das Prinzip der Vertragsfreiheit auch im Falle der Gesellschaftsgründung zur Geltung kommt.“[9] Zur Entscheidungsfindung in der Gesellschaftersammlung einer GmbH wurde das Gesetz so interpretiert, dass eine Entscheidung nicht nur bei Einberufung der Gesellschafter, sondern auch schriftlich getroffen werden kann, und ein Gesellschafter der Gesellschaft ohne Einberufung einer Gesellschafterversammlung bei einer schriftlichen Abstimmung nicht ausgeschlossen werden darf, falls dies durch den Gesellschaftsvertrag nicht ermöglicht wird.[10] In diesem Fall hatte der Gesellschaftsvertrag eindeutig geregelt, dass ohne Einberufung der Gesellschafter über den Ausschluss des Gesellschafters keine Entscheidung getroffen werden kann. Der ausgeschlossene Gesellschafter hat dann gegen die schriftliche Entscheidung der Gesellschaft eine Klage erhoben, und das Gericht hat diese Gesellschaftsentscheidung als satzungswidrig vernichtet.[11] Die Vertragsfreiheit spielte auch eine Rolle in einem anderen Fall, in dem das Gericht festgestellt hat, dass die Gesellschafter für den Fall der verspäteten Einzahlung der Geldeinlagen von der im Gesetz festgelegten Höhe der Verzugszinsen im Gesellschaftsvertrag abweichen dürfen.[12]

Das Gesetz von 1988 regelte auch eine besondere Kooperationsgesellschaft, die Wirtschaftsvereinigung. Das Gesetz sicherte den Mitgliedern der Wirtschaftsvereinigung den freien Austritt zu, und dieses Recht wurde als grundlegendes Recht der Mitglieder verstanden. Vom Gericht ist dennoch entschieden worden, dass bei der Gründung einer Wirtschaftsvereinigung auf befristete Zeit, das Austrittrecht der Mitglieder, welches das festgelegte Ziel der Vereinigung gefährdet, eingeschränkt werden kann.[13] Manche richterliche Entscheidungen sprachen vom dispositiven oder

---

9 KGD1997. 136.

10 KGD1993. 278.

11 Eine andere Entscheidung beschäftigt sich mit der Regelung der Beschlussfassungsordnung der Gesellschaft mit beschränkter Haftung im Gesellschaftsvertrag – BH 1991.103.

12 BH1993. 687. BH ist Entscheidungen des Obersten Gerichts in Straf-, Zivil-, Handels und Arbeitssachen – monatliche Entscheidungssammlung

13 BH 1993.629.

zwingenden Charakter der einzelnen Normen des Gesetzes von 1988 ohne dogmatische Begründung[14]. Die Dispositivität ist in bestimmten Fällen zudem unzutreffenderweise mit der Frage verbunden worden, welche Tätigkeit die Gesellschaft überhaupt ausführen darf. Deshalb wurde vom Gericht z. B. in einer Entscheidung gesondert festgestellt: Kommanditgesellschaften dürfen keiner Rechtsanwaltstätigkeit nachgehen[15]. Die Anwaltstätigkeit wird jedoch von einem Sondergesetz geregelt und die juristischen Formen der Kanzlei werden dort bestimmt. Der dispositive Charakter des Gesetzes von 1988 hatte mit dieser Frage nichts zu tun.

In einer anderen Gerichtsentscheidung wurde ähnlicher Weise deklariert, dass aufgrund von sondergesetzlichen Vorschriften die Organisierung und Abwicklung von Wetten bzw. der Betrieb von Wettbüros als Abwicklung von finanziellen Dienstleistungen gelte, also als finanzielle Tätigkeit anzusehen sei. Gesellschaften mit beschränkter Haftung dürften einer solchen Tätigkeit nicht nachgehen.[16] Die Gesellschafter hatten die Nebenleistung – Vermietung eines Geschäftsraumes - ausführlich in dem Gesellschaftsvertrag und im Syndikatsvertrag geregelt.[17] Das Oberste Gericht hat die Gültigkeit einer derartigen Vereinbarung auf der Grundlage von § 20 des Gesetzes von 1988 bestätigt. Das Oberste Gericht hat die folgende Interpretation gegeben: „Den Inhalt des Gesellschaftsvertrages können die Parteien anhand § 20 des Gesetzes – in Bezug auf ihr Verhältnis untereinander – im Rahmen der Gesetzvorschriften frei festsetzen und sie können sogar von den sich auf den Gesellschaftsvertrag beziehenden Normen des Gesetzes abweichen, wenn das Gesetz dieses Abweichen nicht verbietet. Mangels gesetzlichen Verbotes ist das Verfügungsrecht der Gesellschafter bezüglich der inneren Beziehungen der Gesellschaft umfassend, während die Regelung hinsichtlich ihrer äußeren Beziehungen – mangels ausdrücklich abweichender Regelungen – grundsätzlich zwingend ist. Das heißt, wenn die Gründungsmitglieder im Rahmen des § 20 des Gesetzes zum Sanktionieren irgendeines Verhaltens Folgen vorsehen, die gegen keine Rechtsvorschrift verstoßen, dann auferlegt das den Gesellschaftern der Gesellschaft – in ihren inneren Verhältnissen gültige – Pflichten. Es besteht außerdem die Möglichkeit, dass die Gründungsmitglieder die im Gesetz festgestellten verbindlichen Inhaltselemente und die dispositiven

---

14 KGD1999. 193.
15 KGD1993. 233., BH1992. 592.
16 BH1991. 482
17 BH1997. 239.

Verordnungen des Gesellschaftsvertrages sogar in mehreren Urkunden erfassen. Das berührt die Gültigkeit dieser Urkunde nicht, aber die verschiedenen einzelnen Urkunden müssen jeweils den für sie geltenden gesetzlichen Vorschriften entsprechen.“[18]

Rechtsformzwang und Typenzwang wurden in der Argumentation mehrmals vermischt. Auf Grund der Regelung des Jahres 1988 begann sich eine richterliche Praxis herauszubilden, gemäß der von folgenden Vorschriften nicht abgewichen werden durfte: Vorschriften des allgemeinen Teils des Gesetzes über Wirtschaftsgesellschaften, Vorschriften über die gesetzliche Bestimmung der einzelnen Gesellschaftsformen, Typenzwang im weiteren Sinne, Vorschriften mit Organisationscharakter sowie Vorschriften, die Garantien nicht in Bezug auf die den Gesellschaftsvertrag abschließenden Parteien, sondern auf außenstehende Personen enthielten.[19] Eine eindeutige und sichere richterliche Praxis konnte nicht entwickelt werden, auch weil es von Anfang an zwischen der Auffassung der Registerrichter und der Richter bei den höheren Instanzen immer Diskrepanzen in diesen Fragen gab.

3. Das Gesetz Nr. CXLIV von 1997

Die richterliche Praxis konnte sich jedoch nicht entfalten, da das Gesetz von 1988 vom Gesetz Nr. CXLIV von 1997 über die Wirtschaftsgesellschaften[20] abgelöst wurde, das eine Vorschrift für den Gesellschaftsvertrag einführte, die der Lösung von 1988 gegensätzlich war. Die neue Norm (§ 9) besagte Folgendes: „(1) Die Gesellschafter (Aktionäre) können von den Bestimmungen dieses Gesetzes abweichen, wenn das Gesetz dies erlaubt. Die Gesellschafter (Aktionäre) können den Inhalt des Gesellschaftsvertrages (der Gründungsurkunde bzw. Satzung) im Rahmen dieses

---

18 Über die Gültigkeit der Nebenabreden im österreichschen Recht: *Schauer*, Schuldrechtliche Nebenabreden im österreichschen Gesellschaftsrecht, in: Fleischer/Kalss/Vogt (Hrsg.), Aktuelle Entwicklungen im deutschen, österreichischen und schweizerischen Gesellschafts- und Kapitalmarktrecht 2012, Tübingen 2013, 201. ff.

19 *Kisfaludi/Pethőné Kovács/Simon/Szegediné Sebestyén*, A gazdasági társaságok nagy kézikönyve [Großes Handbuch der Wirtschaftsgesellschaften], Budapest 2008, S. 93.

20 Das Gesetz Nr. CXVIV von 1997 über Wirtschaftsgesellschaften trat am 1.6.1998 in Kraft.

Gesetzes bzw. der Rechtsvorschriften frei bestimmen. (2) In Bezug auf die in diesem Gesetz nicht geregelten Vermögens- und persönlichen Verhältnisse der Wirtschaftsgesellschaften und ihrer Mitglieder (Aktionäre) sind die Normen des Bürgerlichen Gesetzbuches anzuwenden.“ Die offizielle Begründung in den Gesetzesmotiven wies auf die Gefährdung der Rechtssicherheit wegen einer ständigen Diskussion über die dispositive Natur der Normen des Gesetzes von 1988 hin. So wurde die Grundnorm mit einer Wendung um 180 Grad von der Dispositivität hin zur zwingenden Eigenart neuformuliert und die Satzungsstrenge auf alle Gesellschaftsformen erstreckt. Diese Regelung war im Grunde zwischen 1998 und 2006 in Kraft.

Diese neue gesetzliche Regelung half der richterlichen Praxis, indem in Zweifelsfällen die Freiheit der Gesellschafter in Bezug auf die freiere Formulierung des Gesellschaftsvertrags nicht anerkannt wurde. Das Gericht höchster Instanz ging sogar so weit, dass es in einem Fall feststellte, im Gesellschaftsvertrag könnten nur Fragen geregelt werden, die im Gesetz in verbindlicher oder optionaler Form enthalten seien. Dagegen dürften diejenigen Fragen, auf die im Gesetz nicht einmal verwiesen werd, von den Parteien im Gesellschaftsvertrag überhaupt nicht geregelt werden. Mit anderen Worten: Man sollte die gesetzlichen Vorschriften nicht vertraglich ergänzen können.[21]

Die weitgehend zwingend gestaltete Regelung von 1997 wurde oft kritisiert, sie entsprach jedoch gut der richterlichen Auffassung, da diese über die Gültigkeit und Registrierbarkeit unterschiedlich geregelter Gesellschaftsverträge nicht entscheiden mussten, sondern eine schnelle und einfache Kontrolle bei der Registrierung der Gesellschaften möglich wurde. Im Wesentlichen vereinheitlichte dieses Gesetz das entstandene Gesellschaftsmuster, sodass auch die Registrierung einfacher war. Eine direkte Folge dieser Lösung bestand darin, dass im Laufe von komplizierteren Firmengründungen der Gesellschaftsvertrag lediglich einer der Verträge war, die von den Parteien unterzeichnet wurden. Neben dem Gesellschaftsvertrag unterzeichneten sie auch eine Aktionärsvereinbarung, einen Syndikatsvertrag oder ähnliche Kooperationsvereinbarungen, die sich auf den Willen und die Nebenabreden der Parteien bzw. Gesellschafter auf einen längeren Zeitraum hin bezogen. Im Allgemeinen sah dieser letztere Vertrag für Rechtsstreitigkeiten ein ausländisches Schiedsgerichts vor, dem – falls möglich – ein entsprechender Gerichtsstand zugeordnet wurde.

---

21 *Kisfaludi/Pethőné Kovács/Simon/Szegediné Sebestyén*, (Fn. 19), S. 94.

4. Gesetz Nr. IV von 2006

Jedoch hat die abenteuerliche Entwicklung des ungarischen Gesellschaftsrechts diese Grundfrage immer wieder aufgeworfen. Dem Anschein nach weicht die neue Vorschrift des chronologisch dritten Gesetzes, des Gesetzes Nr. IV von 2006 über Wirtschaftsgesellschaften[22], von diesem strengen zwingenden Charakter des Gesetzes von 1997 ab. Die Norm (wieder § 9) lautete wie folgt:

„(1) Die Gesellschafter (Aktionäre) können den Inhalt des Gesellschaftsvertrags (der Satzung bzw. Gründungsurkunde) im Rahmen dieses Gesetzes bzw. anderer Rechtsnormen frei bestimmen, dürfen von den Bestimmungen dieses Gesetzes jedoch nur abweichen, wenn das Gesetz dies gestattet. Die Aufnahme einer weiteren Bestimmung in den Gesellschaftsvertrag (in die Satzung bzw. Gründungsurkunde), die dieses Gesetz nicht enthält, wird nicht als Abweichung vom Gesetz angesehen, wenn die Bestimmung nicht im Gegensatz zu den allgemeinen Normen des Gesellschaftsrechts oder zum Ziel der auf die gegebene Gesellschaftsform bezogenen Regelung steht und nicht die gutgläubige Rechtsausübung verletzt. (2) In Bezug auf die in diesem Gesetz nicht geregelten Vermögens- und persönlichen Verhältnisse der Wirtschaftsgesellschaften und ihrer Gesellschafter (Aktionäre) sind die Bestimmungen des Bürgerlichen Gesetzbuches entsprechend anzuwenden.“

Diese Regelung, die ab Juli 2006 bis zum 14.3.2014 in Kraft war, hat die grundlegende *ius cogens*-Natur des Gesetzes deklariert; Wortlaut und richterliche Auslegung der Norm sind weit voneinander entfernt gewesen. Neu an der Regelung von 2006 war, dass sie den allgemeinen zwingenden Charakter der gesetzlichen Regelung feststellte und darüber hinaus auch verfügte, dass die im Gesetz nicht geregelten Fragen von den Parteien im Gesellschaftsvertrag frei gestaltet werden dürften, was jedoch den Gegenstand einer richterlichen Überprüfung bilden sollte. Die Aspekte der richterlichen Überprüfung sind die folgenden: (i) grundlegende Prinzipien des Gesellschaftsrechts; (ii) Ziel der Regelung und (iii) die Erfordernisse des guten Glaubens. Falls der Gesellschaftsvertrag einen dieser Aspekte verletzte, so sollte er geändert werden müssen.

---

22 Das Gesetz Nr. IV über die Wirtschaftsgesellschaften von 2006 trat am 1.7.2006 in Kraft. Hierzu *Küpper*, Ungarn: Das neue Gesellschaftsgesetz. Textübersetzung mit Einführung, JOR 2006, S. 223-312.

Diese sehr ungenaue Umschreibung der richterlichen Kontrolle führte dazu, dass die Parteien im Grunde von dieser minimalen Freiheit nicht einmal Gebrauch machten, weil nicht vorhersehbar war, ob der Richter wohl die Aufnahme von ergänzenden Vereinbarungen und Nebenabreden im Gesellschaftsvertrag erlauben würde oder nicht. Folglich verwirklichte sich das ungarische Gesellschaftsrecht auf der Grundlage von mehr oder weniger bekannten Gesellschaftsvertragsmustern von bereits eingetragenen Gesellschaften: Jeder Rechtsanwalt hatte Muster, die vom Gericht bereits eingetragen worden waren, weshalb man sicherheitshalber diese erneut verwendete. Es stellte im Grunde keine allzu große Herausforderung für den Juristen dar, den Gesellschaftsvertrag auf Grund von Mustern – und nicht gemäß dem Willen der Parteien – zu erstellen.

Die Konzeption des Gesetzes von 2006 für den wichtigen Aspekt der Gestaltungsfreiheit wurde durch gesetzlich festgelegte Musterverträge weiter verstärkt. Das Gesetz ermöglichte es der Praxis oHG, KG, GmbH und nicht börsennotierte AG auf Grundlage eines gesetzlich festgelegten Mustervertrages zu gründen. Die entsprechenden Musterverträge wurden als Anlage des Gesetztes Nr. V von 2006 über die Firmenpublizität, das handelsgerichtliche Verfahren und die Liquidation veröffentlicht. Die Gesellschafter sollten den gewählten Mustervertrag mit Anwaltshilfe ausfüllen, dann war diese Gesellschaft binnen eines Tages zu registrieren.[23]

5. Gesetz Nr. V von 2013 – das neue ZGB

Die neue Regelung im Gesetz Nr. V von 2013 ist eine absolute Neuheit des neuen ZGB, nämlich die vollkommene Erneuerung der Regelung der juristischen Personen des Privatrechts, nicht nur der Gesellschaften, sondern auch der Vereine, Stiftungen und Genossenschaften.[24] Das Gesetz

23 *Csehi,* Gesellschaftsgründung mit Musterverträgen im ungarischen Recht, in: Hommelhoff/Schubel/Teichmann (Hrsg.), Societas Privata Europaea (SPE) – die europäische Kapitalgesellschaft für mittelständische Unternehmen, Baden-Baden 2014, S. 119 ff.

24 *Mádl*, Das erste ungarische Zivilgesetzbuch – das Gesetz IV vom Jahre 1959 – im Spiegel der Geschichte der zivilrechtlichen Kodifikation, in: Eörsi/Mádl (Hrsg.), Das ungarische Zivilgesetzbuch in fünf Studien, Budapest 1963, und *Mádl*, Kodifikation des ungarischen Privat- und Handelsrechts im Zeitalter des Dualismus, in: Csizmadia/Kovács (Hrsg), Die Entwicklung des Zivilrechts in Mitteleuropa (1848-1944), Budapest 1970, S. 87 ff.

folgt in vielen Punkten den Lösungen des ZGB von 1959 sowie den früheren Vorschriften der Wirtschaftsgesellschaften und führt diese weiter. Die neue Einheit der Vorschriften in den 406 Paragrafen im Buch III des neuen Zivilkodex kann als absolute Neuerung bezeichnet werden.[25] Eine absolute Neuerung auch dadurch, dass das Rechtsmaterial der Handelsgesellschaften (mit neuer Bezeichnung Wirtschaftsgesellschaften) zu einem integralen Bestandteil dieser Regelung der juristischen Person geworden ist.

Unter den Vorzügen von Buch III sticht eindeutig die in § 3:4 formulierte neue Vorschrift hervor: Sie bringt eine Wende im Zusammenhang mit der Regelung der juristischen Person´und zwar die Dispositivität derjenigen Vorschriften, welche die Innenverhältnisse der juristischen Personen betreffen. Die Norm (§ 3:4) enthält im Titel der Errichtung einer juristischen Person folgende Verordnung: „[Freiheit der Errichtung einer juristischen Person] (1) Über die Errichtung der juristischen Person dürfen die Personen im Vertrag, in der Gründungsurkunde oder in der Satzung frei verfügen und die Organisation sowie Betriebsvorschriften der juristischen Person selbst bestimmen. (2) Die Gesellschafter bzw. Gründer der juristischen Person dürfen bei der Regelung ihres Verhältnisses untereinander und zur juristischen Person sowie der Regelung der Organisation und des Betriebs der juristischen Person in der Gründungsurkunde – mit Ausnahme der Festlegungen in Absatz 3 – von den Vorschriften des vorliegenden Gesetzes in Bezug auf juristische Personen abweichen. (3) Die Gesellschafter bzw. Gründer der juristischen Person dürfen von dem im vorliegenden Gesetz Enthaltenen nicht abweichen, wenn *a)* diese Abweichung vom vorliegenden Gesetz untersagt wird; oder *b)* die Abweichung die Rechte der Gläubiger oder Arbeitnehmer der juristischen Person oder der Minderheit der Gesellschafter offensichtlich verletzt, oder dies das Zur-Geltung-Kommen der staatliche Aufsicht über den gesetzmäßigen Betrieb

25 *Csehi,* New Rules on Legal Persons and the Draft of the Civil Code of Hungary, in: Acta Universitatis Brunensis, Iuridica, No 409, Civil Law on the Cross-roads, Brno 2012, 1-12 (e-book); *Csehi,* A jogi személyek szabályozása az új magyar Polgári Törvénykönyvben és annak tervezeteiben, [Die Regelung der juristischen Personen im neuen ungarischen ZGB und deren Entwürfen], in: Gondosné Pusztahely (Hrsg.), A jogi személyek az új Polgári törvénykönyvben, Miskolc 2013, S. 45 ff.; *Csehi,* A kereskedelmi (gazdasági) társaságok szabályozásának megújulásáról az új Polgári Törvénykönyvben, [Die Wiedergeburt der Regelung der Handelsgesellschaften im neuen ungarischen ZGB], in: Miskolczi/Gyenge (Hrsg.), Megújulás a jogi személyek szabályozásában, Budapest 2014, Károlyi Gáspár református Egyetem Állam- és Jogtudományi Kar, S. 19 ff.

der juristischen Personen hindert.“[26] (Es folgen die Absätze 4 und 5, die hier nicht wiedergegeben werden.)

Hervorhebung verdienen folgende neue Elemente des Gesetzes:

1. Es wurde allgemein festgelegt, dass die juristischen Personen des Privatrechts durch Rechtsgeschäft begründet werden. Das Rechtsgeschäft setzt den freien Willen der Parteien voraus.
2. Die zitierte Vorschrift bezieht sich nicht nur auf die Wirtschaftsgesellschaften, sondern grundsätzlich auf die Innenverhältnisse sämtlicher juristischer Personen, die im neuen ZGB geregelt werden, einschließlich der Vereine, Stiftungen und Genossenschaften.
3. Ein Typenzwang der juristischen Personen wurde im § 3:1 Abs. 4 und § 3:89 Abs. 1 (für Handelsgesellschaften) festgelegt, der Registrierungszwang für juristische Personen (§ 3:4 Abs. 4) und die Minimumanforderungen der Gründungsdokumente (§ 3:1 Abs. 5 und § 3:5) sind eindeutig geregelt.
4. Die neue Regelung führt den Bereich der Freiheit an und benennt dessen Grenzen. Die Vorschrift nennt auch diejenigen Rechtsverhältnisse, bei deren eine Abweichung möglich ist. Diese sind die folgenden:

Die freie Gestaltungsmöglichkeit kann nur in der Gründungsurkunde festgelegt werden und dieses Recht gebührt den Gesellschaftern bzw. Gründern der juristischen Person. Selbstverständlich können in Nebenabreden und Syndikatsverträgen auch solche Bestimmungen der Gesellschafter, Gründer und Mitgliedern der juristischen Person vereinbart werden. Diese gesetzliche Freiheit wurde in § 3:4 Abs. 2 nur auf drei Bereichen gegeben:

---

26 Zu dieser Regelung siehe *Győri,* A társasági jog megújított szabályozásának értelmezési kérdései [Auslegunsfragen der erneuenten Regelung des Gesellschaftsrechts], Gazdaság és Jog [Wirtschaft und Recht]. 2014/ 9. 3-8.; *Török,* A gazdasági társaságok közös szabályai. [Gemeinsame Regelungen der Wirtschaftsgesellschaften] Gazdaság és Jog. 2013/7-8., 3-9.; *Sárközy T.*, Típusszabadság – típuskényszer a szervezetek jogi megjelenítésénél. [Typenfreiheit – Typenzwang in der Darlegung der juristischen Personen] Gazdaság és Jog. 2013/7-8. 9-14.; *Sárközy T.*, Az új Ptk. jogi személy könyvéről. [Über den Buch über Juristischen Personen der neuen ZGB] Jogtudományi Közlöny. 2013. október; *Kisfaludi,* A jogi személyek szabályozása az új Polgári Törvénykönyvben. [The Regelung der juristischen Personen in neuen ZGB] Jogtudományi Közlöny. 2013. július-augusztus. 333-342.o.; *Sárközy Sz.,* A kft. intézménye a társasági formák nemzetközi versenyében. [GmbH in der internationalen Wettbewerb der Gesellschaftenformen] Jogtudományi Közlöny. 2013. június. 301-312.o.; *Gadó,* Kógens-e a diszpozitív? [Ist zwingend das dispositives?] Céghírnök 2013/9. 3-5.

erstens für die Verhältnisse der Gesellschafter bzw. Mitgliedern untereinander, zweitens für ihr Verhältnis zur juristischen Person sowie dritens für den Aufbau der Organisation und des Betriebs der juristischen Person. Einerseits heißt das, dass den Gesellschaftern und Gründern der juristischen Person diese freie Vertragsbildung nur in solchen Fragen zusteht, die zu einem dieser drei genannten Bereiche gehören.

Andererseits ist diese Freiheit nicht unbegrenzt oder schrankenlos, sondern sie kann nur in den im Abs. 3 festgelegten Grenzen ausgeübt werden. Diese ausdrücklichen gesetzlichen Schranken sind nämlich: (i) wenn die Abweichung vom Gesetz selbst untersagt wird, zum Beispiel im Falle der Kapitalschutznormen; (ii) die Abweichung die Rechte der Gläubiger oder Arbeitnehmer der juristischen Person oder der Minderheit der Gesellschafter offensichtlich verletzt, oder dies (iii) das Zur-Geltung-Kommen der staatlichen Aufsicht über den gesetzmäßigen Betrieb der juristischen Personen hindert.

Grenzen der Gestaltungsfreiheit des Gründungsvertrags einer juristischen Person stellen zudem all jene Vorschriften dar, die aus der Besonderheit dieser Regelung folgen. Hierzu zählen der *numerus clausus* der Rechtsformen der juristischen Personen, von denen nicht abgewichen werden darf, und Bestimmungen über den Mindestinhalt des Gesellschaftsvertrages (§ 3:5), zu Formerfordernissen (§ 3:95), über richterliche Kontrolle (§ 3:100) und über die Registerpublizität. Mit einer solchen Lösung ist die institutionell-korporative Funktion des Gesellschaftsvertrages gesichert worden. Die Vertragsfreiheit wird also im Rahmen der Gestaltung einer neuen juristischen Person, in der institutionell-korporativen rechtlichen Struktur, welche die juristischen Personen abbildet, durchgesetzt.

Ebenfalls darf nicht von den Mindestkapitalerfordernissen abgewichen werden, die im Falle der GmbH und der AG vorgeschrieben sind, da diese auch eine Gläubigerschutzfunktion haben.[27] Nicht abgewichen werden darf von Vorschriften, die den Rechtscharakter der entsprechenden juristischen Person verkörpern, so im Falle der GmbH von Bestimmungen über die Stammeinlage oder über den Geschäftsanteil.[28] So gilt Typenzwang auch im ungarischen Gesellschaftsrecht.

Das den Gesellschaftern zustehende Stimmrecht, die den Gesellschaftern zustehenden Vermögensberechtigungen und bestimmte interne Ver-

---

27 § 3:161 Abs. 4; § 3:212 Abs. 2 ZGB.
28 § 3:164 ZGB.

hältnisse der Gesellschaft sind Bereiche, die von den Parteien in Zukunft freier – auf Grund von geschäftlichen und sonstigen Aspekten – bestimmt werden können. Sie müssen nicht unter der Willkür der staatlichen Regelung Gesellschaftsverhältnisse in Bezug auf das Geschäft herausbilden. Vielmehr muss ihnen die Möglichkeit gegeben werden, auf der Grundlage des freien Willens, der Vereinbarung und der Übereinkunft zwischen Geschäftsleuten vorgehen zu können. Wenn ein Gesellschafter gegenüber den anderen Gesellschaftern bestimmte Verbindlichkeiten zur Finanzierung der Gesellschaft übernehmen möchte – warum sollte diese Vereinbarung für die Gesellschafter untereinander nicht bindend sein können? Falls dies die finanzielle Stabilität der Gesellschaft nur stärkt, wird der Gläubigeranspruch nicht verletzt. Die Regelungen des Gesellschaftsrechts bauen auf der einfachen Tatsache der Größe des Anfangsvermögens, das bei der Gesellschaftsgründung von den einzelnen Gesellschaftern der Gesellschaft zur Verfügung gestellt wird, auf. Auf Grund des Verhältnisses dieser einmaligen Vermögenszuwendung untereinander stehen den Gesellschaftern Stimm- und Entscheidungsrecht, das Recht auf Gewinn und viele andere Rechte zu. Diese Ausgangsvorschrift ist lediglich ein Muster und Modell des Gesetzes, das die Vielfalt des Lebens und die vielen Richtungen des Denkens der Geschäftsleute nicht widerspiegelt. Die dispositive Regelung gibt den Geschäftsleuten und Bürgern die Möglichkeit zurück, in diesen Fragen untereinander selbst zu entschieden.

Die Bedeutung dieser Wende im Gesellschaftsrecht kann nicht genug betont werden, und es ist nur zu hoffen, dass es im ungarischen Gesellschaftsrecht in der Zukunft den die juristischen Personen registrierenden Richtern nicht erneut vorgeschrieben wird, was im Gesellschaftsvertrag oder in der Stiftungsurkunde gefasst werden muss und kann, sondern dass die Parteien, welche die Gesellschaft gründen, darüber bestimmen können. In dieser neuen Vorschrift der Freiheit kommt der grundlegende Gedanke des neuen ZGB zur Geltung, wonach im Bereich der privatrechtlichen Verhältnisse die Bürger ihre Rechtsverhältnisse frei gestalten dürfen. Der neue privatrechtliche Kodex regelt ihre privatrechtlichen Verhältnisse, und unter den Vorschriften unserer privatrechtlichen Verhältnisse bedeutet dies die möglichst umfassende Realisierbarkeit der Freiheit. Die Bürger sollen ihre Privatverhältnisse ihrem Willen, ihrer Absicht entsprechend frei gestalten können, der Staat sichert ihnen einen entsprechenden gesetzlichen Rahmen, und wir finden auch die andere, von der guten Sitte vorgegebene Grenze. Innerhalb dessen dürfen die Menschen jedoch ihre privaten Verhältnisse frei gestalten. Dies müsste nicht nur in der Welt der Verträge zur Geltung kommen, nicht nur darin, dass ein Mensch im Grunde eine unbegrenzte Zahl von juristischen Personen errichten darf, sondern auch darin, dass die privatrechtliche juristische Person, welche die einzelnen Privatverhältnisse in sich verkörpert, ihre internen Verhältnisse frei gestalten darf. Diese Verhältnisse wirken sich nur teilweise auf einen Dritten außerhalb der juristischen Person aus bzw. berühren die Sicherheit des Verkehrs und die öffentlichen Interessen nur teilweise. So wie bestimmte Normen des Schuldrechts und des Vertragsrechts natürliche und rechtliche Grenzen aus den Gütern, die den Vertragsgegenstand bilden, natürliche und rechtliche Grenzen der Vertragsfreiheit darstellen, so hat auch die dispositive Regelung der juristischen Person ihre sinngemäßen Grenzen: die Artgebundenheit der juristischen Personen, ihre staatliche Aufsicht, die Öffentlichkeitsprinzipien, das Registrierungserfordernis usw. Die in der neuen dispositiven Regelung erscheinende Freiheit stärkt diejenige Botschaft des neuen Kodex, dass das Privatrecht die Welt der Freiheit, das Recht der freien Gestaltung der privatrechtlichen Verhältnisse ist. Dies ist jedoch keine Neuheit im ungarischen Recht, so war es auch früher, im ungarischen Handelsrecht vor dem Sozialismus, in der ersten Hälfte des 20 Jahrhunderts.

6. Die Auffassung des alten ungarischen Gesellschaftsrechts

Wir betonen, dass das neue Gesetz selbst die Grenzen der Freiheit aufzeigt, und damit sind wir jetzt im Jahre 2014 im Grunde dort angelangt bzw. dorthin zurückgekehrt, wo das klassische ungarische Handelsrecht, das weniger Jahre später (im Jahr 1948) im Wesentlichen erloschen ist, im Jahr 1943 war. Um es mit den Worten von *Ferenc Nagy*[29], Professor für Handelsrecht, aus seinem im Jahr 1907, also schon zu Beginn des 20. Jahrhunderts, erschienenen Lehrbuches zu sagen: „Das Handelsgesetzbuch folgt bei der Regelung der internen und externen Verhältnisse von Handelsgesellschaften diversen Verfahren. Hinsichtlich der internen Verhältnisse ist dasjenige Prinzip maßgebend, dass die Parteien diese frei klären dürfen. ... Das Gesetz stellt zwar auch hinsichtlich der internen Verhältnisse Vorschriften auf, jedoch haben diese Vorschriften im Allgemeinen nur

---

29 *Csehi*, Nagy Ferenc (1852-1928) élete és munkássága [Leben und Werk Ferenc Nagy], in: Hamza (Hrsg.), Magyar Jogtudósok [Ungarische Rechtsgelehrte]. 3. kötet, Budapest, 2006, S. 117 ff.

vertragsergänzenden (dispositiven) Charakter, sodass die Parteien von diesen abweichen dürfen. Das Handelsgesetzbuch stellt nur dann in Bezug auf die internen Verhältnisse Vorschriften auf, die zwingend (absolut) sind und von den Parteien nicht modifiziert werden dürfen, wenn die Gefahr besteht, dass der freie Wille der Parteien im Grunde nicht zur Geltung kommen kann, und dass die in der Gesellschaft teilnehmende Gemeinschaft schwerwiegende Nachteile erleiden wird, falls die Regelung der internen Verhältnisse den Parteien überlassen wird.[30] ... In Bezug auf die externen Verhältnisse wird das gegenteilige Prinzip angewandt: Diese werden vom Handelsgesetzbuch derart geregelt, dass keine Abweichung von diesen Vorschriften zulässig ist. Dies gründet darin, dass bei den externen Verhältnissen nicht nur die Interessen der Gesellschafter, sondern auch ein Dritter betroffen ist.[31]"[32] Besser kann man auch den Standpunkt des neuen ungarischen Gesellschaftsrechts nicht in wenigen Sätzen beschreiben.

Und auch *Ödön Kuncz*, Professor für Handelsrecht an der Universität Budapest, lässt sich mit einer Äußerung aus dem Jahr 1943 in Bezug auf die Ähnlichkeit zwischen Handelsgesellschaften und Gesellschaften des bürgerlichen Rechts heute wieder zitieren: „Der Vertragsinhalt wird von den Gesellschaftern frei festgestellt."[33]

7. „Public goods" – Charakter der dispositiven Normen

Auch den derzeitigen führenden angelsächsischen Ansichten zufolge bedeuten im Kreis der Corporations, also der börsennotierten Gesellschaften, die *„default rules"* – was ungefähr die dispositive Regelung bezeichnet –,

30 So insbesondere bei der Aktiengesellschaft und der Genossenschaft, bei denen die Zahl der Gesellschafter derart hoch ist, dass ein direkter Kontakt zwischen ihnen mindestens genauso selten vorkommt, wie zwischen Personen, die in keinem Rechtsverhältnis zueinander stehen, und bei denen die Gesellschafter weder die Gründung, noch die Geschäftsleitung wirklich kontrollieren können, sodass es leicht zu Missbräuchen kommen kann.

31 In Ausnahmefällen ist jedoch eine Abweichung erlaubt. So ist es z. B. bei den Genossenschaften den Parteien überlassen, ob sie eine beschränkte oder uneingeschränkte Haftung feststellen wollen. Eine bestimmte Freiheit ist zudem z. B. hinsichtlich der Gesellschaftsvertretung usw. gegeben.

32 *Nagy*, A magyar kereskedelmi jog kézikönyve [Handbuch des ungarischen Handelsrechts], Band I, 7. Aufl., Budapest 1909, S. 227 f.

33 *Kuncz*, A magyar kereskedelmi- é váltójog tankönyve, [Handbuch des ungarischen Handels- und Wechselrechts], 2. Aufl., Budapest 1943, S. 119.

dass die vom Gesetzgeber vorgegebenen Vorschriften akzeptiert werden können, von diesen jedoch auch abgewichen werden darf. Dies ist ein allgemeines Prinzip, das sich bewährt hat, und auf dem das moderne Gesellschaftsrecht unserer heutigen Zeit gründet. Die in der Praxis entstandenen Vertragslösungen und Satzungsverordnungen werden vom Autorentrio Armour-Hausmann-Krakmann „public goods" genannt.[34] Vorteil dieser Normen ist, dass sie das Kennenlernen der der anderen Partei nicht bekannten Informationen und somit die Abweichung von der dispositiven Norm ermöglichen. Der Vertrag zwischen den Parteien ist – vor allem, falls dieser für eine längere Zeit bestimmt ist, wie zum Beispiel ein Gesellschaftsvertrag oder eine Vereinssatzung – notwendigerweise nicht perfekt, weshalb früher oder später eine Situation eintreten kann, die vom Vertrag nicht geregelt wird. Anstatt – wie im Falle einer Gesetzeslücke – die anzuwendende Vorschrift aus den vom Gesetzgeber vorgegebenen Vorschriften abzuleiten liegt methodologisch diejenige Lösung den privatrechtlichen Verhältnissen der Parteien näher, wonach das Gericht von der vertraglichen Vereinbarung der Parteien auszugehen hat und nicht von den abstrakten Vorschriften des Gesellschaftsrechts oder Vereinsrechts. Diese Methode zieht also den Willen der Parteien eher in Betracht und führt zu einer diesem Willen näher liegenden, individuelleren Lösung, als das aus der Welt der abstrakten Norm abgeleitete abstrakte rechtliche Ergebnis, das gegebenenfalls nichts mit der konkreten Gesellschaft oder dem konkreten Verein zu tun hat.

Ich möchte aus dem Obigen nicht folgern, dass die juristische Person grundsätzlich ein auf einem Vertrag, auf der langfristigen Zusammenarbeit der Parteien gründendes Schuldrechtsverhältnis ist, und nicht eine von den Gesellschaftern und Gründern rechtlich abgesonderte Organisation.[35] Der Teil des neuen ZGB über die juristische Person entspricht in diesem Sinne den Traditionen des ungarischen Privat- und Handelsrechts, der Auffassung des europäischen Rechts und der Auslegung des modernen Gesellschaftsrechts der heutigen Zeit.

---

34 *Kraakman/Davies/Hansmann/Hertig/Hopt/Kande/Rock*, The Anatomy of Corporate Law, Oxford 2004, S. 20.

35 Zur Diskussion siehe: *Philippe Merle,* Droit commercial. Société commerciales, *Paris,* 2007/11, S. 38. ff., sowie *Schmidt*, Gesellschaftsrecht, 4.Aufl., Köln-Berlin-Bonn-München, 2002, S. 187 ff.

8. *Erwartungen an Corporate Governance*

Die dispositive Regelung hat die zusätzliche Folge, dass das ungarische Recht den modernen Erwartungen an eine Corporate Governance, seien es die der OECD oder die europäischer Ansätze, entspricht. „Speziell der Bereich der Corporate Governance und der Anforderungen an die innere Struktur und die Organe der Aktiengesellschaft ist natürlich Gegenstand vielfältiger Aktivitäten und Bemühungen auch von nicht gesetzgeberischer bzw. privater Seite. Auf dieser Weise nähert sich das Binnenorganisationsrecht der Mitgliedstaaten außerhalb des Europäischen Gesellschaftsrechts an.“[36]

Noch eine Bemerkung: Einige nordamerikanische Autoren behaupten, dass sich das Gesellschaftsrecht in USA sehr grundsätzlich geändert, von einem zwingenden Recht zu einem dispositiven Recht umgewandelt habe.[37]

“The goals of corporate law are much easier to describe today than they were even twenty and certainly hundred years ago. [Corporate law has come to be understood as a system of multi-party contractual relationships, a subpart of contract law. Corporate law provides default rules that can be varied by the parties. The law is concerned with implementing the agreement that the parties have made. /…/ The law shifted from a concept of mandatory corporate norms to a concept of a set of organizational options. Not only can the organic documents of an entity be customized, but there is now a menu of available organizational forms – the business corportaion, the limited liability company, the limited liability partnership, the limited partnership – combined with a wide range of jurisdictional options – Delaware, Nevada, Maryland, New York, California – from which the parties can choose.”[38]

---

36 *Merkt*, Einheit und Vielfalt im Europäischen Unternehmensrecht: Die Perspektive des Gesellschaftsrechts, FS Blaurock, Tübingen 2013, S. 329.

37 Zu dieser Problematik findet man eine ganze Reihe von Aufsätzen in 89 Columbia Law Review (1989) 1395 ff.

38 *Kitch*, The Simplification of the Criteria for Good Corporte Law or Why Corporate Law is not as Important Anymore, 2 Berkely Bus L.J., 2005, S. 35.

9. Würdigung

Indem das Stammmaterial der Wirtschaftsgesellschaften in den neuen ungarischen privatrechtlichen Kodex Eingang gefunden hat, hat vermutlich nicht nur der Exodus des Jahres 1988 und der anschließende Kreuzweg und Kodifikationstsunami – diese Irrationalität einer Neukodifizierung alle 8 Jahre – ein Ende, sondern das Rechtsmaterial ist dort angekommen, wohin es immer gehörte. Das Recht der Handelsgesellschaften bildete einen festen Teil des Handelsrechts und enthielt diejenigen Vorschriften, die Anwendung finden, wenn nicht ein Mensch, ein Händler einer Geschäftstätigkeit nachgeht, sondern mehrere in Form einer Mehrpersonengesellschaft gemeinsam agieren. Das Recht der Handelsgesellschaften ist der Geburtsort des Vermögensrechts, der Bereich des Rechts, der die Vermögensbildung und die freie Transformierbarkeit des Vermögens aus dem Unternehmensvermögens ins Privatvermögen beschreibt. Der übrige Teil des ZGB beschreibt nicht die Vermögensbildung, sondern die Statik und Dynamik des Vermögens, und diese Normen behandeln gerade den wichtigsten Aspekt nicht: Wie wird das Unternehmensvermögen zum Privatvermögen? Diese Vermögensbildung bildet einen festen Teil unseres Privatrechts, und die Vorschriften des ZGB können nur mit diesen Vorschriften gemeinsam interpretiert werden. Das neue ZGB führt auch neue Lösungen beim Übergang zwischen juristische Person und nichtjuristische Person oder zwischen sonstigen rechtlichen Formationen an. Hervorzuheben sind hierbei die neuen Vorschriften der Gesellschaft für bürgerliches Recht, die der Wirtschaftssphäre mit einer größeren Freiheit und auf Grund des Vertragsrechts darin einen größeren Spielraum gewähren, dass es gegebenenfalls nicht notwendig ist, zur Realisierung einer Geschäftstätigkeit eine Gesellschaft zu gründen. Auch das auf einem Vertrag gründende Verhältnis zwischen den Parteien kann die Beziehung zwischen den Parteien bleiben.

Zur Bedeutung der Gestaltungsfreiheit im rumänischen Recht

Dr. Gabriella Dobrin, Andrássy Universität Budapest

1. Teilnahme rumänischer Gesellschaftsformen am Wettbewerb der nationalen Rechtsordnungen?

1.1 Wettbewerb nationaler Rechtsordnungen

Laut einer im deutschen rechtswissenschaftlichen Schrifttum geäußerten Ansicht kann über einen Wettbewerb der nationalen Rechtsordnungen gesprochen werden, wenn „Rechtssubjekte (natürliche oder juristische Personen) Normen nachfragen, wobei sie zwischen Normen verschiedener Herkunft wählen können, und [...] die Anbieter dieser Normen, die Normgeber, auf die Zu- oder Abwahl ihrer gesetzgeberischen Produkte durch eine Veränderung des Angebots reagieren" (Schwartz 2007: 196). Im EU-Raum hat die Rechtsprechung des Europäischen Gerichtshofs zur Niederlassungsfreiheit, insb. in den Rechtssachen Centros, Überseering, Inspire Art und Cartesio (C-212/97; C-208/00; C-167/01; C-210/06), zum Entstehen eines Wettbewerbs der nationalen Gesellschaftsrechtsordnungen dadurch beigetragen, dass die Mitgliedstaaten nun europarechtlich verpflichtet werden die zugezogenen EU-ausländischen Gesellschaften bzw. die Rechtsformen anderer Mitgliedstaaten anzuerkennen. Mit den einheimischen Gesellschaftsformen konkurrieren somit die zugezogenen EU-ausländischen Gesellschaftsformen. Demzufolge – und der zitierten Definition entsprechend – waren in den letzten Jahren die nationalen Gesetzgeber als Normanbieter bestrebt, ihre Gesellschaftsrechtsordnungen an die Bedürfnisse der Normen-Nachfrager anzupassen, indem bspw. im Bereich des GmbH-Rechts Mustergründungen eingeführt, das Mindeststammkapital abgesenkt oder etwa „Briefkastengesellschaften" zugelassen wurden (zu den Bestrebungen des deutschen und des ungarischen Gesetzgebers siehe Dobrin 2013: 21 ff., 28 ff., 35 f.). Ein Normierungswettbewerb kann also im EU-Raum – zumindest in gesellschaftsrechtlichen Teilbereichen – festgehalten werden (vgl. auch Eidenmüller 2007: 178; Fleischer/Goette-Fleischer 2010: Einl. Rn. 227; Merkt 2004: 2 f.).

1.2 Teilnahme des rumänischen Gesellschaftsrechts am Wettbewerb

Für die Reichweite der Möglichkeit einer Rechtsordnung am Wettbewerb der nationalen Gesellschaftsrechtsordnungen teilzunehmen sind die Art und Weise der Regelung des Sitzes ihrer Gesellschaften bzw. ihre kollisionsrechtlichen Regelungen von zentraler Bedeutung. Dies ist eine Folge der Rechtsprechung des Europäischen Gerichtshofs, die wegzugbeschränkende – insbesondere kollisionsrechtliche – Regelungen der Mitgliedstaaten grundsätzlich für europarechtskonform erklärt hat (C-210/06). Die nationalen Normgeber können den Wegzug ihrer Gesellschaften bspw. dadurch beschränken, indem sie für ihre Gesellschaften vorschreiben, dass der Gesellschaftssitz (Satzungssitz) mit dem realen Sitz der Gesellschaft übereinzustimmen hat und nicht ohne Weiteres – also ohne Umwandlung in eine ausländische Rechtsform – ins EU-Ausland verlegt werden kann. Wird dagegen die Gründungstheorie statuiert, so kann die nationale Rechtsfrom unproblematisch ins EU-Ausland exportiert werden, da in diesem Fall der in der Gründungsurkunde angegebene Sitz und der Ort, an welchem die tatsächliche Tätigkeit der Gesellschaft abgewickelt wird – also der reale Sitz –, voneinander abweichen können (zu den verschiedenen kollissionsrechtlichen Theorien siehe Schäfer 2011: S. 73 ff.).

In Rumänien wird der Sitz von Handelsgesellschaften in Art. 1 Abs. 2 des Gesetzes Nr. 31/1990 über die Handelsgesellschaften (HGG) i.V.m. Art. 2571 des rumänischen BGB (Gesetz Nr. 287/2009 über das Bürgerliche Gesetzbuch) geregelt. Gemäß Art. 1 Abs. 2 HGG sind „Die Handelsgesellschaften mit Sitz in Rumänien […] rumänische juristische Personen." Die juristischen Personen werden in Art. 2571 RBGB wie folgt definiert: „(1) Die juristische Person besitzt die Nationalität des Staates auf dessen Territorium sie – gemäß ihrer Gründungsurkunde – ihren Gesellschaftssitz [Satzungssitz] hat. (2) Gibt es Sitze in mehreren Staaten, so ist für die Bestimmung der Nationalität der juristischen Person ihr realer Sitz maßgebend. (3) Unter realem Sitz ist der Ort zu verstehen, an welchem sich das Hauptleitungs- und Verwaltungszentrum der Gesellschaftstätigkeit befindet, selbst wenn die Beschlüsse des betreffenden Organs gemäß den Richtlinien der sich in anderen Staaten befindlichen Aktionäre oder Gesellschafter gefasst werden."

Das rumänische Recht scheint also die Gründungstheorie zu regeln, was den wegzugswilligen rumänischen Gesellschaften zugute kommen kann. An den Gesellschaftssitz werden allerdings in Rumänien weitere Voraussetzungen gestellt. Diese Voraussetzungen bestehen darin, dass die Gesellschafter über ein Nutzungsrecht bzgl. der Räumlichkeit, die als Satzungssitz fungieren soll, zu verfügen haben. Dieses Nutzungsrecht muss bei der Eintragung in das Handelsregister mit solchen Unterlagen wie etwa Kauf- oder Mietvertrag bzw. Auszug aus dem Grundbuch nachgewiesen werden (Art. 17 Abs. 3 lit. a HGG i.V.m. Art. 69 Abs. 1 lit. b der Verordnung des Justizministers Nr. 2594/C vom 10. Oktober 2008 und der Verordnung des Justizministers Nr. 492/C vom 10. Februar 2012).

Darüber hinaus sieht Art. 17 Abs. 4 HGG Folgendes vor: „Am selben Sitz können nur dann mehrere Gesellschaften betrieben werden, wenn die Immobilie – durch ihre Struktur und nützliche Oberfläche – den Betrieb mehrerer Gesellschaften in separierten Zimmern oder abgetrennten Räumlichkeiten erlaubt. Die Anzahl der Gesellschaften, die in derselben Immobilie betrieben werden, darf nicht die Anzahl der Zimmer oder abgetrennten Räumlichkeiten der Immobilie übersteigen." Daraus folgt, dass ein reiner „Briefkastensitz" in Rumänien ausgeschlossen ist (so ausdrücklich auch Căpăţînă 1996: 151; Cărpenaru/David/Predoiu/Piperea-Piperea 2009: Art. 7 Rn. 15). Vielmehr wird (auch) der Satzungssitz im rechtswissenschaftlichen Schrifttum als ein solcher Sitz beschrieben, an dem die Leitungs- und Verwaltungsorgane ihre Tätigkeit durchführen (Căpăţînă 1996: 151; Cărpenaru/David/Predoiu/Piperea-Piperea 2009: Art. 7 Rn. 15; Şcheaua 2002: 8; Turcu 2008: 430), was eben – gemäß RBGB – dem realen Sitz entspricht. Hiermit stellt der Gesetzgeber sicher, dass jede Gesellschaft (zumindest auf Papier) wenn nicht über eine Immobilie, so aber zumindest über eine eigene Räumlichkeit verfügt, in der ihre Organe ihre Aufgaben erfüllen und die Unterlagen der Gesellschaft aufbewahrt werden können. Die Anbindung des Satzungssitzes am realen Sitz unterstützt auch Art. 195 Abs. 1 HGG, der – mit zwingendem Charakter – dem GmbH-Geschäftsführer die Pflicht auferlegt, die Gesellschafterversammlung am Satzungssitz einzuberufen. Es herrscht allerdings Einigkeit darüber, dass die tatsächliche Tätigkeit der Gesellschaft an sich an einem anderen – vom Satzungssitz abweichenden – Ort durchgeführt werden kann (Cărpenaru 1998: 191; Şcheaua 2002: 8; Turcu 2008: 430). Aus den obigen Ausführungen kann man schlussfolgern, dass eine aktive Teilnahme der rumänischen Gesellschaftsformen am Wettbewerb der nationalen Gesellschaftsrechtsordnungen zwar etwas eingeschränkt, aber nicht vollständig ausgeschlossen ist.

2. Zur Bedeutung der Gestaltungsfreiheit im rumänischen Gesellschaftrecht

2.1 Ausgangsüberlegungen

Im Wettbewerb mit den Rechtsformen anderer EU-Mitgliedstaaten könnte es auch darauf ankommen, ob bzw. inwiefern das rumänische Gesellschaftrecht Gründern seiner GmbH Gestaltungsfreiheit einräumt. So gilt vor allem das deutsche GmbH-Recht als weitreichend gestaltungsfreundlich und aus diesem Grund sehr beliebt (Vgl. etwa Hommelhoff 1990, 1998; Hommelhoff/Freytag 1996: 1409 ff.; Schubel 2003: 504 ff.).

Der Begriff der Gestaltungsfreiheit berührt eine Vielzahl von Aspekten. Erstens kann dabei bereits das verfolgte gesetzgeberische Grundkonzept eine Rolle spielen. Das Vorhandensein konzeptioneller Überlegungen, die darauf abzielen, bewusst flexiblere Rechtsformen zu profilieren, deutet auf eine gestaltungsfreundliche Regelung hin. Zweitens wird die Reichweite der Gestaltungsfreiheit durch den allgemeinen Charakter der gesetzlichen Regelungen beeinflusst. Sind die Vorschriften für die zweite Kapitalgesellschaftsform durch eine hohe Norm- bzw. Regelungsdichte, durch häufige Verweisungen auf zwingende aktienrechtliche Regelungen oder gar durch eine generelle Neigung zur analogen Anwendung des Aktienrechts gekennzeichnet, so bewirkt all dies eine tendenzielle Einschränkung der Gestaltungsfreiheit in dieser Rechtsordnung. Drittens schließt eine größere Verbreitung von zwingenden Regelungen zwar nicht notwendig aus, dass andere Bereiche der Gesellschaftsform den Gesellschaftern zur eigenverantwortlichen Gestaltung überlassen worden sind, doch stellt dies zumindest ein starkes Indiz für eine generelle Einschränkung der Gestaltungsfreiheit dar. Eine eher lockere bzw. dispositive Regelung lässt dagegen eine weiterreichende Gestaltungsfreiheit erahnen.

Viertens werden auch in einer überwiegend dispositiven Gesellschaftsrechtsordnung der Gestaltungsfreiheit unter Berufung auf die Interessen der Allgemeinheit, der Gesellschafter und der Gläubiger allgemeine Schranken gesetzt, die jedoch in verschiedenen Rechtsordnungen unterschiedlich ausgestaltet sein können. Fünftens wird über diese gesetzesinduzierten Merkmale hinaus die tatsächliche Reichweite der Gestaltungsfreiheit auch dadurch beeinflusst, inwieweit in der gesellschaftsrechtlichen Praxis von den gesetzlich eröffneten Gestaltungsmöglichkeiten Gebrauch gemacht wird. Da – aus Rechtssicherheitsgründen – die eventuell bestehende Gestaltungsfreiheit nicht beliebig ausgefüllt werden kann, benötigt sechstens die Praxis für den Gebrauch der Gestaltungsmöglichkeiten die Hilfe der Rechtsprechung und der Fachliteratur. Die Gerichte und die Rechtswissenschaftler können ihrerseits der Frage der Gestaltungsfreiheit aufgeschlossen, unsicher oder sogar ablehnend gegenüberstehen. Dementsprechend können sie die Reichweite der Gestaltungsfreiheit erweitern oder eben einschränken. Fehlen Gerichtsentscheidungen zum Thema Gestaltungsfreiheit und werden derartige Fragen vom rechtswissenschaftlichen Schrifttum nicht thematisiert, so sind dies Indizien dafür, dass der Gestaltungsfreiheit keine praktische Bedeutung zukommt.

2.2 Gesetzliche Regelung

In Rumänien werden alle Handelsgesellschaftsformen vom Gesetz Nr. 31 vom 16.11.1990 über die Handelsgesellschaften (HGG) geregelt. Das HGG stellt also ein Einheitsgesetz dar, das neben der AG und der GmbH auch die KG und die KGaA sowie die OHG regelt. Das HGG wurde seit seinem Inkrafttreten etliche Male geändert. Durch die Änderungen wollte der Gesetzgeber zunächst den seit 1990 auf dem Gebiet des Gesellschaftsrechts gewonnen praktischen Erfahrungen, zudem den Harmonisierungserfordernissen im Hinblick auf das Gemeinschaftsrecht und schließlich auch der Koheränz mit den inzwischen ergangenen nationalen Gesetzen sowie der Anpassung an die neue rumänische Währung Rechnung tragen. Trotz der vielen Änderungen hat sich der Gesetzgeber nicht für die Verabschiedung eines neuen Gesetzes, sondern für die Beibehaltung und Ergänzung des ursprünglichen Gesetzes entschieden. Infolge seiner zahlreichen Änderungen und Ergänzungen, weist das im Zeitpunkt seiner Verkündung etwas lückenhafte, aber verhältnismäßig durchschaubare HGG unterdessen die Tendenz auf, einen überregulierten Charakter zu haben. Während es im Moment seiner Verkündung lediglich 225 Artikel beinhaltete, enthält seine geltende Fassung über 300 Artikel.

Was die Struktur des HGG anbelangt, so ist dieses in Titeln (Titluri) aufgeteilt, die verschiedene Momente des Gesellschaftslebens regeln, wie bspw. die Gründung von Handelsgesellschaften (Art. 5 bis 64), deren Tätigkeit (Art. 65 bis 203), die Änderung der Gründungsurkunde (Art. 204 bis 221); Ausschluss und Austritt von Gesellschaftern (Art. 222 bis 226), Auflösung, Verschmelzung und Spaltung von Handelsgesellschaften (Art. 227 bis 251^19) oder deren Liquidation (Art. 252 bis 270^2). Bei der Untergliederung der einzelnen Titel wurden unterschiedliche Regelungstechniken angewendet. So sind einige Titel nach einzelnen Formen von Handelsgesellschaften untergliedert worden. Der GmbH wurde bspw. im Titel zur Tätigkeit der Handelsgesellschaften ein eigenes Kapitel gewidmet. Andere Titel wurden nach Kapitalgesellschaften und Misch- und Personengesellschaften untergliedert. So regelt z. B. der VII. Titel (über die Liquidation der Gesellschaft) die „Liquidation der OHG, der KG und der GmbH" in seinem II. Kapitel und die „Liquidation der AG und der KGaA" in seinem III. Kapitel. Die fehlende Untergliederung aller Kapitel nach den einzelnen Gesellschaftsformen erschwert einerseits die Entdeckung formenspezifischer Bestimmungen in den einzelnen Artikeln. Andererseits hängen mit dieser Regelungsmethode einige terminologische Besonderheiten zusammen. Zum einen verwendet das HGG einige für alle Gesellschaftsformen geltende einheitliche Begriffe, für die in anderen Rechtsordnungen Differenzierungen bestehen (näher dazu Căpăţînă/Leonhardt 1991: 195). So finden bspw. die Begriffe „Gesellschaftskapital" und „Einlage" bei jeder Gesellschaftsform Anwendung. Zum anderen sind typisch aktienrechtliche Begriffe auch in den besonderen GmbH-Vorschriften zu finden. So wird der Begriff „Generalversammlung" teilweise auch für die GmbH verwendet.

2.3 Konzeptionelle Überlegungen

Konzeptionelle Überlegungen, die rumänische Gesellschaft mit beschränkter Haftung gegenüber der Aktiengesellschaft bewusst flexibler zu gestalten, sind im rumänischen Recht nicht zu finden. Auch eine Generalklausel bezüglich des dispositiven oder zwingenden Charakters der Vorschriften des Gesetzes über die Handelsgesellschaften war weder in der ursprünglichen Fassung des Gesetzes vorhanden, noch wurde eine solche Regelung durch die vielen Ergänzungen später eingefügt. Auch Gerichtsentscheidungen beschäftigen sich mit dieser Problematik nicht. Demzufolge kann man ausschließlich der Fachliteratur diesbezüglich einige wenige Anhaltspunkte entnehmen.

So wird vom rumänischen rechtswissenschaftlichen Schrifttum die Vorschrift des Art. 1 Abs. 1 HGG dahingehend ausgelegt, dass die Regelungen des Gesetzes über die Handelsgesellschaften – als Hauptregel – zwingenden Charakter haben (vgl. etwa Cărpenaru/David/Predoiu/Piperea-David 2009: Art. 1 Rn. 1). Gemäß Art. 1 Abs. 1 HGG können „natürliche und juristische Personen unter Beachtung der Vorschriften des vorliegenden

Gesetzes […] sich zusammenschließen und Handelsgesellschaften gründen". Da diese Regelung für alle Gesellschaftsformen – also auch für die AG – gilt, ist ihre Auslegung als eine die Satzungsstrenge statuierende Vorschrift – vereinfacht: alles was nicht ausdrücklich erlaubt ist, ist verboten – zwar akzeptabel. Dass dies – vor allem im Falle der GmbH – nicht die beste Lösung darstellt, wird jedoch dadurch veranschaulicht, dass das rumänische Schrifttum unter Verweis auf die Vorschriften des RBGB eine gewisse Gestaltungsfreiheit im GmbH-Recht begründet (Dominte 2008: 27; Macovei/Dominte 2006: 18). Gemäß Art. 291 HGG wird das Gesetz über die Handelsgesellschaften durch die Regelungen des RBGB ergänzt. Gemäß Art. 1270 Abs. 1 RBGB „haben die gesetzesmäßigen Verträge unter den Vertragspartnern Gesetzeskraft". Demzufolge seien die Gesellschafter bei der Ausgestaltung ihrer Gründungsurkunde grundsätzlich frei. Sie müssen dabei „nur" darauf achten, dass der Inhalt ihrer Gründungsurkunde den Gesetzesvorschriften nicht zuwiderläuft (vgl. Dominte 2008: 81; Macovei/Dominte 2006: 18). Demzufolge können die Gesellschafter in der Gründungsurkunde auch solche Bestimmungen vorsehen, die zwar vom Gesetz nicht geregelt werden, dem Gesetz aber auch nicht widersprechen (so auch Cărpenaru/David/Predoiu/Piperea-David 2009: Art. 1 Rn. 1; Dominte 2008: 74; Munteanu 1997: 75; Şcheaua 2002: 246). Konkrete Möglichkeiten für Abweichungen von den – eine abweichende Gestaltung nicht ausdrücklich erlaubenden – Gesetzesvorschriften wurden aber bislang im Schrifttum und in der Rechtsprechung kaum thematisiert. Deshalb kann die oben geschilderte Gestaltungsfreiheit nur so verstanden werden, dass die Gesellschafter vom Gesetzestext zwar abweichen können, aber grundsätzlich nur dann, wenn der Gesetzgeber dies ausdrücklich erlaubt. Darüber hinaus dürfen die Gesellschafter in ihrer Gründungsurkunde auch solche Angelegenheiten regeln, die keine gesetzliche Regelung gefunden haben.

Zu erwähnen ist hier ferner, dass durch manche Änderungen des Gesetzes über die Handelsgesellschaften etwas mehr Gestaltungsfreiheit geschaffen wurde als dies in der ursprünglichen Fassung der Fall gewesen ist. So kann mittlerweile nicht nur ein Gesetz, sondern auch die Gründungsurkunde eine von der gesetzlich geregelten Einstimmigkeit abweichende – und somit geringere – Mehrheit für die Beschlussfassung über die Änderung der Gründungsurkunde vorsehen (Art. 140 Abs. 2 ursprüngliche Fassung bzw. Art. 192 Abs. 2 geltende Fassung des HGG). Durch eine andere Änderung wurde die Möglichkeit geschaffen, von den gesetzlichen Vorschriften über die für die Beschlussfassung der GmbH-Gesellschafterversammlung notwendige doppelte Mehrheit (der Gesellschafter und der Geschäftsanteile) in der Gründungsurkunde abzuweichen (Art. 187 Abs. 1 ursprüngliche Fassung bzw. Art. 192 Abs. 1 geltende Fassung des HGG).

2.4 Genereller Charakter der gesetzlichen Regelungen

Das HGG enthält umfassende Verweisungen auf das Aktienrecht, wie z. B. in Bezug auf das Beschlussmängelrecht (Art. 196), die Aufstellung des Jahresabschlusses (Art. 201 Abs. 1 Satz 1), die Bildung eines Rücklagefonds (Art. 201 Abs. 2 HGG), die Herabsetzung des Gesellschaftskapitals (Art. 201 Abs. 2 HGG) sowie auf die Zensoren (Art. 199 Abs. 4 HGG). Das HGG ordnet die Berufung von Zensoren (entspricht dem Aufsichtsrat) bei einer GmbH für den Fall zwingend an, dass die Anzahl der Gesellschafter 15 übersteigt. Wird diese Anzahl nicht erreicht, so steht es den GmbH-Gesellschaftern frei, einen Aufsichtsrat einzurichten. Haben sie sich hierfür entschieden, so müssen sie – infolge der gesetzlichen Verweisungstechnik – die aktienrechtlichen Vorschriften anwenden.

Die Regelungstechnik der Verweisung auf das Aktienrecht führt somit zu einer nicht unerheblichen Annäherung des GmbH-Rechts an das Aktienrecht. Dies wird einigermaßen dadurch kompensiert, dass bezüglich anderer Aspekte des GmbH-Rechts auf die OHG-Vorschriften verwiesen wird. So verweist Art. 197 Abs. 3 auf die OHG-Vorschriften zum Geschäftsführer. Gleichzeitig erklärt Art. 197 Abs. 4 die aktienrechtlichen Geschäftsführungsvorschriften für im GmbH-Recht unanwendbar. Die Stellung der GmbH in der Mitte zwischen den Personengesellschaften und der AG hat also der rumänische Gesetzgeber durch diese zweispurige Verweisungstechnik zum Ausdruck zu bringen versucht.

2.5 Standpunkt des Schrifttums und der Rechtsprechung

Die Eigenständigkeit der GmbH gegenüber der AG wird insbesondere durch diejenigen aktienrechtlichen Vorschriften bedroht, auf welche die GmbH-Regelungen ausdrücklich verweisen. Dieser Gefahr könnten jedoch Schrifttum und Rechtsprechung durch entsprechende Beiträge entgegenwirken. Nennenswerte Ansätze für eine den Besonderheiten einer geschlossenen bzw. Privatgesellschaft angepasste Anwendung der aktienrechtlichen Vorschriften auf die rumänische GmbH wurden aber im Laufe der letzten zwanzig Jahre weder vom Schrifttum noch von der Rechtsprechung ausgearbeitet. Demzufolge wird der zwingende Charakter dieser aktienrechtlichen Vorschriften bei ihrer Anwendung auf die GmbH nicht aufgeweicht.

Im älteren Schrifttum wurde zwar die Meinung vertreten, dass für die Organisation und das Funktionieren der entscheidungstreffenden und geschäftsführenden Organe die AG-Regelungen die Funktion des allgemeinen Rechts übernehmen, sofern sie mit den Prinzipien der konkreten Gesellschaftsform kompatibel sind (Cărpenaru/David/Predoiu/Piperea-David 2002: 191). Dies bedeutete jedoch in der Praxis, dass die aktienrechtlichen Vorschriften auch ohne eine Verweisungsgrundlage auf die anderen Gesellschaftsformen angewendet wurden. Dem hat der Gesetzgeber in Bezug auf die GmbH durch die Einfügung des Art. 197 Abs. 4 entgegengewirkt.

Die stark am Aktienrecht orientierte Auslegung des rumänischen Schrifttums zeigt sich bspw. auch dadurch, dass typisch aktienrechtliche Begriffe auf die GmbH übertragen werden und – ohne eine gesetzliche Grundlage – zwischen ordentlichen und außerordentlichen GmbH-Beschlüssen bzw. Gesellschafterversammlungen unterschieden wird (Despa 2007: 28; Dominte 2008: 106). Das HGG teilt jedoch lediglich die Generalversammlungen der AG in ordentliche und außerordentliche Versammlungen ein (Art. 110 bis 113 und 115 HGG) und unterscheidet gerade nicht zwischen verschiedenen GmbH-Beschlüssen oder Gesellschafterversammlungen. Festhalten lässt sich daher eine gewisse Dominanz des Aktienrechts bzw. eine Überlagerung des Rechts der GmbH. Oder mit anderen Worten: Man durchdenkt das Recht der rumänischen GmbH aus einer aktienrechtlichen Perspektive.

2.6. Überblick über verbleibende Gestaltungsfreiräume

2.6.1 Wahlrechte der Gesellschafter

Das HGG enthält Bestimmungen, die den GmbH-Gesellschaftern ein Wahlrecht einräumen. So können in der Gründungsurkunde einer rumänischen GmbH bestimmte Gesetzesvorschriften ausgeschlossen oder einige Rechte zugelassen werden. Zugelassen werden können bspw. das Austrittsrecht (Art. 226 Abs. 1 lit. a HGG) oder die Abstimmung durch Korrespondenz (Art. 191 Abs. 2 HGG).

Was die Möglichkeit des Ausschlusses einer Gesetzesregelung durch eine Klausel der Gründungsurkunde anbelangt, so schreibt Art. 204 Abs. 7 und 9 vor, dass bei einer – nach Ablauf einer Frist von fünf Jahren ab der Eintragung der rumänischen GmbH erfolgten – Änderung der Gründungsurkunde die Identifikationsangaben der ersten Mitglieder der Gesellschaftsorgane und der Gründer aus der aktualisierten Fassung der Gründungsurkunde weggelassen werden können, es sei denn, dass die Gründungsurkunde diese Möglichkeit ausschließt.

Zu dieser Kategorie der Abweichungsmöglichkeiten (Wahlrechte) gehört auch Art. 202 Abs. 2, der für die Zustimmung zur Übertragung von Geschäftsanteilen an Dritte mindestens eine Dreiviertelmehrheit fordert. Aus dieser Formulierung wird deutlich, dass eine Abweichung von der gesetzlich vorgeschriebenen Beschlussmehrheit nur in dem Sinne möglich ist, dass die Gründungsurkunde eine höhere Mehrheit vorschreibt.

2.6.2 Weitergehende Gestaltungsmöglichkeiten

Den GmbH-Gesellschaftern werden vom rumänischen Recht auch weitergehende Gestaltungsmöglichkeiten gewährt. Diese Möglichkeiten beziehen sich unter anderen auf die von Art. 192 Abs. 1 geregelte notwendige Mehrheit bei der Beschlussfassung in der Gesellschafterversammlung im Allgemeinen (so auch Cărpenaru/David/Predoiu/Piperea-Predoiu/Piperea 2009: Art. 192 Rn. 3) und speziell bei der Beschlussfassung über die Bestellung des Geschäftsführers (Art. 197 Abs. 3 i.V.m. Art. 77 Abs. 1 HGG). In der Gründungsurkunde kann man nämlich von den diese Materien regelnden gesetzlichen Vorschriften sowohl im Sinne der Regelung einer höheren als auch einer geringeren Mehrheit abweichen. Die Gründungsurkunde kann außerdem für ihre eigene Änderung und für die Bestellung der Liquidatoren eine geringere Mehrheit als die gesetzlich vorgesehene Einstimmigkeit bestimmen (Art. 192 Abs. 2 und 262 Abs. 1 HGG). Ferner können in der Gründungsurkunde die Form der Einberufung der Gesellschafterversammlung (Art. 195 Abs. 3 HGG) oder die Form der Vertretung der GmbH durch den Geschäftsführer (Art. 197 Abs. 3 i.V.m. Art. 75) an die Bedürfnisse der Gesellschafter angepasst, aber auch die Vertretungsmacht der Geschäftsführer beschränkt werden (Art. 55 Abs. 2 und 70 Abs. 1 HGG).

Weitergehende Gestaltungsmöglichkeiten bestehen in einigen Fällen, in denen das Gesetz zwar nicht ausdrücklich auf Freiräume verweist, jedoch eine Materie nur in Grundzügen regelt, welche dann einer Ergänzung durch die Gesellschafter bedarf. Falls bspw. die Gesellschafter in ihrer Gründungsurkunde eine Abstimmung durch Korrespondenz zulassen (Art. 191 Abs. 2 HGG), so können und sollten sie – als Herren ihrer Gesellschaft – in ihrem eigenen Interesse unter anderen auch über die Einzelheiten dieses Abstimmungsverfahrens bestimmen, wie z.B. unter welchen Bedingungen brieflich abzustimmen ist oder welche Frist für die Ausübung des Stimmrechts gilt. Versäumen sie dies, so ermächtigen sie praktisch den Geschäftsführer – als Einberufungsorgan gemäß Art. 195 Abs. 1 HGG – diese Entscheidungen zu treffen (ähnlich auch Cărpenaru/David/Predoiu/Piperea-Predoiu/Piperea 2009: Art. 191 Rn. 6 ff.). Gestaltungsmöglichkeiten bestehen ferner, wenn die Gründungsurkunde eine Übertragbarkeit der Geschäftsanteile zulässt. Diesbezüglich wird nämlich im Schrifttum vertreten, dass die Gründungsurkunde die Übertragung der Geschäftsanteile an weitere Voraussetzungen, Vorkaufs- bzw. Vorerwerbsrechte usw. knüpfen kann (Cărpenaru/David/Predoiu/Piperea-Predoiu/Piperea 2009: Art. 202 Rn. 2).

Hier ist noch darauf hinzuweisen, dass manche aktienrechtliche Vorschriften zur Generalversammlung Abweichungen erlauben, während die entsprechenden GmbH-Vorschriften eine solche Möglichkeit nicht regeln. Laut Art. 110 Abs. 2 HGG findet bspw. die AG-Generalversammlung „am Sitz der Gesellschaft […] statt, sofern die Gründungsurkunde nichts anderes bestimmt". Bezüglich des Orts der GmbH-Gesellschafterversammlung sieht dagegen Art. 195 Abs. 1 vor, dass die Versammlung „am Sitz der Gesellschaft einzuberufen" ist. Wenn Art. 110 HGG allgemeines Recht für diese Materie darstellt, so ist Art. 195 Abs. 1 HGG eine Sonderregelung, die an sich Vorrang haben sollte. Doch kann nicht akzeptiert werden, dass gerade bei der AG von der gesetzlichen Hauptregel (Einberufung am Sitz) durch die Gründungsurkunde abgewichen werden kann und bei der zum Teil personalistischen GmbH nicht (für den dispositiven Charakter dieser Vorschrift – jedoch ohne Begründung – auch Cărpenaru/David/Predoiu/Piperea-Predoiu/Piperea 2009: Art. 195 Rn. 5). Deshalb müsste der rumänische Gesetzgeber Art. 195 Abs. 1 HGG entsprechend ändern. Gleiches gilt auch für Art. 195 Abs. 2 HGG bzgl. des Minderheitenrechts der Gesellschafter, die mindestens ein Viertel des Gesellschaftskapitals vertreten. Nur eine solche starke Minderheit kann eine Einberufung der Gesellschafterversammlung verlangen, während im Aktienrecht ein geringeres Quorum von der Gründungsurkunde zugelassen werden kann (Art. 119 Abs. 1 HGG).

2.7 Allgemeine Schranken der Gestaltungsfreiheit

In Rumänien beschäftigen sich das rechtswissenschaftliche Schrifttum und die Rechtsprechung nicht mit der Frage nach den Schranken der Gestaltungsfreiheit. Der Grund hierfür liegt möglicherweise wiederum in der – trotz ihrer fehlenden ausdrücklichen gesetzlichen Regelung – bestehenden Satzungsstrenge, die eine Abweichung nur dann ermöglicht, wenn das HGG dies ausdrücklich zulässt. Im Umkehrschluss stellen also alle Vorschriften, die keine Abweichung erlauben, Schranken der Gestaltungsfreiheit dar. Diese bezwecken vor allem den Schutz der Gläubiger- und Allgemeininteressen (bspw. Art. 36 Abs. 1, 48, 49, 73 Abs. 1, 198 HGG) oder den Schutz der Individual- und Minderheitenrechte der Gesellschafter (z.B. Art. 47 Abs. 1 und 2, 195 Abs. 2, 196 i.V.m. Art. 132 Abs. 2 und 198 Abs. 3 HGG).

Zudem werden ein Mindeststammkapital (Art. 9^1 und 11 HGG) und kapitalerhaltende Maßnahmen (Art. 69 HGG) vorgesehen. Ebenso hat die Gründungsurkunde einer GmbH – gemäß Art. 7 HGG – einen Mindestinhalt zwingend zu beinhalten, und zwar: a) die Identifikationsangaben der Gesellschafter; b) die Form, den Namen und den Sitz der Gesellschaft; c) den Unternehmensgegenstand unter Angabe des Tätigkeitsbereichs und der Haupttätigkeit; d) das Gesellschaftskapital mit Angaben zur Einlage jedes Gesellschafters und mit der Angabe, ob es Bar- oder Sacheinlagen sind, des Wertes der Sacheinlagen und ihrer Bewertungsweise, die Anzahl und den Nennwert der Geschäftsanteile sowie den Wert und die Anzahl der Geschäftsanteile, die den einzelnen Gesellschaftern für ihre Einlagen zukommen; e) die Gesellschafter, welche die Gesellschaft vertreten und verwalten oder die außenstehenden Geschäftsführer, ihre Identifikationsangaben, die ihnen verliehenen Vollmachten und ihre gemeinsame oder separate Ausübung; e^1) falls bei einer GmbH Zensoren oder Wirtschaftsprüfer bestellt worden sind, die Identifikationsangaben der ersten Zensoren bzw. des ersten Wirtschaftsprüfers; f) den Anteil jedes Gesellschafters am Gewinn und am Verlust; g) die Nebensitze bzw. Einheiten ohne Rechtspersönlichkeit oder die Bedingungen für ihre spätere Gründung; h) die Dauer der Gesellschaft; i) die Art und Weise der Auflösung und Liquidation der Gesellschaft.

Bei den Bestimmungen, die Wahlrechte einräumen, stellt die Schranke der Gestaltungsfreiheit die gesetzlich geregelte subsidiäre Lösung dar. Dagegen müssen bei den weiterreichenden Gestaltungsmöglichkeiten zumindest die Treuepflicht (Art. 1170 RBGB) und die übrigen Vorschriften des geltenden Rechts beachtet werden.

2.8 Fazit

Das Fehlen konzeptioneller Überlegungen, welche bewusst darauf abzielen, die GmbH gegenüber der AG abweichend zu regeln und so eigenständig zu profilieren, sowie die Regelung aller Gesellschaftsformen in einem einheitlichen Gesetz führen im rumänischen Recht zu einer Annäherung der GmbH an die AG. Dem wird allerdings einigermaßen dadurch entgegengewirkt, dass die GmbH-Vorschriften nicht nur auf die aktienrechtlichen, sondern auch auf die OHG-Vorschriften verweisen. Obwohl im rumänischen GmbH-Recht die Hauptregel der Satzungsstrenge gilt, bleibt der Gestaltungsfreiheit Raum, da Abweichungen von einzelnen gesetzlichen Bestimmungen ausdrücklich erlaubt werden.

Trotz einer nicht sehr hohen Regelungsdichte des HGG in Bezug auf die GmbH, findet man in Rumänien bei den Verweisungen auf das Aktienrecht keine Ansätze, die zwingende Wirkung der aktienrechtlichen Vorschriften im Falle ihrer Anwendung auf die GmbH abzumildern. Die gesetzlich nicht ausdrücklich geregelte Frage der Gestaltungsfreiheit taucht zwar in der Rechsprechung nicht auf (immerhin wird sie aber auch nicht ablehnend beantwortet), doch stößt man im rumänischen rechtswissenschaftlichen Schrifttum auf gestaltungsfreundliche Auslegungsbemühungen. Obwohl diese Bemühungen zurzeit recht kraftlos sind, könnten sie in der Zukunft – angesichts des Fehlens einer Generalklausel bezüglich der Satzungsstrenge –zu mehr Gestaltungsfreiheit und somit zu einer gesteigerten Wettbewerbsfähigkeit der rumänischen GmbH beitragen.

LITERATURVERZEICHNIS

Căpăţînă, Octavian (1996): Societăţile comerciale [Die Handelsgesellschaften], Bucureşti: Lumina Lex, 2. Auflage.

Căpăţînă, Octavian/Leonhardt, Peter (1991): Das Recht der Handelsgesellschaften von 1990, in: Jahrbuch für Ostrecht, Band XXXII, Halbband 1, S. 193 ff.

Cărpenaru, Stanciu (1998): Drept comercial român [Rumänisches Handelsrecht], Bucureşti: All Beck, 2. Auflage.

Cărpenaru, Stanciu/David, Sorin/Predoiu, Cătălin/Piperea, Gheorghe (2009): Legea societăţilor comerciale. Comenatriu pe articole [Das Gesetz betreffend die Handelsgesellschaften. Kommentar], Bucureşti: C.H. Beck, 4. Auflage.

Cărpenaru, Stanciu/David, Sorin/Predoiu, Cătălin/Piperea, Gheorghe (2002): Societăţile comerciale. Reglementare, doctrină, jurisprudenţă [Die Handelsgesellschaften. Regelung, Doktrin, Rechtsprechung], Bucureşti: All Beck, 2. Auflage.

Despa, Aurel (2007): Perspectiva legislativă europeană a societăţii comerciale cu răspundere limitată [Die europäischen Regelungsperspektiven der Gesellschaft mit beschränkter Haftung], in: Revistă de drept comercial [Zeitschrift für Handelsrecht], Heft Nr. 11, S. 26 ff.

Dobrin, Gabriella (2013): Die Binnenordnung der GmbH und die Freiräume für ihre privat-autonome Ausgestaltung im deutschen, ungarischen und rumänischen Recht, Baden-Baden: Nomos.

Dominte, Nicoleta Rodica (2008): Organizarea şi funcţionarea societăţilor comerciale [Die Organisation und der Betrieb von Handelsgesellschaften], Bucureşti: C.H. Beck.

Eidenmüller, Horst (2005): Europäisches und deutsches Gesellschaftsrecht im europäischen Wettbewerb der Gesellschaftsrechte, in: Festschrift für Andreas Heldrich zum 70. Geburtstag, S. 581 ff.

Fleischer, Holger/Goette, Wulf (Hrsg.) (2010): Münchener Kommentar zum GmbHG, Band 1, München: C.H. Beck.

Hommelhoff, Peter (1998): Gestaltungsfreiheit im GmbH-Recht, in: Lutter, Marcus/ Wiedemann, Herbert (Hrsg.): Gestaltungsfreiheit im Gesellschaftsrecht, ZGR-Sonderheft 13, Berlin/New York, S. 36 ff.

Hommelhoff, Peter (1990): Die deutsche GmbH im System der Kapitalgesellschaften, in: Roth, Günter H. (Hrsg.): Das System der Kapitalgesellschaften im Umbruch – ein internationaler Vergleich, Köln, S. 26 ff.

Hommelhoff, Peter/Freytag, Lars Ferenc (1996): Wechselseitige Einflüsse von GmbH- und Aktienrecht, in: Deutsches Steuerrecht, S. 1409 ff.

Macovei, Ioan/Dominte, Nicoleta-Rodica (2006): Implicaţiile principiului libertăţii convenţiilor în exercitarea dreptului de vot în societatea cu răspundere limitată [Die Auswirkung des Vertragsfreiheitsprinzips auf die Ausübung des Stimmrechts bei den Gesellschaften mit beschränkter Haftung], in: Revistă de drept comercial [Zeitschrift für Handelsrecht], Heft Nr. 10, S. 18 ff.

Merkt, Hanno (2004): Die Pluralisierung des europäischen Gesellschaftsrechts, in: Recht der Internationalen Wirtschaft, S. 1 ff.

Munteanu, Emanoil (1997): Unele aspecte privind statutul juridic al administratorilor societăţilor comerciale [Einige Aspekte betreffend den rechtlichen Status der Geschäftsführer von Handelsgesellschaften], in: Revistă de drept comercial [Zeitschrift für Handelsrecht], Heft Nr. 4, S. 70 ff.

Schäfer, Matthias (2011): Der EuGH und das IPR der Mitgliedstaaten, in: Schubel, Christian/Kirste Stephan/Müller-Graff, Peter-Christian/Hufeld, Ulrich/Diggelmann, Oliver (Hrsg.): Jahrbuch für Vergleichende Staats- und Rechtswissenschaften, Baden-Baden: Nomos, S. 73 ff.

Şcheaua, Marius (2002): Legea societăţilor comerciale nr. 31/1990 comentată şi adnotată [Gesetz über die Handelsgesellschaften Nr. 31/1990, kommentiert], Bucureşti: Rosetti, 2. Auflage.

Schubel, Christian (2003): Verbandssouveränität und Binnenorganisation der Handelsgesellschaften, Tübingen: Mohr Siebeck.

Schwartz, Ivo E. (2007): Rechtsangleichung und Rechtswettbewerb im Binnenmarkt – Zum europäischen Modell, in: Europarecht, S. 194 ff.

Turcu, Ion (2008): Tratat teoretic şi practic de drept comercial [Theoretische und praktische Abhandlung über Handelsrechts], Band II, Bucureşti: C.H. Beck.

ENTSCHEIDUNGEN DES EUROPÄISCHEN GERICHTSHOFS

C-212/97, in: Recht der Internationalen Wirtschaft (1999), S. 447 ff.;

C-208/00, in: Recht der Internationalen Wirtschaft (2002), S. 945 ff.;

C-167/01, in: Recht der Internationalen Wirtschaft (2003), S. 957 ff.;

C-210/06, in: Europäische Zeitschrift für Wirtschaftsrecht (2009), S. 75 ff.

2.
Internationalisierung von Unternehmen und Wettbewerb der Gesellschaftsrechtsformen

Rolle und Erfahrungen von international aktiven Wirtschaftsprüfungs- und Steuerberatungsgesellschaften

Márta Siklós, Balázs Mladonyiczki, Leitner und Leitner, Budapest

Stand der Quellen: 14.08.2014

Einleitung

In der Transformation und Entwicklung der ungarischen Wirtschaft haben ausländische „westliche" Investitionen eine bedeutende Rolle gespielt. Von den Investoren wurde neues Kapital in das Land gebracht und Arbeitsplätze geschaffen. Aus Sicht der Unternehmen wurden neue Märkte erobert, Standorte gefunden und Funktionen verlagert. Dieser Prozess ist bis heute nicht abgeschlossen, in der globalisierten Welt finden tagtäglich grenzüberschreitende Investitionen statt.

In dem Wettbewerb der Regionen spielten und spielen die Rechtssysteme der Länder eine bedeutende Rolle, da diese die Rahmenbedingungen für die Investitionen maßgebend beeinflussen. Insbesondere die Besteuerung gilt als ein wichtiger Standortfaktor. Aus diesem Grund wird die Bedeutung der Steuerberater, Wirtschaftsprüfer und Rechtsanwälte immer größer, weil sie mit ihren Fachkenntnissen und Erfahrungen zur Einhaltung der Rechtsvorschriften bzw. zur Kostenoptimierung beitragen können.

Im Mittelpunkt dieses Beitrags steht Ungarn als potentielles Investitionsziel bzw. Standort für Unternehmen. Hauptsächlich konzentrieren wir uns hier auf das ungarische Steuerrecht als Standortfaktor, wobei auch auf die Rolle der Wirtschaftsprüfungs- bzw. Steuerberatungsunternehmen und auf die diesbezüglichen Erfahrungen der Autoren kurz eingegangen wird. Die Standortwahl der Unternehmen ist natürlich neben dem Steuerrecht von mehreren weiteren Faktoren abhängig. Da jedoch ihre Darstellung den Rahmen dieses Beitrags übersteigen würde, werden diese nur kurz behandelt – der primäre Fokus bleibt auf der Besteuerung.

Die Struktur dieses Beitrags ist wie folgend: Abschnitt Eins bietet eine historische Übersicht über die Höhe der ausländischen Direktinvestitionen (ADI) in Ungarn als Kennzahl für die Beliebtheit Ungarns unter den Investoren ab der Wende bis zum Ausbruch der Finanzkrise. Als Fallstudie wird – anonym – die Expansion eines Beratungsunternehmens in Ostmittel- bzw. Südosteuropa kurz dargestellt.

Abschnitt Zwei fokussiert auf die Standortwahl der Unternehmen. Nach einer Übersicht des Themas wird der Faktor Steuerrecht hervorgehoben und hinsichtlich Ungarns ausführlich dargestellt.

Abschnitt Drei beschäftigt sich mit dem Standort Ungarn im Jahre 2014. Auf Grundlage einer aktuellen Studie der Deutsch-Ungarischen Industrie und Handelskammer (im Weiteren „DUIHK“) wird Ungarn als potentieller Standort für die Investoren im Jahre 2014 bewertet und mit anderen Ländern der Region verglichen.

Der Beitrag schließt mit einer Zusammenfassung.

1. *Ausländische Direktinvestitionen in Ungarn ab der Wende bis zur Finanzkrise*

1.1 Rolle von ADI für Ungarn

Ungarn ist ein Nettoimporteur von Kapital (Zádor 2010, S. 221) und demzufolge ist die Rolle der ADI für das Land bedeutend. Durch diese wurde und wird die Wirtschaft Ungarns mit ausländischem Kapital versorgt, neue Technologien bzw. neues Know-How werden ins Land gebracht und neue Arbeitsplätze werden geschafft sowie alte erhalten. Die Wichtigkeit und Höhe der ADI wird mit den Angaben der DUIHK (2011, S. 7) veranschaulicht. Demgemäß haben ausländische Firmen in Ungarn bis Ende 2010 fast EUR 69 Milliarden investiert - davon kamen 70% aus den Ländern der EU. Des Weiteren entsprach der Gesamtbestand der ausländischen Investitionen 70% des Bruttoinlandprodukts. Die in Ungarn erzielten Gewinne wurden nur zum Teil an die ausländischen Eigentümer ausgezahlt. Seit 1995 wurden ungefähr 40% im Land reinvestiert. Ausländische Investoren sicherten damit rund die Hälfte der Arbeitsplätze in der ungarischen Privatwirtschaft. Als Nachteil des Kapitalimports kann z.B. die erhöhte Dominanz der ausländischen Unternehmen in der Wirtschaft oder der Abzug von qualifizierten Arbeitskräften von den kapitalarmen einheimischen Firmen betrachtet werden (Zádor 2010, S. 28).

Aus Sicht der ausländischen Unternehmen ist Ostmitteleuropa – und u.a. auch Ungarn – sowohl als Standort als auch als Markt von großer Bedeutung. Die geographische Nähe, der gemeinsame kulturhistorische Hintergrund und die diesbezüglichen Ähnlichkeiten waren insbesondere für die Investoren der deutschsprachigen Länder attraktiv.

Obwohl einige Großunternehmen bereits vor der Wende in Ungarn tätig waren[1], wurden die Marktauftritte der „westlichen“ Unternehmen erst nach 1989 intensiviert. Fábián (2012, S. 111) hat im Rahmen ihrer Forschungsarbeit die ADI im Zeitraum 1990 bis 2010 analysiert und drei größere Perioden der ADI festgestellt: die Wendejahren, die darauffolgenden Jahre bis zum EU-Beitritt des Landes 2004 und die Periode nach dem EU-Beitritt Ungarns. Im Folgenden werden die Charakteristika dieser Perioden kurz dargestellt und um die Periode der Krisenjahre ergänzt.

1.2 ADI zwischen der Wende und dem EU-Beitritt des Landes

Die ausländischen Direktinvestitionen haben eine bedeutende Rolle in der wirtschaftlichen Transformation der ostmitteleuropäischen Länder nach der Wende gespielt. Der Zerfall der Märkte betreffend die Länder des Rates für gegenseitige Wirtschaftshilfe und die Staatsverschuldung bedeuteten eine große Last für Ungarn. Die ausländischen Investitionen im Rahmen der Privatisierung galten als wichtige Rahmenbedingung für das Wirtschaftswachstum – Ungarn entschied sich für den Import von ausländischem Kapital als Weg zur Modernisierung. Die Produktivität wurde erhöht, Technologien wurden modernisiert, neue Arbeitsplätze wurden geschaffen und der Export verbesserte die Außenhandelsbilanz. Aus den obigen Gründen können die Wendejahre und die darauffolgenden Jahre als Periode der wirtschaftlichen Möglichkeiten qualifiziert werden (Fábián 2012 S. 113, Zádor 2010, S. 89).

Diese Tendenz setzte sich in den neunziger Jahren fort. Zwischen 1991 und 1997 betrug der Wert der ADI rd. EUR 4,6 Milliarden – die Hälfte des Betrags ist mit der Privatisierung des Telekommunikationsunternehmens MATÁV sowie der Gasversorger und Kraftwerke im Jahre 1995 verbunden (Fábián 2012, S. 113-114).

---

1 Die Gründung von Joint-Ventures mit ausländischen Partnern wurde bereits ab 1972 ermöglicht (Romsics 2004, S. 454).

Abbildung 1: Jährlicher Zufluss und Abfluss von ADI in Ungarn 1995-2012

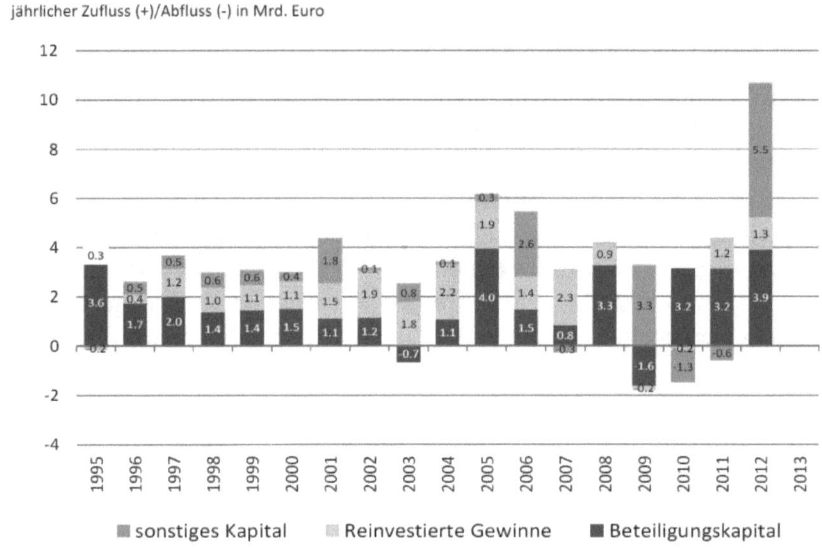

Quelle: www.duihk.de

Abbildung 1 zeigt den Wert des jährlichen Zuflusses/Abflusses von ADI in Ungarn im Zeitraum 1995-2012 auf Basis der Angaben der DUIHK. Es kann festgestellt werden, dass die bereits erwähnte Höhe der ADI im Jahre 1995 mit dem höchsten Beteiligungskapitalzufluss der 1990er Jahren verbunden ist. Danach stabilisierte sich die Zuflusshöhe von ADI, wobei gemäß dem internationalen Trend ein Rückgang nach 2001 erfolgte (Zádor 2010, S. 221).

In den 90-er Jahren des 20. Jahrhunderts hat sich das neue Rechtssystem des Landes herauskristallisiert, in dessen Prozess das deutsche und das österreichische Recht in mehreren Fällen als Muster fungierten. Diese Ähnlichkeiten trugen auch zu den guten Wirtschaftskontakten mit diesen Ländern bei. Der Markteintritt der westlichen Unternehmen erfolgte nur teilweise im Rahmen von Tochtergesellschaften. Stattdessen wurden oft Betriebstätten oder Handelsvertretungen ohne feste Einrichtungen gegründet. Anfangs wurde die Geschäftsleitung vom Ausland, von der Muttergesellschaft oder von einer regionalen Zentrale – z.B. aus Österreich – entsandt.

Des Weiteren datieren die Anfänge der Harmonisierung der ungarischen Gesetze mit den Rechtstexten der EU (EG) bereits aus der Periode vor dem EU-Beitritt des Landes.

1.3 ADI nach dem EU-Beitritt Ungarns in die EU

Nach dem EU-Beitritt Ungarns im Jahre 2004 setzte sich die Angleichung des nationalen Rechts (auch des Steuerrechts) an die EU-Rechtssetzung fort, was die wirtschaftliche Annäherung Ungarns an die EU erleichtert hat. Wettbewerbsbeeinträchtigungen wurden abgebaut. Demzufolge wurden die Unterschiede der neuen EU-Mitglieder in mehreren Bereichen geringer; die wirtschaftlichen Rahmenbedingungen für Unternehmen näherten sich einander an.

Die Wirtschaft Ungarns wurde durch seinen EU-Beitritt noch offener. Eine zweite Welle der ausländischen Investitionen ist zu beobachten – auch im KMU-Sektor. Als einer der Investitionshöhepunkte gilt das Jahr 2005 (s. Abbildung 1) mit der Privatisierung von zwei bedeutenden Unternehmen, u.a. der Gesellschaft Budapest Airport (Zádor 2010, S. 221, Fábián 2012, S. 114). Der Gesamtwert des ADI-Zuflusses lag des Weiteren auch 2006 und 2008 über EUR 4 Milliarden. Diese Obergrenze wurde ab 1995 nur einmal, im Jahre 2001, überschritten.

In dieser Periode wurde die Geschäftsleitung von Unternehmen in ausländischem Eigentum laut den Erfahrungen der Autoren meistens nicht mehr entsandt, sondern innerhalb Ungarns ernannt. Eine Alternative war, dass einer der Geschäftsführer von der Muttergesellschaft entsandt wurde, während der andere ein Ungar war.

1.4 ADI in der Zeit der Wirtschaftskrise

Infolge der Offenheit der ungarischen Wirtschaft hat Ungarn einen starken wirtschaftlichen Rückfall in der Wirtschaftskrise erlitten. Viele Unternehmen reagierten mit dem Abbau der Mitarbeiterzahl und der Reduzierung (oder der Vermeidung) der Investitionen auf die Verluste. Das Krisenjahr 2009 war mit einem Abfluss des Beteiligungskapitals in Höhe von EUR 1,6 Milliarden verbunden, dies ist auch in Abbildung 1 nachzuverfolgen.

Trotz dieses Rückgangs war bereits 2010 der Pro-Kopf-Wert der ADI unter den neuen EU-Mitgliedern nur in Tschechien höher (Fábián 2012, S. 120). Langsam hat sich die Wirtschaft von der Krise erholt. Als Höhepunkt ist das Jahr 2012 zu betrachten – in keinem Jahr seit 1995 war der Gesamtwert der ADI höher. Der Wert des sonstigen Kapitals ist mit EUR 5 Milliarden drastisch angestiegen. In diesem Betrag spielen die Zuschüsse der (ausländischen) Gesellschafter zwecks Stabilisierung der Eigenkapitalsituation der ungarischen (Tochter-) Unternehmen eine wichtige Rolle. Dieses Phänomen war besonders für den ungarischen Bankensektor charakteristisch. Auch der Wert des Beteiligungskapitalzuflusses lag in einer Rekordhöhe seit 2005, was vor allem mit den Investitionen der deutschen Autohersteller erklärt werden kann.

Die Unternehmen, deren Markteintritt in den Krisenjahren erfolgte, haben ihre Exit-Strategie bereits im Voraus vorbereitet. Statt der Gründung eines eigenen Tochterunternehmens wurde oft die Gründung einer steuerrechtlichen Betriebstätte (evtl. in Zusammenhang mit Lohnfertigung in Ungarn) bevorzugt. Mangels Mitarbeiter, Immobilien und festen Einrichtungen werden nicht nur Kosten gespart, sondern auch das rasche Verlassen des Landes erleichtert.

1.5 Fallstudie: Beratungsunternehmen in Ostmittel- und in Südosteuropa

Für die Dienstleistungsunternehmen (u.a. Unternehmensberater) bedeutete die Öffnung der Märkte in Ostmitteleuropa aus zwei Gründen eine Chance für das Wachstum. Nicht nur potentielle Kunden waren in den neuen Märkten aufzufinden, sondern auch ihre alte Klienten durch ihre eigenen Investitionen. Diese Dienstleister konnten die bereits bekannte und anerkannte Qualität für die Tochtergesellschaften und Betriebsstätten der alten Klienten anbieten. Dieser Prozess ist auch in Ungarn zu erkennen.

Als Fallstudie wird hier kurz und anonym die Expansion eines Beratungsunternehmens (im Weiteren „Unternehmen X“) dargestellt (s. Abbildung 2). Die Zentrale des Unternehmens befindet sich in Österreich (gegründet 1959), wo inzwischen weitere Büros gegründet wurden. Die Expansion von Unternehmen X fand auf zwei Ebenen statt. Auf einer Ebene wurden eigene Büros (Tochtergesellschaften) gegründet, so bereits in den 90er Jahren in den angrenzenden Ländern (Ungarn 1994, Slowenien 1995 und Slowakei 1996) und nach der Jahrtausendwende in Südosteuropa auf dem Balkan.

Abbildung 2: Expansion von Unternehmen X

Quelle: Eigene Grafik

Die andere Ebene der Expansion fand durch Kooperationsvereinbarungen mit bereits etablierten nationalen Beratungsunternehmen statt. Die Expansion begann auch in diesem Fall zuerst in den 90er Jahren in den angrenzenden Ländern: Tschechien (1994) und Deutschland (offiziell allerdings erst ab 2010). Erst nach 2000 setzte sie sich in Ost- und Südosteuropa fort (Rumänien und Bulgarien).

Einige Länder waren von beiden Ebenen betroffen. In der Schweiz existierte eine Kooperation mit einem Beratungsunternehmen. 2012 wurde dort zudem ein eigenes Büro gegründet.

Zurzeit verfügt Unternehmen X über 25 eigene und Partnerbüros, was der Größenordnung des Marktes entspricht.

Die Frage, warum ein Unternehmen Ungarn (oder ein anderes Land) als Standort wählt, kann nur durch detailliertere Analysen beantwortet werden. Dazu wird einerseits die Analyse der Bedürfnisse des jeweiligen Unternehmens benötigt. Andererseits soll geprüft werden, was das Zielland für die Investoren anbieten kann – was also ihre Standortfaktoren sind.

2. Der Standort Ungarn

2.1 Standortwahl der Unternehmen

In unserer globalisierten Welt findet ein Wettbewerb der Standorte statt. Aus Sicht der Standorte (Städte, Regionen, Länder) bedeutet die positive Entscheidung der Unternehmen einen Zuwachs an Arbeitsplätzen und Steuereinnahmen. Aus Sicht der Unternehmen stellt die Strandortwahl eine langfristige strategische Entscheidung dar. Nach Hofmeister (2008, S. 3) steht und fällt der Erfolg des Unternehmens mit der Standortentscheidung, die aus diesem Grund nach rationalen Gesichtspunkten zu erfolgen hat.

Diese Gesichtspunkte, sog. Standortfaktoren, sind „für die Standortwahl maßgebliche Einflussgrößen, die sich aus den örtlich gegebenen Sachverhalten und Bedingungen ergeben" (Hofmeister 2008, S. 4). Betreffend die Standortwahl und Standortfaktoren wurden verschiedene Modelle (u.a. die historischen Modelle von David Ricardo, Johann Heinrich von Thünen, Alfred Weber, Walter Christaller und weitere moderne Theorien) entwickelt, die im Rahmen dieses Beitrags aus Platzgründen jedoch nicht behandelt werden.

Die für die Unternehmen relevanten Standortkriterien sind stark von der Tätigkeit und von den Interessen der Unternehmen abhängig. Einige sind quantitativ und objektiv messbar (sog. harte Faktoren wie das Lohnniveau), andere sind eher subjektiv, nicht direkt messbar (sog. weiche Faktoren wie das Wirtschaftsklima). Ein Produktionsunternehmen wird ein dichtes Netz von Zulieferern brauchen (z.B. die deutschen PKW-Hersteller in Ungarn), ein Dienstleistungsunternehmen (z.B. ein Beratungsunternehmen) dagegen nicht. Einige Unternehmen verlagern Arbeitsprozesse, die niedrig qualifizierte Arbeitskräfte benötigen, und sind daher an einem niedrigeren Lohniveau interessiert. Im Gegensatz zu diesen bevorzugen andere Unternehmen eine sichere Umgebung für ihre langfristigen Investitionen und möchten die diesbezüglichen Risiken reduzieren (Zádor 2010, S. 89).

Es gibt aber bestimmte Standortfaktoren, die für sämtliche Unternehmen relevant sein können. In diese Gruppe gehört z.B. das Rechtssystem des jeweiligen Landes, das als wichtige Rahmenbedingung für Investitionen gilt. Es übt seine direkte Wirkung in mehreren Bereichen aus. Rechtssicherheit, Gesellschaftsrecht, Regelungen der Rechnungslegung oder

Steuerrecht wirken sich direkt auf die operative Funktionsweise bzw. auf Kosten und Gewinne des Unternehmens aus.

Im Folgenden konzentrieren wir uns auf das Steuerrecht.

2.2 Das Steuerrecht als Standortfaktor

Steuerrecht und Steuerwettbewerb

Nach Brümmerhoff (2007, S. 571) kann die „Zunahme an internationaler Mobilität der Produktionsfaktoren und der Möglichkeiten zur Verlagerung des Wohnsitzes, der Niederlassung von Unternehmen sowie der Anlage von Finanzmitteln oder zum Gütererwerb im Ausland" zu Steuerausfällen führen. Auf der anderen Seite können die Länder, die das Besteuerungsrecht ausüben und für Investoren attraktiv sind, zusätzliche Steuereinnahmen erwerben.

Infolge des Obigen gilt das Steuerrecht als wichtiger Standortfaktor im Steuerwettbewerb. Unter Steuerwettbewerb ist der Einsatz verschiedener steuerpolitischer Instrumente[2] zu verstehen, die das – mobile – Kapital bzw. Arbeitskräfte attrahieren. (Brümmerhoff 2007, S. 591). Es soll aber das optimale Gleichgewicht zwischen der Sicherung der Staatseinnahmen bzw. Finanzierung staatlicher Aufgaben und der Schaffung der Anreize für die Wirtschaftsakteure gefunden werden. Steuerwettbewerb findet nicht nur zwischen Ländern sondern auch zwischen Gemeinden statt, die ihre Wettbewerbsfähigkeit mit der Beeinflussung der lokalen Steuersätze erhöhen (oder reduzieren) können.

Aus der Perspektive der Unternehmen ermöglichen die ausführlichen Kenntnisse des Steuerrechts eine Optimierung der Steuerbelastung auf mehreren Ebenen:

- Auf internationaler Ebene ermöglicht die Steuerplanung u.a. die optimale Auswahl des Standortlandes aufgrund der dort gültigen Steuergesetze. Als Beispiel gilt die Verlagerung von Wertschöpfungsaktivitäten in Niedrigsteuerländer. Da die o.a. Verlagerungen auch auf illegaler Steuerhinterziehungen basieren können, wird die Anwendung von in-

2 Es ist anzumerken, dass die Freiräume der Länder für die Gestaltung ihrer Steuerpolitik durch die Steuerharmonisierung in der EU eingeschränkt werden (Brümmerhoff 2007, S. 591).

ternational anerkannten Standards für die Bekämpfung solcher Steuerhinterziehungen forciert.

- Auf nationaler Ebene ermöglicht die Steuerplanung die Optimierung der Steuerlast aufgrund nationaler Regelungen, wie z.B. die Auswahl von günstigen Beschäftigungsformen im Hinblick auf Abgaben oder die Inanspruchnahme von Steuervergünstigungen.
- Des Weiteren findet die Steuerplanung auch auf lokaler Ebene statt. Unternehmen berücksichtigen bei der Standortwahl auch den Satz der lokalen Steuer.

Die Wichtigkeit des Steuerrechts als Standortfaktor wurde auch von den Studien der DUIHK bestätigt. Die Teilnehmer ihrer Umfragen haben die Wichtigkeit mehrerer Standortfaktoren auf einer Skala von 1 (sehr wichtig) und 5 (unwichtig) bewertet. Der Faktor „Steuersystem und -verwaltung" wurde zwischen 2006 und 2011 mit einem Durchschnittswert von 1,61, der Faktor „Steuerbelastung" mit 1,56 als bedeutend eingeordnet (2011, S. 32).

Einige landesspezifische Charakteristika des ungarischen Steuerrechts

Die Grundlagen der Struktur des heutigen ungarischen Steuersystems entstanden noch am Anfang der 1990er Jahre des letzten Jahrhunderts. Das Steuersystem wurde seitdem mehrmals mit verschiedener Intensität geändert, seine Harmonisierung mit den Rechtstexten der EU findet kontinuierlich statt.

Trotz dieser Harmonisierung gibt es weiterhin massive Unterschiede zwischen den Steuersystemen der einzelnen Länder. Im Fall bestimmter Steuerarten können „nur" einzelne landesspezifische Charakteristika identifiziert werden, andere Steuerarten sind im Ausland unbekannt oder existieren dort in einer anderen Form. Zur ersten Gruppe gehört z.B. die Besteuerung von Personengesellschaften. Aus der Sicht der Besteuerung gelten die ungarischen Personengesellschaften (z.B. Bt) als nicht transparent. Im Gegensatz zu Deutschland werden nicht die Gesellschafter (mit Einkommensteuer), sondern wird die Gesellschaft (mit Körperschaft- bzw. Gewerbesteuer) besteuert, wobei weiterhin die Gesellschafter für die Verbindlichkeiten des Unternehmens persönlich haften.

Die zweite Gruppe der landesspezifischen Unterschiede bilden die im Ausland in einer ähnlichen Form existierenden Steuerarten. Im Fall des

Erwerbs einer ungarischen Immobilie entsteht in Ungarn die sog. Erwerbsgebührpflicht, in Österreich bzw. in Deutschland die Grunderwerbsteuerpflicht. Die Geltung der Erwerbsgebühr erstreckt sich des Weiteren z.B. auf den Erwerb einer Arztpraxis, von Vermögensrechten oder von bestimmten Fahrzeugen.

Andere Steuerarten haben im Ausland keine eindeutigen Äquivalente. Im Jahre 1995 wurde die sog. Umweltschutzproduktgebühr (im Weiteren „Produktgebühr") eingeführt, deren System 2011 grundsätzlich umgearbeitet wurde. Das Ziel dieser Regelung ist, den Vertrieb bzw. die Anwendung von umweltschädlichen Produkten (z.B. Gummireifen, bestimmte Verpackungen, Haushaltsgeräte) durch die Belastung mit der Produktgebühr zu reduzieren. Da die Produktgebühr in mehreren Sektoren oft verwendete Produkte besteuert, die Regelungen und die Befreiungsmöglichkeiten sehr komplex sind und die Steuerart im Ausland unbekannt ist, ist es für ausländische Investoren von besonderer Relevanz, einen sachverständigen Berater zu konsultieren.

Im Folgenden werden exemplarisch die Körperschafsteuer und die Sondersteuern als Standortfaktoren Ungarns kurz dargestellt.

Beispiele für die Besteuerung von Unternehmen auf nationaler Ebene - Körperschaftsteuer und Sondersteuern

Die Körperschafsteuer (im Weiteren „KöSt") gilt als eine der wichtigsten Steuerarten betreffend der Besteuerung der Unternehmensumsätze.[3] Der ungarische KöSt-Satz in Höhe von 10% (19% ab einer KöSt-Bemessungsgrundlage in Höhe von HUF 500 Mio – rd. EUR 1,7 Mio) gilt in der Region als relativ gering. Abbildung 3 zeigt die Körperschaftsteuersätze einiger mittel- und südosteuropäischer Länder für 2014. Die Steuersätze von Österreich (25%), der Slowakei (22%), Kroatien (20%), Polen (19%) oder Tschechien (19%) sind höher, wobei der KöSt-Satz von Bosnien und Herzegowina (10%) identisch mit dem niedrigeren ungarischen Satz ist.

3 Steuersubjekte, die keine Unternehmen sind, z.B. Stiftungen, werden im Folgenden nicht behandelt.

Abbildung 3: Körperschaftsteuersätze in einigen ausgewählten europäischen Ländern 2014

Quelle: LL Guidelines 2014

Der Standortfaktor Körperschafsteuer umfasst jedoch viel mehr, als den bloßen KöSt-Satz. Das ungarische KöSt-Gesetz[4] enthält mehrere verschiedene Anreize für die Investoren, die (ohne Anspruch auf eine Vollständigkeit) wie folgt aufgelistet werden:

- KöSt-Begünstigung betreffend Entwicklungen/Investitionen über den gesetzlich bestimmten Betrag (fejlesztési adókedvezmény)
- KöSt-Begünstigung für kleine und mittlere Unternehmen betreffend Kreditaufnahme (kis- és középvállalkozások adókedvezménye)
- KöSt-Begünstigung betreffend die Unterstützung von bestimmten Sportarten (Látvány-csapatsportok támogatásának adókedvezménye)
- Verwendung von Verlustvorträgen (jedoch bis zum 50% der KöSt-Bemessungsgrundlage)
- Die KöSt-Bemessungsgrundlage kann mit 50% der erhaltenen Lizenzgebühren reduziert werden
- usw.

---

4 Gesetz Nr LXXXI vom 1996

Im neuen Jahrtausend ist jedoch eine Tendenz in der Besteuerung von Unternehmen zu beobachten, in deren Rahmen bestimmte Branchen mit Sondersteuern belastet wurden und werden. Nach der Studie von Jancsa-Pék und Siklós (2013, S. 2) waren im Jahre 2013 zwölf solcher Sondersteuern in Geltung, deren gemeinsame Charakteristik ist, dass sie nur die Akteure bestimmter Branchen oder Sektoren betreffen. Hierher gehört u.a. die Volksgesundheitsproduktsteuer (die den Verkauf bzw. den spezifischen Erwerb von gesetzlich bestimmten Produkten besteuert, in der Presse oft Chipssteuer genannt), die Telefonsteuer, die Energiesteuer oder die Bankensteuer. Die Relevanz der Sondersteuern ist, dass die diesbezüglichen Steuereinnahmen zwar einzeln als unbedeutend erscheinen, die Höhe der kumulierten Sondersteuereinnahmen jedoch fast identisch mit den Einnahmen aus der Körperschaftsteuer ist (Jancsa-Pék und Siklós 2013, S. 5).

Die Auswirkung der Sondersteuern auf die Investitionen kann auch belegt werden. Nach den Analysen von Jancsa-Pék und Siklós (2013, S. 9-10) fiel die Höhe der Investitionen u.a. in der – von Sondersteuern belasteten - Energiebranche bzw. im Bankensektor ab 2011 kontinuierlich zurück. Mangels einer entsprechenden Untersuchung lässt sich jedoch nicht feststellen, welche weitere Faktoren zur Reduzierung der Investitionen beitrugen.[5]

Aus den obigen Gründen gelten die o.a. Sondersteuern auch als bedeutende (zurzeit eher negativ betrachtete) Standortfaktoren. Infolge ihrer raschen Einführung und des Mangels der Abstimmung mit den betroffenen Branchen haben sie eine negative Auswirkung auf einen anderen Standortfaktor, auf die Berechenbarkeit des Rechtssystems.

---

5 Im März 2016 (1,5 Jahre nach dem Abschluss des Manuskriptes dieses Beitrags) ist die aktualisierte Version der Sondersteuerstudie erschienen. Gemäß der Studie waren Ende 2015 bereits 15 Sondersteuern in Geltung (2014 wurde eine, 2015 zwei neue Sondersteuerarten eingeführt). Die negative Wirkung der Sondersteuern auf die Investitionen wurde erneut bestätigt.und auf die möglichen Ursachen (durch den erhöhten Steueraufwand reduzierte Investitionsquellen der Unternehmen, Reduzierung der Attraktivität des Landes, Erhöhung der Unsicherheit im Wirtschaftsklima, usw) wurde auch hingewiesen.
Die aktualisierte Sondersteuerstudie ist erreichbar unter: http://leitnerleitner.hu/hungary/hu/publication/2016/kulonadok_tanulmany_2016.pdf

Besteuerung der Arbeitskräfte

Neben der KöSt bzw. den Sondersteuern gelten auch die Besteuerungsarten der Arbeitskräfte als regelmäßig auftretende und bedeutende Kosten der Unternehmen. Die Einkommensteuer bzw. Sozialversicherungsbeiträge des Arbeitnehmers werden vom Bruttolohn abgezogen und belasten die Arbeitnehmer. In diesem Zusammenhang betreffen nur die Sozialversicherungsbeiträge des Arbeitgebers (in Ungarn ab 2012: Sozialsteuer in Höhe von 27%) evtl. sonstige Abgaben (in Ungarn: Fachausbildungsbeiträge in Höhe von iHv 1,5%) direkt die Unternehmen. Die nachfolgende Tabelle (Tabelle 1) gibt einen Überblick betreffend die Gesamtkosten der Beschäftigung von Arbeitskräften in den Ländern von Ostmitteleuropa im Fall eines Basisbruttolohns iHv 10.000 €.

Tabelle 1: Einkommensteuer- und Sozialversicherungsbeitragssätze einiger osteuropäischer Länder 2013

Land	Einkommen steuer	SV-Beiträge des Arbeitnehmers	SV-Beiträge des Arbeitgebers	Gesamt-lohnkosten
Kroatien	12/25/40%	20%	15,20%	11 520 €
Slowenien	16-50%	22,10%	16,10%	11 610 €
Serbien	10-20%	17,90%	17,90%	11 790 €
Rumänien	16%	16,50%	27,6+0,15-0,85%	12 775 - 12 845 €
Ungarn	16%	18,50%	28,50%	12 850 €
Bosnien und Herzegowina	10%	10,50%	32,50%	13 250 €
Tschechien	15/20,1%	11%	34%	13 400 €
Slowakei	19/25%	13,40%	35,20%	13 520 €

Quelle: Unternehmensinterne Angaben

Gemäß den o.a. Angaben befindet sich Ungarn aufgrund der Gesamtlohnkosten im Mittelfeld unter den ausgewählten Ländern. Es ist jedoch anzumerken, dass die obige Tabelle keinen vollständigen Vergleich des Standortfaktors „Arbeitskosten“ ermöglicht, sondern vielmehr nur einen Einblick in die Besteuerung der Arbeitskräfte gewährleistet. Einerseits wurden aus Vereinfachungsgründen mehrere landesspezifische Steuerfreibeträge bzw. Höchstbeitragsgrundlagen außer Acht gelassen, die die tatsächliche Steuer- und Beitragslast bestimmen. Des Weiteren kann ein niedrigerer prozentualer Beitragssatz in absoluten Größen mit höheren Arbeitskosten verbunden sein, wenn das Lohnniveau im jeweiligen Land höher ist. Auf einem Vergleich wird im Rahmen dieses Beitrags verzichtet.

Vermeidung der Steuerpflicht (?): Lohnveredelung

Zur Gründung einer eigenen Tochtergesellschaft, Zweigniederlassung oder Handelsvertretung bietet die Lohnveredelung in Ungarn eine Alternative, die gemäß den Erfahrungen der Autoren von westeuropäischen Unternehmen oft bevorzugt wird. Der Auftraggeber verfügt in Ungarn meistens über keine Immobilie bzw. keine feste Einrichtungen. Durch diese Alternative können die diesbezüglichen Arbeitskosten bzw. bestimmte Steuerpflichten vermieden werden, jedoch nicht alle. Falls sich der Leistungsort bestimmter Transaktionen – ausgeführt durch den Auftraggeber – gemäß des ungarischen Umsatzsteuergesetzes[6] in Ungarn befindet, entsteht in Ungarn die USt-Pflicht. Demzufolge hat der Auftraggeber in Ungarn eine Steuernummer zu beantragen und ungarische USt-Erklärungen einzureichen.

Des Weiteren ist in jedem Fall ausführlich zu prüfen, ob durch die potentielle ungarische Tätigkeit eine Betriebstätte der ausländischen Gesellschaft in Ungarn entsteht. Die Entstehung einer Betriebstätte würde nämlich die Körperschafts- bzw. Gewerbesteuerpflicht in Ungarn begründen.

2.3 Weitere Standortfaktoren – das Beispiel Gesellschaftsrecht

Das Gesellschaftsrecht bzw. die Vorschriften der Rechnungslegung haben einen maßgeblichen Einfluss darauf, in welcher Gesellschaftsform und unter welchen Bedingungen der Standort des Unternehmens existieren wird.

Wie bereits in Kapitel 1 hingewiesen wurde, war das Recht der deutschsprachigen Länder ein Muster für die ungarische Legislative. Demzufolge findet man in mehreren Fällen eine (scheinbare) Übereinstimmung der Gesellschaftsformen: Korlátolt felelősségű társaság (Kft) als ungarische GmbH, Betéti társaság (Bt) als ungarische Kommanditgesellschaft usw. Die Erwartung einer vollständigen Übereinstimmung der Gesellschaftsformen wäre jedoch eine Fehleinschätzung der Investoren, da mehrere Regelungen nur ähnlich zueinander, aber nicht gleich sind. In Ungarn findet man z.B. die Rechtsform GmbH&Co KG gar nicht.

Aus diesem Grund ist die Bedeutung von kompetenten Rechtsanwälten hoch. Als ihre Alternative (insbesondere beim Markteintritt) gelten u.a.

6 Gesetz Nr. CXXVII vom 2007

die Dienstleistungen der nationalen und internationalen Industrie- und Handelskammern.

2.4 Die Bedeutung von international tätigen Experten

Die Relevanz der o.a. Standortfaktoren hinsichtlich des (Steuer-) Rechtssystems für die meisten Unternehmen hebt die Wichtigkeit der international tätigen Experten, Wirtschaftsprüfer- und Steuerberatungsgesellschaften sowie Rechtsanwaltskanzleien hervor. Einerseits verfügen sie über umfangreiche Informationen über den legislativen Hintergrund des Standortlandes, andererseits können sie aufgrund ihrer Erfahrungen im internationalen Recht Konzerntransaktionen bzw. den Prozess der Steueroptimierung unterstützen. Zusätzlich zu lokalen (nur national tätigen) Beratungsunternehmen können international erfahrene Berater die bereits bekannte Qualität für ihre alten Klienten an den neuen Standorten sichern. Aus diesem Grund gelten die Beratungsunternehmen selbst als ein Standortfaktor: sie sind Bestandteil der Infrastruktur des jeweiligen Landes.

Eine andere Alternative für die international tätigen Beratungsunternehmen sind die internationalen Netzwerke. Unabhängige Beratungsunternehmen, die keine (oder nur wenige) Standorte im Ausland haben, bevorzugen oft Kooperationsvereinbarungen miteinander. sie teilen Fachwissen bzw. Know-How und bieten einander Unterstützung im Fall von Fragen an, die die Anwendung von internationalem Recht benötigen.

3. Aktuelle Entwicklungen – Ungarn 2014

3.1 Bewertung des Standortes Ungarn

Die Beurteilung Ungarns als attraktiver Standort ist maßgebend für die Anzahl und Höhe der ADI. Von den Studien, die die Attraktivität des Landes untersuchen, wird hier eine besonders aktuelle ausführlich behandelt. Die DUIHK führte (wie jedes Jahr seit 1994) 2014 eine Konjunkturumfrage durch, in deren Rahmen Ungarn als Standort aus verschiedenen Perspektiven zu bewerten war (im Weiteren „DUIHK-Umfrage"). Die Fragen, die sich u.a. auf 21 Standortfaktoren in den Bereichen Wirtschaftspolitik, operatives Umfeld und Arbeitsmarkt bezogen[7], wurden von 194 Unternehmen (im Weiteren „Teilnehmer") beantwortet. Die Bewertung der Standortfaktoren erfolgte auf einer Skala von 1 (zufrieden) bis 5 (unzufrieden) (DUIHK 2014, S. 42). Dass die Zufriedenheit der Unternehmen auf die Höhe der Investitionen eine Wirkung hat, hat eine frühere Umfrage der DUIHK bestätigt. Demgemäß investieren Unternehmen, die z.B. mit dem Steuersystem, Fördermitteln und lokalen Zulieferern zufrieden sind, deutlich mehr als unzufriedene Unternehmen (DUIHK 2012, S. 23). Im Folgenden wird hauptsächlich auf das Steuerrecht konzentriert.

Das ungarische Steuerrecht betreffend haben sich die Teilnehmer eher kritisch geäußert, wobei leichte Verbesserungen im Gegensatz zu den Vorjahren zu beobachten sind. In der DUIHK-Umfrage beschäftigten sich zwei Fragen mit dem Steuerecht: „Steuerbelastung" bzw. „Steuersystem und -behörden" Ungarns waren zu bewerten. Der Durchschnittswert der Antworten betreffend Steuerbelastung betrug 3,59 (eher unzufrieden), obwohl dieser Wert für 2014 besser (niedriger) ist, als für die Vorjahre (2012: 3,81, 2013: 3,79). Der Durchschnittswert der Antworten in Zusammenhang mit Steuersystem und -behörden liegen bei dem Wert iHv 3,7. – Eine Verbesserung zu den Vorjahren (2012: 3,88, 2013: 3,84) ist auch hier vorzufinden (DUIHK 2014, S. 36).

Aufgrund der Analyse der früheren DUIHK-Umfragen betreffend 2009-2014 lässt sich feststellen, dass das ungarische Steuerrecht einer der am meisten kritisierten Standortfaktoren Ungarns ist. Die besten (niedrigsten) Werte in Zusammenhang mit den o.a. beiden Faktoren im Zeitraum 2005-2014 waren 3,28 (Steuerbelastung) und 3,46 (Steuersystem und –behörden) im Jahre 2011. Als Hintergrund beider Werte können spezifische steuerrechtliche Regelungen bestimmt werden[8]. In allen weiteren Jahren lagen die Werte unter 3,5 (eher unzufrieden). Von den Teilnehmern wurden u.a. die Einführung diverser Sondersteuer (s. Punkt 2.2), die Höhe des Mehrwertsteuersatzes und die Höhe von kleineren Steuern (EVA, Produktgebühr) kritisiert.

Die moderat positive Änderung für 2014 lässt sich darauf zurückführen, dass das Steuersystem 2014 nicht drastisch geändert wurde und nur klei-

---

7 Die DUIHK-Umfrage enthält des Weiteren Fragen nach Investitionsklima, Beschäftigungsplänen usw., die hier nicht behandelt werden.

8 Es wurden ab 1. Januar 2011 der einheitliche Einkommensteuersatz von 16% und ab Juli 2010 der reduzierte Körperschafsteuersatz von 10% unter einer Bemessungsgrundlage von HUF 500 Mio (d EUR 1,7 Mio) eingeführt.

nere Anpassungen erfolgten. Gemäß den Angaben der DUIHK bewerten die Unternehmen hinsichtlich dieser Frage auch die Regelungen betreffend Sozialversicherungsbeiträge, in deren Zusammenhang ebenso nur kleinere Gesetzesänderungen verabschiedet wurden (DUIHK 2014, S. 25).

Abbildung 4: Zufriedenheit der Teilnehmer der DUIHK- Umfrage mit den einzelnen Standortfaktoren Ungarns (2012-2014)

	2012	2013	2014
Wirtschaftspolitik			
2.1 EU-Mitgliedschaft	2.23	2.38	2,14
2.2 Öffentliche Verwaltung	3.64	3.51	3,47
2.3 Steuersystem und -behörden	3.88	3.84	3,70
2.4 Steuerbelastung	3.81	3.79	3,59
2.5 Zugang zu öffentlichen/EU Fördermitteln	3.52	3.53	3,52
2.6 Rechtssicherheit	3.86	3.61	3,57
2.7 Transparenz der öffentlichen Vergabe	3.97	3.84	3,95
2.8 Berechenbarkeit der Wirtschaftspolitik	4.50	4.17	3,92
2.9 Bekämpfung von Korruption, Kriminalität	4.08	3.83	3,97
2.10 Politische und soziale Stabilität	3.82	3.75	3,52
Operatives Umfeld			
2.11 Infrastruktur (Verkehr, Komm., Energie)	2.92	2.88	2,82
2.12 Bedingungen für F+E	3.47	3.37	3,18
2.13 Qualität / Verfügbarkeit lokaler Zulieferer	2.82	2.78	2,76
2.14 Zahlungsdisziplin	3.35	3.47	3,32
Arbeitsmarkt			
2.15 Arbeitskosten	3.13	3.20	2,88
2.16 Produktivität/Leistungsbereitschaft der AN	2.65	2.74	2,61
2.17 Qualifikation der Arbeitnehmer	2.46	2.64	2,47
2.18 Qualität der akademischen Ausbildung	2.77	2.82	2,71
2.19 Qualität des Berufsbildungssystem	3.36	3.36	3,22
2.20 Flexibilität des Arbeitsrechts	3.39	3.06	2,97
2.21 Verfügbarkeit von Fachkräften	3.12	3.11	3,09

Quelle: DUIHK 2014, S. 36

Was die weiteren Standortbedingungen betrifft, die Faktoren, mit denen die Teilnehmer eher zufrieden waren (unter einem Durchschnittswert von 3), sind oft mit dem Arbeitsmarkt verbunden: Qualifikation der Arbeitnehmer (2,47), Produktivität/ Leistungsbereitschaft der Arbeitnehmer (2,61), Arbeitskosten (2,88) und Flexibilität des Arbeitsrechts (2,97) gehören in diese Kategorie. Die größte Unzufriedenheit ist eher dagegen mit der Wirtschaftspolitik verbunden: Bekämpfung von Korruption/ Kriminalität (3,97), Transparenz der öffentlichen Vergabe (3,95) oder Berechenbarkeit der Wirtschaftspolitik (3,92). Standortfaktoren mit einer besonders hohen (Durchschnittswert unter 2) oder niedrigen (Durchschnittswert über 4) Zufriedenheit der Teilnehmer haben sich nicht ergeben (DUIHK 2014, S. 36). Eine ausführliche Auflistung der Bewertung einzelner Standortfaktoren ist in der Abbildung 4 zu finden.

Zusammenfassend lässt sich feststellen, dass sich die Zufriedenheit der Teilnehmer betreffend mehrere Standortfaktoren im Vergleich zu den Jahren der Wirtschaftskrise verbessert hat. Bezüglich der 21 Standortfaktoren ergibt sich ein Durchschnittswert von 3,2: die Teilnehmer der Umfrage waren im Durchschnitt weder besonders zufrieden noch unzufrieden mit den ungarischen Bedingungen. Die Konjunktureinschätzung der Teilnehmer hat bereits das Vorkrisen-Niveau 2007-2008 erreicht (DUIHK 2014, S. 9).

Des Weiteren wurde von der DUIHK (2014, S. 29) die Frage gestellt, ob die Teilnehmer (auf Basis ihrer Antworten) Ungarn wieder als Investitionsstandort wählen würden. 75% der Teilnehmer haben mit „Ja" geantwortet. Diese Zahl ist höher als in den Vorjahren (2012: 71%, 2013: 73%) und identisch mit dem Wert des Vorkrisenjahres 2007. Es ist anzumerken, dass die Unternehmen, die langfristig planen, das Land infolge von temporären Schwankungen im Wirtschaftsklima bzw. von schlechteren Perioden nicht verlassen, da sie nicht von kurzfristigen Kosteneinsparungen motiviert sind.

3.2 Ungarn im internationalen Vergleich

Ähnlich zu der Konjunkturumfrage der DUIHK wurde eine Umfrage auch von anderen deutschen Außenhandelskammern (im Weiteren „ Internationale Umfrage") der Region Ostmittel- bzw. Südosteuropa durchgeführt. Daran beteiligten sich (zusammen mit den o.a. ungarischen) insgesamt 1.435 Unternehmensführungskräfte in 16 Ländern (DUIHK 2014, S. 30). Ihre Unternehmen sind im Auslandsgeschäft als Investor oder Exporteur/ Importeur tätig, und insofern kann ihre Meinung als maßgebend betrachtet werden. Die Teilnehmer äußerten sich nicht nur zum eigenen Land – insgesamt wurden 20 Länder bewertet. Dieser internationale Vergleich ermöglicht die unter Punkt 3.1 dargestellten Umfrageergebnissen im internationalen Kontext zu analysieren, mit den Bewertungen anderer Länder zu vergleichen und Ungarn im Standortwettbewerb entsprechend zu positionieren.

Die Analyse der Länderreihenfolge bzgl. der einzelnen Standortfaktoren bietet ein ausführlicheres Bild zur Position Ungarns in der Region an. Als überdurchschnittliche, in der Region eher wettbewerbsfähige Faktoren werden diejenige betrachtet, bei denen Ungarn Platz 1-10 aus 20 erworben hat. Platz 11-20 weisen auf die Unterdurchschnittlichkeit des jeweiligen Standortfaktors hin. Hier wird hauptsächlich auf das Steuerrecht konzentriert.

Die Teilnehmer der DUIHK-Umfrage haben die Erhöhung ihrer Zufriedenheit betreffend die Steuerbelastung und das Steuersystem geäußert (s. Punkt 3.1). Diese Verbesserung zum Vorjahr ist auch im internationalen Ranking zu beobachten. Ungarn konnte im Bereich Steuerbelastung Platz 11 (2013: 14) und im Bereich Steuersystem und -behörden Platz 10 (2013: 12) erreichen. Bessere Werte konnten seit der ersten Internationalen Umfrage 2006 nicht erreicht werden, nur identische in den Jahren 2008 und 2011. Dies bedeutet aber, dass Ungarn – mindestens gemäß dieser Umfrage – nicht als Vorreiter betreffend Wettbewerbsfähigkeit im Zusammenhang mit Steuern in der Region zu betrachten ist.

Die schlechteren Werte der Vorjahre sind oft als Reaktionen zu den tiefgreifenden (und oft rasch eingeführten) Änderungen im Steuersystem zu betrachten. Laut den aktuellen Plänen der ungarischen Regierung ist jedoch die Zeit der drastischen Gesetzesänderungen abgeschlossen und nur kleinere Korrektionen und Ergänzungen sind zu erwarten. Wenn andere Länder ihre Position nicht deutlich verbessern können, kann Ungarn seine Position im Mittelfeld der Region behalten. Die Frage bleibt aber weiterhin, ob und wie eine Verbesserung möglich ist.

Was die weiteren Standortfaktoren betrifft, als überdurchschnittliche Faktoren gelten z.B. Flexibilität des Arbeitsrechts (Platz 3), Qualifikation der Arbeitnehmer (Platz 4), Infrastruktur (Platz 4) oder Qualität des Berufsbildungssystems (Platz 6). Auch hier ist festzustellen, dass die guten Werte im internationalen Ranking auf die (relativ) guten Werte der nationalen DUIHK-Umfrage basieren. Des Weiteren fand bei 18 Faktoren eine Verbesserung, bei zwei Faktoren keine Änderung und nur bei einem eine Verschlechterung im Vergleich zum Vorjahr statt.

Auf Basis des Rankings der einzelnen Standortfaktoren lässt sich feststellen, dass Ungarn seine frühere Position im Standortwettbewerb leicht verbessert und das Vorkrisenniveau erreicht hat (s. Abbildung 5). Im Jahre 2014 steht Ungarn als Investitionsziel (potentieller Standort) auf Platz 9 aus 20. In den letzten Jahren wurden die niedrigeren Positionen 10 (2011 und 2013) und 13 (2012) erworben. (DUIHK 2014, S. 38). Als Grund für die Verbesserung Ungarns können die positiven Tendenzen (wie z.B. die bereits oben zitierte Erhöhung der Zufriedenheit im Bereich Steuern) und der Mangel weiterer negativer Veränderungen betrachtet werden.

Abbildung 5: Länderreihenfolge betreffend Attraktivität als Investitionsstandort laut der Internationalen Umfrage 2012-2014

	2012	2013	2014
Polen	2	1	1
Tschechien	1	2	2
Estland	4	3	3
Slowakei	3	4	4
Slowenien	5	5	5
Lettland	8	7	6
Litauen	9	8	7
Kroatien	6	6	8
Ungarn	13	10	9
Russland	7	9	10
Rumänien	10	11	11
Serbien	11	12	12
Mazedonien	16	15	13
Bulgarien	12	14	14
Montenegro	14	16	15
Bosnien-Herzegowina	17	17	16
Ukraine	15	13	17
Kosovo	20	18	18
Weißrussland	18	19	19
Albanien	19	20	20

Quelle: DUIHK 2014, S. 38

Es ist anzumerken, dass auf den „besseren“ Plätzen solche Länder stehen, die (mit der Ausnahme Kroatiens) 2004 zusammen mit Ungarn der EU beigetreten sind. In der Internationalen Umfrage 2005 stand Ungarn jedoch noch auf Platz 5 – Polen, Lettland, Litauen und Kroatien haben inzwischen Ungarn überholt. Gemäß der Analyse der DUIHK (2014, S. 5) liegen die Gründe dieser negativen Entwicklung daran, dass die „Konkurrenten“ aufgeschlossen haben und zudem ungünstige Entwicklungen innerhalb Ungarns stattgefunden haben. Aufgrund dieser Angaben ändert sich die Position der einzelnen Länder in der Reihenfolge relativ langsam. Dies bedeutet, dass die frühere Position Ungarns als attraktiver Standort nur in kleinen Schritten, als Ergebnis einer unterstützenden, sorgfältig geplanten Wirtschaftspolitik zurückgewonnen werden kann (DUIHK 2014, S. 30).

Abbildung 6: Wiederwahl der betroffenen Länder als Investitionsstandort laut der Internationalen Umfrage 2014 (linke Zahl: „Nein", rechte Zahl: „Ja")

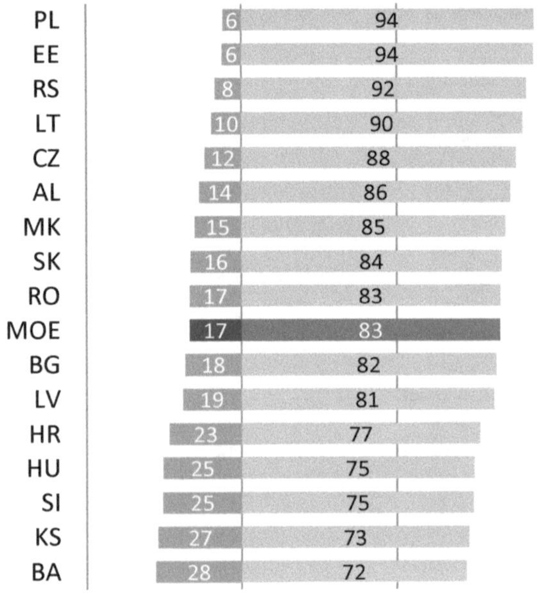

Quelle: DUIHK 2014, S. 29

Auch in der Internationalen Umfrage wurde die Frage gestellt, ob die Teilnehmer das jeweilige Land als Investitionsstandort wieder wählen würden[9]. Trotz der Verbesserung in der nationalen DUIHK-Umfrage (75% „ja") steht Ungarn im internationalen Ranking (s. Abbildung 6) mit dieser Zahl auf Platz 13 – der Vorreiter ist Polen (94% „ja"), der Durchschnittswert der Region liegt bei 83%. Um die Position Ungarns zu verbessern, ist es erforderlich, auch die Motivation der ablehnenden 25% kennen zu lernen. Nach Angaben der DUIHK (2014, S. 29) stehen hinter der Entschei-

9 Hier konnte nur das jeweilige Land mit „ja" oder „nein" bewertet werden. Aus diesem Grund findet man Angaben – im Gegensatz zu anderen Fragen der Internationalen Umfrage – nicht zu 20, sondern nur zu 16 Ländern.

dung vielfältige Gründe: die Veränderung der Kosten- und Preisstrukturen, der Kunden und Zielmärkte bzw. die wirtschaftspolitischen Entscheidungen (inklusive Steuersystem), die die Attraktivität des Landes reduziert haben. Die Aufgabe der Regierung ist es, sich auf die Faktoren zu konzentrieren, die durch eine konsequente Politik zu ändern sind.

4. Fazit

Die ausländischen Investitionen haben ab der Wende eine bedeutende Rolle in der ungarischen Wirtschaft gespielt. Bei der Auswahl Ungarns als Standort wurden diverse Standortfaktoren, wie z.B. Arbeitskosten, Rechtssicherheit oder Besteuerung von den ausländischen Unternehmen berücksichtigt. Durch die Beeinflussung dieser Faktoren kann die nationale oder lokale Politik ihre Attraktivität gegenüber den Investoren erhöhen – aber auch verlieren.

Seit Anfang des neuen Jahrtausends hat Ungarn viel von dieser Attraktivität verloren. Ungünstige Entwicklungen fanden im Land statt. Zudem konnten andere Länder Ostmitteleuropas ihre Positionen im Standortwettbewerb verbessern. Eine positive Tendenz ist im Jahre 2014 zu beobachten, wobei die frühere Beliebtheit Ungarns nur schrittweise zurückgewonnen werden kann. In diesem Prozess wird die durchdachte Veränderung des Steuersystems bzw. eine regelmäßige Abstimmung mit den betroffenen Steuersubjekten unentbehrlich sein.

Zwischen dem Steuerrecht Ungarns und von einigen – deutschsprachigen – Ländern können eine Reihe von Gemeinsamkeiten festgestellt werden. Des Weiteren findet kontinuierlich eine Harmonisierung der Rechtssysteme durch die EU statt. Trotz dem Obigen kann es eine potentielle Fehleinschätzung von Investoren sein, wenn sie von einer Übereinstimmung der Rechtssysteme ausgehen. Kleinere begriffliche oder verfahrensrechtliche Differenzen können zu tiefgreifenden Unterschieden führen und das Steuerrecht Ungarns kann im Ausland unbekannte Verpflichtungen für die Investoren bzw. für andere Steuersubjekte vorsehen.

Aus den obigen Gründen ist die Rolle der Rechtsanwälte, Steuerberater und Wirtschaftsprüfer, die ihre Klienten in der Einhaltung der Rechtsvorschriften, in der Vermeidung der Rechtskonsequenzen und in der Steueroptimierung unterstützen, bedeutend.

Literaturverzeichnis

Brümmerhoff, Dieter (2007): Finanzwissenschaft. München, Oldenbourg Wissenschaftsverlag.

DUIHK (2011): Konjunkturbericht Ungarn 2011. Ergebnisse der 17. Konjunkturumfrage der DUIHK. Budapest, Deutsch-ungarische Industrie- und Handelskammer.

DUIHK (2012): Konjunkturbericht Ungarn 2012. Ergebnisse der 18. Konjunkturumfrage der DUIHK. Budapest, Deutsch-ungarische Industrie- und Handelskammer.

DUIHK (2014): Konjunkturbericht Ungarn 2014. Ergebnisse der 20. Konjunkturumfrage der DUIHK. Budapest, Deutsch-ungarische Industrie- und Handelskammer.

Fábián, Emília (2012): Tőkebefektetések Magyarországon. In: Közgazdaság, Jahrgang 7, 2012/1, S. 111-121. Budapest, BCU.

Henger, Péter (2011): Áttekintés az aktuális közvetlen tőkebefektetési folyamatokról. Budapest, Nemzetgazdasági Minisztérium.

Hofmeister, Kristof (2008): Gelungene Standortwahl – Erfolgsfaktor für Ihr Unternehmen. München, Industrie- und Handelskammer für München und Oberbayern (Präsentation).

Jancsa-Pék, Judit, Siklós, Márta (2013): Különadók szerepe az adózásban. Budapest, LeitnerLeitner.

LL Guidelines (2014): LeitnerLeitner Guidelines to taxation 2014. Linz, LeitnerLeitner.

Romsics, Ignác (2004): Magyarország története a XX. században. Budapest, Osiris.

Siklós, Márta, Mladonyiczki, Balázs (2016): Különadók szerepe az adózásban. Budapest, LeitnerLeitner.

Zádor, Márta (2010) [Hrsg]: Két válság között. A magyar gazdaság wargabetűje 1990-2010. Budapest, Ecostat.

Internationalisierung von Unternehmen, Standortwahl und Anforderungen an die Rechtsform

Prof. Dr. Thomas Ehrmann, Westfälische Wilhelms-Universität Münster

1. Einleitung

Während zur Internationalisierung von Unternehmen viel geforscht wird, was auch Analysen der Standortwahl einschließt, gilt dies nicht für die Aufhellung des Zusammenhanges zwischen den Anforderungen an die Rechtsform und den vorgenannten wirtschaftlichen Aktivitäten. Kurzum: der Zusammenhang zwischen Rechtsform und Internationalisierung darf als untererforscht bezeichnet werden. Insbesondere gibt es kaum empirische Arbeiten, die diesen Zusammenhang direkt untersuchen. Vor diesem Hintergrund beschäftigt sich der nachfolgende Aufsatz mit dem Zusammenhang, der zwischen den Unternehmenszielen von kleinen und mittleren Unternehmen (KMU) und der Internationalisierung besteht, gegeben, dass die Rechtsform eines KMUs ebenfalls auf die Internationalisierung wirkt. Um vorab einige mögliche Zusammenhänge zu erwähnen: Es mag sein, dass die Unternehmensziele direkt auf die Internationalisierungsaktivitäten wirken, die schon gewählte Rechtsform kann etwa einen weiteren direkten Einfluss auf Internationalisierungsaktivitäten entfalten oder indirekt den spezifischen Weg dieser Aktivitäten mit beeinflussen. Zudem ist darauf zu achten, ob der Einfluss der Rechtsform originär auf die Internationalisierung zurückzuführen ist oder ob hier Internationalisierung eher als Unterfall von Wachstumsbemühungen, die spezifische Rechtsformfolgen nach sich ziehen, zu sehen ist.

Im Folgenden wird zuerst die (betriebs-)wirtschaftliche Logik der Rechtsformwahl erläutert (2.). Zur Nachzeichnung dieser (betriebs-)wirtschaftlichen Logik wird auf einen sowohl organisationstheoretischen als auch organisationsökonomischen Ansatz von Fama und Jensen aus dem Jahr 1983 zurückgegriffen. Dieser Ansatz bietet den Hintergrund für die Einordnung der Internationalisierung in die Rechtsformwahl. Daran anschließend werden zwei empirische Arbeiten zum Zusammenhang zwischen Internationalisierung und Rechtsformwahl kurz erläutert (3.). Es schließt sich die Spiegelung von theoretischer Überlegung und empirischem Nachweisversuch an, d.h. es geht um die Einordnung der empirischen Ergebnisse in die vorgenannten theoretischen Überlegungen (4.). Dem folgt die vorläufige Klärung des Zusammenhanges zwischen Rechtsformwahl, Standortwahl und Internationalisierung (5.). Der Aufsatz wird von Fragen und einem Ausblick auf weitere Forschungen abgeschlossen (6.).

2. Logik der Rechtsformwahl: der Ansatz von Fama und Jensen

Das Spezifische des Ansatzes von Fama und Jensen (1983 a, b), welches ihnen für das in Rede stehende Thema besonders interessant macht, ist die Verbindung zwischen der Organisation des Entscheidungsprozesses in einem Unternehmen mit der Spezifizierung von Haftung und Beteiligungsverhältnissen in demselben. Ausgangspunkt für die Autoren sind die Phasen des Entscheidungsprozesses in einem Unternehmen, die wie folgt abgegrenzt werden können (Fama und Jensen 1983 b):

1. Anregungen und Suche,
2. Auswahl,
3. Implementierung und
4. Kontrolle.

Die Phasen 1 und 3 werden üblicherweise dem Entscheidungsmanagement zugeordnet, die Phasen 2 und 4 der Entscheidungskontrolle zugewiesen.

Der Startpunkt für Unternehmen, die neugegründet und klein sind, sind üblicherweise Gesellschafter, die zugleich Manager sind. In diesem Fall liegen Entscheidungsmanagement und Entscheidungskontrolle in einer Hand. Erst mit zunehmender Komplizierung von Entscheidungsabläufen, die üblicherweise Folge von Unternehmenswachstum sind, bietet es sich für Unternehmen an, nach Spezialisierungsvorteilen im Entscheidungsmanagement und in der Entscheidungskontrolle zu suchen. Anders formuliert: Entscheidungsmanagement und Entscheidungskontrolle werden ab einem bestimmten Komplexitätsgrad von Entscheidungen voneinander getrennt. Die vormalig geschäftsführenden Gesellschafter, i.e.S. die Unternehmer, delegieren dann das Entscheidungsmanagement an Dritte (angestellte Manager) und spezialisieren sich auf die Entscheidungskontrolle. Damit einher geht die Begebung von Eigenkapitaltiteln, die nicht mit Managementbefugnissen verbunden sein müssen. Dementsprechend wird über diese Trennung von Entscheidungsmanagement und Entscheidungskontrolle auch die Risikoübernahme der bisher einzig haftenden (geschäftsführenden) Gesellschafter verändert.

Die Beziehung zwischen Gesellschaftsform und der Organisation des Entscheidungsprozesses ist dabei keine Einbahnstraße. Die Gesellschaftsform beeinflusst die Organisation des Entscheidungsprozesses, weil die Risikoübernahme von Dritten Entscheidungssysteme begünstigt, in denen das Entscheidungsmanagement nicht zugleich auch die entsprechende Entscheidungskontrolle ausübt. Dementsprechend beeinflusst aber auch die Organisation des Entscheidungsprozesses die Wahl der Gesellschaftsform: die Trennung von Kontrolle und Management in der Entscheidung hat nämlich die Begünstigung von Rechtsformen zur Folge, bei denen die Risikoübernahme von den Eigentums- und Verfügungsrechten entkoppelt ist. In einfachster Kosten-Nutzenüberlegung wird eine organisatorische Form (inklusive der entsprechenden Rechtsform) dann in einer Aktivität überleben, wenn sie es der Organisation erlaubt, ihre Produkte zu niedrigeren Preisen als andere organisatorische Formen anzubieten. In Sonderheit werden Organisationsformen im Bereich der Koppelung von Entscheidungskontrolle und Entscheidungsmanagement (i.e. Personengesellschaften) immer dort dominieren, wo keine spezifischen Spezialisierungsvorteile (Economies of Scale and Scope) vorliegen. Überall dort, wo Spezialisierungsvorteile aus der obengenannten Entkoppelung realisiert werden können, auch mit Blick auf die Möglichkeit von anonymen neuen Kapitalgebern für die Finanzierung von Wachstum, wird die Kapitalgesellschaft als Organisationsform interessant (s. dazu und zum folgenden ausführlich Schmidt, Reinhard H./ Terberger-Stoy, Eva 1997 und Milgrom, Paul/Roberts, John 1992 mit vielen weiteren Nachweisen).

3. Die Rechtsformwahl von international tätigen kleinen und mittleren Unternehmen

Die Wahl der Rechtsform soll eine Reihe von wirtschaftlichen Fragen beantworten. Im Folgenden erfolgt eine Konzentration auf einen Ausschnitt dieser Fragen. Als relevante wirtschaftliche Fragen, auf die die Rechtsform Antworten geben soll, lassen sich fassen:

- die Probleme zwischen den Kapitalgebern,
- die Separation von Eigentümern und Management,
- die Haftung,

- die Informationspflichten,
- die Rechtsformkosten und
- die Steuerbelastung.

Interessanterweise ist die Steuerbelastung im Normalfall für die Rechtsformwahl nicht entscheidend, was daran liegt, dass ex ante die Steuerbelastung - abhängig von Thesaurierung oder Ausschüttung von Gewinnen - zumindest in Deutschland nicht der einen oder anderen Rechtform einen Vorzug gibt (s. dazu ausführlich Maiterth, Ralf/ Sureth, Caren 2006). Dementsprechend soll für unser Thema eine Klärung dreier Aspekte ins Auge gefasst werden:

1. Welche allgemeinen Probleme wirtschaftlicher Natur sollen mit der Rechtsformwahl gelöst bzw. zumindest entschärft werden?
2. Welche internationalisierungsspezifischen Probleme sollen mit der Rechtsformwahl gelöst werden?
3. Was sagt die empirische Forschung zu allgemeinen Fragen?

Aufgesetzt wird bei der Beantwortung dieser Fragen auf den bisherigen Überlegungen. Die Vermutung sei vorab schon formuliert: Internationalisierung ist wahrscheinlich als Unterproblem des generellen Wachstumsthemas zu sehen und weniger als eigenes wirtschaftliches Problem.

Im Folgenden wird mit empirischen Untersuchungen zu Internationalisierung und Rechtsform begonnen.

4. Empirische Untersuchungen zu Internationalisierung und Rechtsform

Auffällig ist, dass es kaum empirische Arbeiten zu diesem Thema gibt, obwohl sich hier erfolgsversprechende Forschungsmöglichkeiten auftun. Im Folgenden wird auf zwei Arbeiten genauer eingegangen. Es handelt sich um die Arbeit von Eckardt (2014) und die Arbeit von Majumdar/ Vora/ Nag (2012).

4.1 Eckardt (2014)

In dem Papier untersucht die Autorin u.a., ob die: „limited liability legal form as used by private limited enterprises has a positive impact on internationalization in contrast to the legal forms of sole proprietor or partnership which are of unlimited liability (*H1*)" (Eckardt 2014, S. 7). Sie findet mittels Logit-Regressionen heraus, dass es eine empirische Beziehung zwischen der Wahl einer haftungsbeschränkten Kapitalgesellschaft (im Folgenden kurz GmbH) als Rechtsform und der KMU-Internationalisierung gibt. Ihre Daten stammen aus einem repräsentativen, bevölkerungsgewichteten Sample von 9.480 Europäischen KMUs, welches von der EU Kommission im Jahr 2009 erhoben wurde (Eckardt 2014, S. 10). Während in der dortigen Grundgesamtheit die „Public limited Enterprises" mit 8% vertreten sind, ist der Anteil davon international tätiger haftungsbeschränkter Kapitalgesellschaften im Vergleich zu den anderen Rechtsformen mit 55% deutlich höher (Eckardt 2014, S. 12)..

Die Autorin weist daraufhin, dass bei Abstraktion von Innovationsaktivitäten die Rechtsformwahl den zweitstärksten Einfluss auf die KMU-Internationalisierung hat; dies bezieht sich auf die unterschiedlichsten Internationalisierungsarten wie Import, Export oder ausländische Direktinvestitionen. Die von der Autorin genutzte logistische Regression wird bezüglich ihrer Ergebnisse als plausible Unterstützung für die These genutzt, dass die Wahl der GmbH als Rechtsform einen positiven Einfluss auf die KMU-Internationalisierungsbestrebungen hat; sie weist daraufhin, dass keine Kausalität ermittelt wurde, sondern es sich um Korrelationen handelt. Aus ihren Ergebnissen leitet sie auch eine Unterstützung für die Einführung einer supranationalen GmbH auf europäischen Level ab.

Allerdings wird dieser Schluss nicht recht klar, weil aus dem statistischen Zusammenhang zwischen einer bestehenden Rechtsform und bestehenden und gut dokumentierten Internationalisierungsmöglichkeiten nicht unbedingt abgeleitet werden muss, dass die Einführung einer supranationalen Rechtsform positive Auswirkungen auf die Internationalisierungsbestrebungen der KMU haben würde, die bisher darauf verzichteten. Anders formuliert: die Rechtsformwahl ist hier endogen, was auch für die Wahl oder Nichtwahl von Internationalisierungsaktivitäten gilt. Gegeben, dass die Wahl einer GmbH in Deutschland keine prohibitiv hohen Kosten mit sich bringt, vielmehr nur sehr überschaubare Notar- und ähnliche Kosten, ist davon auszugehen, dass Unternehmen, die Wachstums- und Internationalisierungsziele haben oder zumindest diese für die Zukunft nicht ausschließen, sich mit der Rechtsformwahl zumindest Optionen schaffen respektive offenhalten möchten. Inwieweit eine auf europäischer Ebene einheitliche GmbH-Form hier zu einer Veränderung der Attraktivität in der Rechtsformwahl führen sollte und darüber hinaus vielleicht mehr KMUs in Internationalisierungsaktivitäten bringt, bleibt fraglich.

4.2 *Majumdar/ Vora/ Nag (2012)*

In ihrem Aufsatz gehen Majumdar et al. schon zum Teil auf das hier genutzte Framework von Fama und Jensen ein. Sie schickten in 2003 einen Fragebogen an *alle* indischen Software und IT Firmen. Ihre Antwortrate belief sich, auch aus regulatorischen Gründen, auf knapp 100 %, was zu einer Stichprobe von 876 Firmen führte. Von diesen waren 82% „private limited firms", 12% "public limited firms" und 6% "unincorporated".

Die mittels Tobit-Regression - in die neben der Rechtsformvariablen auch andere Variablen (Technologiegrad, Firmengröße etc.) eingingen, ermittelten Hauptergebnisse lassen sich in fünf Punkten zusammenfassen:

1. Die Rechtsform beeinflusst den Internationalisierungspfad der KMUs.
2. Die Umsätze in spezifischen Regionen hängen ab von den organisationellen Charakteristika respektive der Rechtsform der Unternehmung.
3. Der Umsatzanteil in Regionen mit einer "Corporate Orientierung" ist für Unternehmen höher, die eine Kapitalgesellschaftsform angenommen haben.
4. Der Umsatzanteil in Regionen mit "unternehmerischer Orientierung" ist für Unternehmen höher, die als "Personengesellschaft" geführt werden.
5. Der Anteil von Umsätzen in Regionen mit (gering) entwickelten IT-Märkten ist höher für Personengesellschaften (Kapitalgesellschaften) wegen einer niedrigeren (höheren) Risikoaversion.

Herauszuheben ist an dieser Arbeit, dass sie unterschiedlichste Governancekonzepte aus Rechtswissenschaft, Finanzierungstheorie und der Ökonomie mit Internationalisierungsstrategien verbindet. Sie hebt insbesondere hervor, inwieweit die vorgängige Wahl einer Rechtsform die Wahl von geografischen Räumen für Internationalisierungsaktivitäten beeinflusst. Anders formuliert: die gewählte Rechtsform soll - über die erwähnte Grundorientierung - sozusagen den Internationalisierungspfad geografisch vorkonturieren. In dichotomischer Betrachtung führen unbürokratisch organisierte Unternehmen (Personengesellschaften) ihre Internationalisierungsaktivitäten am liebsten in "unbürokratischen" (unternehmerisch orientierten) geografischen Wirtschaftsräumen durch. Für die "bürokratisch orientierten" (Kapitalgesellschaften) gilt die Orientierung analog.

So interessant der Ansatz auch ist, es stellt sich auch hier die Frage, ob über den Korrelationszusammenhang tatsächlich kausale Wirkungsketten existieren, die auch nachgewiesen werden könnten.

5. Einordnung der Ergebnisse

Die schon eingangs des Aufsatzes gestellte Frage nach dem Einfluss der Rechtsform auf Internationalisierung lässt sich nach Antwortmöglichkeiten wie in Abbildung 1 aufspalten. Ausgangspunkt sind die Ziele eines KMU, die mit Wachstum und Ähnlichem zu tun haben können. Diese Ziele haben Einfluss auf die Rechtsformwahl. Die Rechtsformwahl kann entweder vor Gründung der Unternehmung erfolgen, d.h. bei Wahl einer Personengesellschaft erfolgt die Gründungsentscheidung in diesem Sinne sozusagen implizit, oder sie kann auch im Laufe der wirtschaftlichen Entwicklung des Unternehmens durch Rechtsformänderung angepasst werden. Ziele, insbesondere Wachstumsziele, wirken direkt auf Internationalisierung. Dies folgt schon allein daraus, dass bei Abschluss des Wachstums im Heimatmarkt weiteres Wachstum nur international erreichbar ist.

Abbildung 1: Mögliche Zusammenhänge zwischen KMU(-Zielen), Rechtsform und Internationalisierung

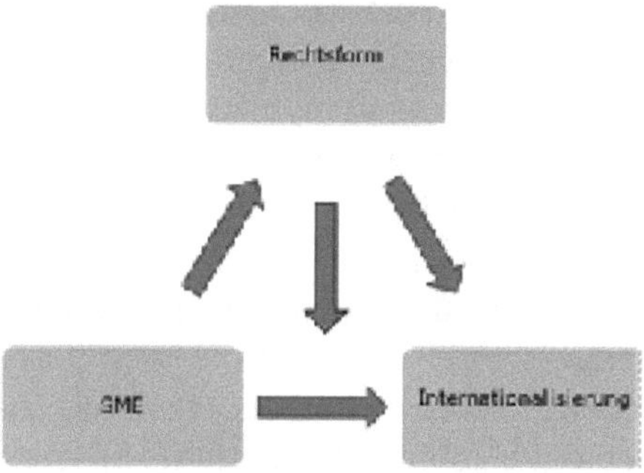

Quelle: Eigene Darstellung.

Für die Einflüsse der einmal gewählten Rechtsform auf die Internationalisierung ist zum einen denkbar, dass diese indirekt greift. Zu denken wäre hier an eine vorausschauende Wahl einer internationalisierungskompatiblen Rechtsform, welche üblicherweise eine Kapitalgesellschaft sein wird. Möglich ist auch ein moderierender Einfluss der Rechtsform auf die Internationalisierungsaktivitäten. Zu denken wäre hier etwa an die Ergebnisse der Studie von Majumdar/ Vora/ Nag respektive an die ersten Ergebnisse der Analyse von Eckardt. In diesen Fällen würde eine bestimmte Rechtsform vielleicht vorgängige Wachstumsüberlegungen des Unternehmens genauer konturieren. Die Ergebnisse von Majumdar/ Vora/ Nag bezüglich der Korrelation zwischen Rechtsform und bestimmten geografischen Räumen, die bestimmte Bürokratisierungstendenzen aufweisen, würden hierunter fallen. Und schließlich lässt sich auch denken, dass die Rechtsform auch direkt Auswirkungen auf die Internationalisierung hat, ohne dass ursprünglich andere KMU-Ziele dafür ursächlich wären. Allerdings bliebe dann fraglich, warum die Rechtsform denn - gegeben eine gewisse Voraussicht der Unternehmensgründer - ursprünglich gewählt wurde.

Oder, wie in der Ausgangsfrage formuliert: welche allgemeinen Probleme wirtschaftlicher Natur sollen mit der Rechtsformwahl gelöst bzw. zumindest entschärft werden? Die Wahl der passenden Rechtsform lässt sich als Instrument zur Eindämmung des Konfliktpotentials zwischen Kapitalgebern und kapitalnehmenden Investoren betrachten (s. dazu und zum folgenden ausführlich Schmidt, Reinhard H./ Terberger-Stoy, Eva 1997 und Milgrom, Paul/ Roberts, John 1992 mit weiteren Nachweisen): Hierbei geht es um Konfliktpotentiale zwischen alten und neuen Kapitaleignern und auch um Konflikte zwischen den Eignern und dem etwaigen Fremdmanagement. Eine Personengesellschaft lässt sich einfach dadurch charakterisieren, dass sie eine Einheit von Eigentum, persönlicher Haftung und Geschäftsführungsbefugnis aufweist. Dementsprechend kommt es zu einer gegenseitigen Kontrolle unter managenden Eigentümern, die als Gleichgestellte fungieren (Peer montoring). Daraus folgt: es gibt kaum Informations- und Anreizprobleme unter den Gesellschaftern, da Eigentümer und Manager identisch sind. Allerdings führt die asymmetrische Informationsverteilung zwischen Alteigentümern und etwaigen neuen Kapitalgebern vor Zustandekommen einer Finanzierungsbeziehung zu Problemen. Dies ist insbesondere für wachstumsorientierte Unternehmen als Hindernis zu sehen, weswegen solche Unternehmen die Kapitalgesellschaft als adäquate Rechtsform wählen.

Hier liegen als Grundcharakteristika vor: Trennung von Eigentum und Leitungsmacht sowie Beschränkung der Haftung und die Vorgabe von Ausschüttungssperrvorschriften, welche sich mit dem Gläubigerschutz rechtfertigen lassen. Die Wirkung dieser Restriktion ist die Ansprache eines großen Kreises anonymer Kapitalgeber (Schmidt, Reinhard H./ Terberger-Stoy, Eva 1997). Rechtsformspezifische Regelungen dienen dann dazu, die bei der Personengesellschaft inhärenten Informationsprobleme zwischen alten und neuen Eignern zu reduzieren. Geht man in der Nutzung der Rechtsform weiter, z.B. bei der Aktiengesellschaft, dann können weitere Informationsprobleme z.B. über die Börse reduziert werden, weil hier nur öffentlich zugängliche und keine Informationen von Insidern offiziell genutzt werden können. Die Verringerung der genannten Informationsprobleme hat extreme Anreizprobleme zwischen dem Management und den Eigentümern als Kehrseite, die auch durch asymmetrische Informationsverteilung gekennzeichnet sind. Wichtig aber für die neuen Kapitalgeber sind gerade Informationspflichten, denen sich Kapitalgesellschaften unterwerfen (Milgrom, Paul/ Roberts, John 1992). Hier sind z.B. Finanzierungsanforderungen sowie Publizitätspflichten (IFRS) zu nennen. Dabei ist zu erwähnen, dass diese Anforderungen indirekt mit der Rechtsformwahl zu tun haben, direkter aber Ausfluss einer Orientierung auf Börsennotierungen der agierenden Unternehmen sind.

Die schon erwähnte Trennung von Entscheidungsmanagement und Entscheidungskontrolle wurde auf komplexer werdende Entscheidungsabläufe zurückgeführt. Es wurde auch schon darauf hingewiesen, dass mit dieser Trennung von Eigentum und Leitungsmacht eine Beschränkung der Haftung (Risiko) verbunden ist. Unbestritten werden Abläufe der Entscheidungen durch Internationalisierung komplexer. In diesem Sinne bietet sich die Kapitalgesellschaft als allgemeine Lösung für Internationalisierungsaktivitäten in ihrer organisatorischen Umsetzung an. Anders herum begünstigt natürlich eine Kapitalgesellschaft Entscheidungssysteme, die die oben erwähnte Trennung zwischen Entscheidungsmanagement und Entscheidungskontrolle beinhalten. Dementsprechend begünstigen sie auch Internationalisierungen. Wichtig ist hier, wenn man die Wahl der Rechtsform als Signal nach außen auch für Stakeholder interpretiert, dass eine Kapitalgesellschaft sozusagen für Wachstum, Größe und Seriosität steht. Die Unterwerfung von Kapitalgesellschaften unter bestimmte Publizitätspflichten, so etwa zum Teil auch ohne rechtliche Verpflichtungen Berichterstattungen nach IFRS und Ähnliches durchzuführen, lässt sich als positives Signal für Seriosität eines Unternehmens auffassen. Wer sich freiwillig hohen Informationsverpflichtungen gegenüber Dritten unterwirft, der signalisiert, dass er nichts zu verbergen hat. Diese teuer produzierten Signale können von Stakeholdern als positive Absatzbewegung guter Unternehmen von Unternehmen gesehen werden, die diese Informationen nicht liefern.

Interessant ist dann auch die Bewertung dieser Signale. Im Verkehr zwischen Privaten scheint im Inland die private Haftung sehr wichtig zu sein (s. dazu Shleifer, Andrei/ Vishny, Robert 1997 für Belege). Im internationalen Wirtschaftsverkehr deutet Einiges darauf hin, dass das Signal der Rechtsform „Kapitalgesellschaft“ als Seriositätssignal wichtiger ist als das Haftungssignal. Wahrscheinlich liegt das daran, dass das Zweite durch uninformierte Geschäftspartner im Ausland schlechter einzuschätzen ist als das Erste.

6. Zusammenhang: Rechtsformwahl, Standortwahl und Internationalisierung

In Tabelle 1 wird deutlich, dass die überwiegende Mehrzahl aller im Internationalisierungsgeschäft agierenden deutschen Unternehmen in der Rechtsform der Kapitalgesellschaft laufen. Die große Mehrheit der Unternehmen ist als GmbH organisiert.

Tabelle 1: Rechtsformverteilung international tätiger deutscher Unternehmen

Gesellschaftsform	Anzahl Unternehmen	Anteil der Rechtsform
AG	1214	2,28%
BGB	47	0,09%
eG	126	0,24%
Einzelfirma	332	0,62%
eV	11	0,02%
Freiberufler	4	0,01%
GmbH	41797	78,51%
GmbH & Co. KG	8980	16,87%
GmbH & Co. KGaA	13	0,02%
KG	191	0,36%
OHG	85	0,16%
Sonstige Gewerbebetreibende	437	0,82%

Quelle: Dafne (2014)

Es ist zurückzukehren zu unserer Frage, welche allgemeinen Probleme denn mit der Rechtsformwahl gelöst respektive entschärft werden. Als Antwort lässt sich vorsichtig formulieren: Die Rechtsformwahl dient wohl hauptsächlich der Sicherstellung einer Wachstumsfinanzierung, weil nur die Kapitalgesellschaft Probleme zwischen alten und neuen Eigenkapitalgebern lösen kann. Die Folgefrage, welche internationalisierungsspezifischen Probleme denn mit der Rechtsformwahl gelöst werden, ist zweifelsfrei nicht zu beantworten. Die bisherigen Ausführungen sollen aber als Antwort nahelegen, dass wohl keine speziell internationalisierungsspezifischen Probleme gelöst werden können. Es bleibt zu vermuten, dass Internationalisierung ein Unterfall der Wachstumsfinanzierung ist, die diese sozusagen geografisch konturiert. Zentral für Wachstum und Internationalisierung ist dementsprechend insbesondere die Herstellung vergleichbarer Informationen (IFRS vs. HGB etc.). Die Rechtsformwahl lässt sich hier als Teil einer solchen allgemeinen Wachstumsorientierung deuten.

7. Fragen und Ausblick

Eckardt (2014, S. 22 f.) stellt eine "robust empirical relationship between limited liability legal form and SMEs' Internationalisation" fest. Wie schon erwähnt, handelt es sich bei dieser empirischen Beziehung wahrscheinlich um eine indirekte, vermittelte. Aus den bisherigen Überlegungen wird der Schluss gezogen, dass Internationalisierung wohl eher ein spezielles Wachstumsproblem darstellt. Für die Wahl der Gesellschafts- oder Rechtsform spielen dementsprechend allgemeine wirtschaftliche Themen die wichtigste Rolle.

Zu nennen ist - in Übereinstimmung mit dem Framework von Fama und Jensen - die mit der Entkoppelung von Entscheidungsmanagement und Entscheidungskontrolle verbundene Neuregelung der Haftungsübernahme. Dementsprechend spielt die Firmenpolitik bei der Wahl der Rechtsform, die natürlich dann auch Internationalisierungsaktivitäten einschließen, im Hinblick auf eine Einheitlichkeit eines Markenauftritts sowie auf die Akzeptanz am Markt, eine wichtige Rolle. Es wurde betont, dass die Signale von teureren "Rechtsformen" in Märkten positiv wirken.

Schließlich geht es auch um Themen wie Vertretungsbefugnisse. So gibt es Rechtsformen z.B. in Russland, bei denen der Generaldirektor nicht weisungsgebunden ist. Dementsprechend ist hier die Frage, ob es sich anbietet, trotzdem eine entsprechende Gesellschaftsgründung vorzunehmen oder ob ausgleichend sonstige (arbeits-)vertragliche Regelungen mit dem dann dort installierten Generaldirektor zu treffen sind, die die Rechtsformprobleme aushebeln.

Es wurde auch erwähnt, dass es zu einer Dialektik der Signale kommt: während im Verkehr zwischen Privaten die private Haftung im Vordergrund steht, scheint im internationalen Wirtschaftsverkehr das Signal der Rechtsform Kapitalgesellschaft, mit den Wachstumsoptionen, die diese beinhaltet, wichtiger zu sein. Die Rechtsformwahl lässt sich dann charakterisieren als eine Lösung für die vorhandenen Probleme zwischen den Agenten, wie sie Fama und Jensen ausgearbeitet haben.

Literaturverzeichnis

Dafne (2014): German Financial Company Information and Business Intelligence. Bureau Van Dijk Electronic Publishing GmbH. https://dafne.bvdep.com. Search Criteria: Classification of German Exporters by Legal Form.

Eckardt, Martina (2014): Legal Form and Internationalization of Small and Medium-Sized Enterprises in the EU, *Andrássy Working Papers*, Working Paper No.31, Budapest 2014, http://ssrn.com/abstract=2445834

Fama, Eugene F./ Jensen, Michael C. (1983 a): Separation of Ownership and Control, in: Journal of Law and Economics, Vol. 26, S. 301-325.

Fama, Eugene F./ Jensen, Michael C. (1983 b): Agency Problems and Residual Claims, in: Journal of Law and Economics, Vol. 26, S. 327-349.

Maiterth, Ralf/ Sureth, Caren (2006): Unternehmensfinanzierung, Unternehmensrechtsform und Besteuerung, Diskussionsbeitrag Nr. 15 Arbeitskreis Quantitative Steuerlehre Januar 2006.

Majumdar, Sumit K./ Vora, Davina/Nag, Ashok K. (2012): Legal Form of the Firm and Overseas Market Choice in India's Software and IT Industry, in: Asia Pacific Journal of Management, 29. Jg., H. 3, S. 659-687.

Milgrom, Paul/ Roberts, John (1992): Economics, Organization and Management, Prentice Hall, New Jersey.

Schmidt, Reinhard H./ Terberger-Stoy, Eva (1997): Grundzüge der Investitions- und Finanzierungstheorie, Gablerverlag, Wiesbaden.

Shleifer, Andrei/ Vishny, Robert (1997): A survey of corporate governance. The Journal of Finance, Vol.52, H.2, S. 737–783.

3.
Konsequenzen für einen funktionsfähigen Wettbewerb im Gesellschaftsrecht

The End of Regulatory Competition in European Company Law?

Jun.-Prof. Dr. Lars Hornuf, Universität Trier, Julia Lindner, Ludwig-Maximilians-Universität München

1. Introduction

In regulatory competition, private or public lawmakers create new or change existing legal rules because other private or public lawmakers exert competitive pressure on them. Such competition can come from active private lawmakers, nation-states, regions, communities or even supranational organizations such as the European Union (EU). Furthermore, regulatory competition can arise in different ways. In Tiebout's (1965) original model, local lawmakers compete to attract legal entities by offering a specific package of goods in return for their tax paying. The competitive process is triggered in this framework by legal entities moving 'to the community whose local government best satisfies [their] set of preferences' (Tiebout 1965: 418). Applied to regulatory competition in company law, firms may choose a 'bundle' of laws by physically moving from one jurisdiction to another. Among other aspects, such a bundle may consist of a certain tax law, company law, labor law and bankruptcy law. Traditionally, regulators have engaged in this form of regulatory competition by attracting corporate headquarters or investments in production sites, to collect tax revenues or foster employment.

Regulatory competition can also evolve through a second form – namely, by 'unbundling' the legal rules subject to the competitive process (Heine/Kerber 2002; Behrens 2009; O'Hara/Ribstein 2009).[1] For example, a firm may decide to locate its company headquarters in Germany, adopt

1 The welfare implications of regulatory competition in the form of unbundling have been subject to a long-standing academic debate. Some scholars argue that regulatory competition leads to the implementation of optimal legal rules (race to the top); see Winter (1977), Fischel (1982) and Romano (1987). Others claim that regulatory competition results in the deterioration of legal rules, which leads to the lowest standards of protection to relevant stakeholders (race to the bottom); see Cary (1974) and Bebchuk/Hamdani (2002). Sinn (1997, 2003) concludes that regulatory competition does not result in an efficient equilibrium, if government regulation is

the company law of England and Wales, finance projects with bond indentures under the law of the Cayman Island and settle disputes in front of a Swiss court under the laws of Hong Kong. In this way, choice of law is independent of the company's headquarters and allows it to cherry-pick the rules most suitable for its business needs (Schön 2005: 337; Eidenmüller 2011: 739). Lawmakers who engage in this form of regulatory competition can specialize in a specific legal product and do not need to offer a bundle of laws to their consumers. In what follows, we focus on this second form of regulatory competition.

Whether regulatory competition in the form of unbundling is possible in a given jurisdiction depends on the applicable conflict-of-law rules (Eidenmüller 2004: 6). In principle, national legislators have two options for dealing with foreign companies; they can apply either the *real seat theory* (*siège réel*)[2] or the *incorporation theory*[3]. In times of the Treaty of Rome (1957), the real seat theory was the dominant conflict-of-law rule in the EU and made free choice of law in the form of unbundling impossible.[4] However, corporate mobility has been essential to establish the internal market, which constitutes one of the core objectives of the EU. Therefore, the European Court of Justice (ECJ) in a series of decisions had to interpret Art. 49, 54 TFEU (formerly Art. 43, 48 EC Treaty, and, before

valuable in the first place (e.g., to overcome a market failure), and becomes subject to competition on a higher regulatory level.

2 According to the real seat theory, the applicable company law is determined by the location of the company's head office. The place of the head office is often considered the location of the 'company's central place of administration', the 'principal place of business', the 'main centre of operations', or the 'actual domicile.' To illustrate this doctrine, assume that a limited liability company established under Swiss law moves its real seat to another jurisdiction, for example, Germany. Following the real seat doctrine, the company must be dissolved and newly established under the law of the second jurisdiction (the host Member State). Germany, France, Austria and Belgium still follow this theory with respect to companies from outside the EU.

3 According to the incorporation theory, the applicable company law is determined by the place of incorporation, i.e. the company's statutory seat. For example, the United Kingdom, Ireland, the Netherlands and Denmark follow this theory with respect to companies from any country.

4 The real seat theory was initially introduced to avoid losing firms to foreign jurisdictions, such as island jurisdictions or the Netherlands, see Charny (1991: 428); McCahery/Vermeulen (2005: 792). At the time of the Treaty of Rome, the Netherlands had abandoned the real seat theory in favor of the incorporation theory.

that, Art. 52, 58 EEC) with regard to cross-border mobility of European companies and largely abolished the real seat theory in the EU.[5]

Starting with *Daily Mail* (1988) and temporarily ending with *VALE* (2012), the current state of case law regarding cross-border company mobility in the EU can be summarized as follows: Regarding the immigration of foreign companies (inbound cases), the ECJ stated in its famous *Centrostrias*[6] that firms correctly registered under the law of a Member State (the so-called *home Member State*) had the right to transfer their company's *de facto* head office to another Member State (the so-called *host Member State*)[7]; this could be achieved without dissolving the original company. In other words, the original legal entity did not need to be liquidated in the home Member State before it could be reestablished as a new legal entity with a registered office in the host Member State. As a consequence of this case law, the host Member State must recognize the legal capacity of a company as such, which means that the foreign company does not need to meet the requirements for incorporation in the host Member State (e.g., minimum capital requirements).[8] Therefore, company founders can adopt a company law of their liking independent of their company's real seat, which allows for choice of law in the form of unbundling and, at the same time, paves the way for this form of regulatory competition. It is important to note though that the host Member State must apply the incorporation theory only with respect to foreign companies from other EU Member States, not with respect to companies from outside the EU.[9]

---

5 The ECJ rulings also apply to the Member States of the European Economic Area.

6 Decisions on the cases *Centros* (see Decision of 9 March in case C-212/97, *Centros Ltd.,* (1999) ECR I-1459), *Überseering* (see Decision of 5 November 2002 in case C-208/00, *Überseering BV*, (2002) ECR I-9919, para. 62) and *Inspire Art* (see Decision of 30 September 2003 in case C-167/01, *Inspire Art Ltd.,* (2003) ECR I-10155).

7 See *Table 1* top-left-hand corner.

8 See *Table 1* bottom-left-hand corner.

9 See e.g. the Bundesgerichtshof (German Federal Court of Justice), judgment of 5 March 2003, published e.g. in 56 NJW (2003, 1461); Servatius, in: Henssler/Strohn (eds.) (2014, recital 18); Moersdorf (2012: 1).

Table 1. Current State of European Case Law with Regard to Cross-Border Mobility of Companies

Outbound Cases	**transfer of the head office**	**transfer of the registered office**
	Daily Mail (1998)	
	Cartesio (2008)	Cartesio (2008 – *obiter dictum*)
	National Grid Indus (2011)	
Home Member State	Power to determine the right to transfer while maintaining the original legal personality	Not allowed to reject this possibility (at least if there is the possibility for national companies)
Inbound Cases	**transfer of the head office**	**transfer of the registered office**
	Centros (1999)	SEVIC (2005)
	Überseering (2002)	VALE (2012)
	Inspire Art (2003)	
Host Member State	Duty to recognize the foreign legal capacity as such (apply incorporation theory)	Duty to treat equally with own national companies (principle of nondiscrimination)

Furthermore, the Member State in which the company was founded still has the power to set requirements to prevent the emigration of firms under its national law (outbound case).[10] Since *Cartesio* (2008 – *obiter dictum*) and certainly since *VALE* (2012), already-existing companies can relocate by moving their statutory seat to another jurisdiction.[11] Although the transfer of the registered office necessarily leads to a conversion of the former company into a company governed by the law of another Member State, the former legal entity does not need to be dissolved. In general, legal scholars agree that such a transfer is now possible if the host Member State's national law allows the transfer for a national company.[12] *Ta-*

10 See decisions on the cases *Daily Mail* (Decision of 27 September 1988 in case C-81/87, *Daily Mail and General Trust plc,* (1988)), *Cartesio* (Decision of 16 December 2008 in case C-210/06, *Cartesio* (2008) ECR I – 9614) and *National Grid Indus* (Decision of 29 December 2011 in case C 371/10, *National Grid Indus* ECR I – 12273): According to these cases, the home Member State can require not only the registered office but also the head office of a legal entity under its national law to be located on its territory; otherwise, the company must be dissolved. The former § 4 a II of the German Law on Limited Liability Companies, which also required the head office of a German limited liability company to be located in Germany, serves as an example in this regard.

11 See *Table 1* right-hand column.

12 The ECJ *obiter dictum* stated in *Cartesio* that the home Member State is not allowed to prohibit the transfer of a company's registered office because, in such a

ble 1 summarizes the current stand of case law regarding both inbound and outbound cases.

The remainder of this article is structured as follows: Section 2 provides an overview of legal arbitrage and regulatory competition among the EU Member States (horizontal regulatory competition). Section 3 moves the analysis to legal arbitrage and regulatory competition between the Member States and the supranational EU (vertical regulatory competition). Section 4 discusses two potential motives for lawmakers to engage in regulatory competition, which are distinct from the pressure stemming from legal arbitrage. Section 5 concludes.

2. *Horizontal Regulatory Competition*

2.1. *Legal Arbitrage*

A necessary precondition for regulatory competition is the existence of 'legal arbitrage'.[13] Fleischer (2010: 229) describes this activity 'as a perfectly legal planning technique used to avoid taxes, accounting rules, securities disclosure, and other regulatory costs.' Legal entities engage in legal arbitrage by exploiting the gap between the substance of an economic transaction and the legal treatment of the very same transaction in different jurisdictions. Although legal arbitrage is a necessary precondition for regulatory competition, it is not a sufficient condition at the same time. Klöhn (2012: 290) rightly notes that the legislator also must have sufficient incentives to modify regulation based on the preferences of the con-

case, the corporation becomes subject to the national law of the host Member State, usurping the power of the home Member State (the same applies if a corporation is dissolved and newly established in another Member State). Regarding the right of the host Member State, the ECJ in the cases *SEVIC* (Decision of 13 December 2005 in case C 411/03, *SEVIC Systems AG* (2005) ECR I – 10805), pertaining to a cross-border merger, and *VALE* (Decision of 12 July 2012 in case C – 378/10, *VALE* (2012)), pertaining to a cross-border conversion, stated that if the host Member State allows its national companies to merge or convert, it must grant a foreign company the same right. Whether this also applies to cases in which the transfer of the registered office is not combined with the relocation of the statutory seat is highly disputed; see Moersdorf (2012: 638).

13 Fleischer (2010) also uses the terms 'regulatory gamesmanship' and 'regulatory arbitrage'.

sumers of the law. If the legislator is not aware of any possibility or is not allowed to change national regulation because of legal harmonization at the EU level, regulatory competition will not occur, despite legal entities engaging in legal arbitrage.

In company law, legal arbitrage often takes place when firms initially choose or later change their statutory seat. In the United States (US), large firms have traditionally migrated to Delaware. In one of the first empirical studies on regulatory competition, Romano (1985: 244) found that of 653 firms changing their state of incorporation, 82 percent chose Delaware as their new statutory seat. In 2013, 65 percent of the *Fortune* 500 companies and 83 percent of all new US initial public offerings incorporated in Delaware (Bullock 2013). Romano (1993: 32) argues that the reasons for these reincorporations are twofold. First, firms minimize the legal cost of doing business by engaging in legal arbitrage. Second, firms also seek legal certainty and, thus, a state that retains its corporate law code.

Bebchuk and Hamdani (2002) provide evidence that firms that are not incorporated in Delaware are subject to a significant home-state bias. Although the majority of states are not successful in attracting companies from out of state, they succeed in retaining a large fraction of their companies at home. A good example is California, which attracts merely 0.2 percent of out-of-state firms but retains 22 percent of the local firms in state (Bebchuk/Cohen 2003). Analyzing more than 64,000 limited liability companies, Dammann and Schündeln (2012: 742) evidence that these companies are originally formed in the state in which their principal place of business is located but reincorporate if they grow beyond 1,000 or more employees. Furthermore, they find that companies most frequently migrate from states with low levels of minority shareholder protection, from home-states that offer low-quality courts and from states in which investors perceive a high risk of corporate veil piercing.

Unlike in the US, where firms have traditionally been allowed to reincorporate in any state, entrepreneurs from many EU Member States have been able to choose the company law of their liking, independent of their real seat, only since the landmark rulings of the ECJ in 1999, 2002 and 2003. Since then, legal arbitrage has mostly taken place through choice of law by entrepreneurs making an initial incorporation decision. As a consequence, the number of foreign companies incorporating in England had risen from 4,400 companies annually pre-*Centros* to more than 28,000 companies in the early post-*Centros* period (Becht et al., 2008). Becht et al. (2008) identify the direct and indirect costs of incorporation as the main drivers of legal arbitrage. According to their definition, direct costs are associated with the setup costs occurring at the time of registration (e.g., notary and certification costs, speed of incorporation), while indirect costs largely arise from the legal capital that firms must put up at incorporation, which may result in opportunity costs or additional financial constraints to the company.

From 2006 onward, however, the popularity of the English limited liability company steadily declined. While at the height of the legal arbitrage activities in Europe every fifth private limited liability company in Germany had used English company law, the figure dropped to slightly above 1 percent in 2011 (Ringe 2013: 250). This decline was partly due to the need for entrepreneurs to engage in round-trip incorporation—that is, setting up a shell company in England and then branching back to their respective home jurisdictions, to reap the benefits of English company law. In a field experiment, Becht et al. (2009) show that branching was costly and impractical in many European jurisdictions. Although incorporation agents reduced incorporation costs by standardizing the procedural steps, the hurdles of document translation and certification remained significant.

In the years following the *Centros* ruling, many entrepreneurs might have acted myopically, comparing only the minimum capital requirements as well as the setup costs and speed of establishing a firm across different jurisdictions. After incorporating, they then soon realized the higher costs of running an English limited liability company. The additional operating costs of running a company in a foreign jurisdiction can result from language barriers, certification and translation costs, costs for legal advice and double accounting obligations for the main company and the branch (Ringe 2013: 262). Moreover, the enforcement of reporting obligations in England is much stricter than in other European jurisdictions, and noncompliance can result in severe civil penalties, which for many foreign entrepreneurs might come as a surprise. As a result, of the 48,103 companies with head offices in Germany that incorporated in England between 2004 and 2011, 72 percent were dissolved or in default by February 2012 (Ringe 2013: 248).

Nevertheless, differences in the substance of the law as well as uniform or similar languages across various jurisdictions still leave scope for legal arbitrage on the regional level. For example, the minimum capital requirement in Austria was initially reduced to EUR 10,000 but then raised to EUR 35,000 on March 1, 2014. Language barriers between Austrians and Germans are almost nonexistent. Austrian entrepreneurs could thus benefit from the lower minimum capital requirement of the German Unternehmergesellschaft (haftungsbeschränkt), which is available since November 1, 2008. However, according to the Austrian company register, only 37 Austrian firms have made use of this German company form so far, which casts doubt on whether regulatory competition will soon emerge even on the regional level.[14]

2.2. Regulatory Competition

By taking down the barriers to cross-border company mobility, the ECJ might have not only triggered legal arbitrage but also facilitated regulatory competition among the EU Member States. In what follows, we explore whether the aforementioned legal arbitrage activities forced legislators to reform their national company laws.

Since the ECJ's *Centros* decision in 1999, at least 10 major company law reforms have been implemented in nine EU Member States. *Table 2* provides a brief summary of the changes made to facilitate the incorporation of private limited liability companies. The evidence shows that most legislators reduced the minimum capital requirement (see the reforms in France 2003, Hungary 2007, France 2008, Germany 2008, Poland 2008, Denmark 2010, Sweden 2010 and the Netherlands 2012). Numerous lawmakers even waived the minimum capital requirement to EUR 0 or EUR 1. Moreover, the reduction of the minimum capital requirement was in some cases accompanied by the introduction of a new company form (France 2008 and Germany 2008). Furthermore, lawmakers reduced the costs of setting up a company by waiving the notary requirement (Hungary 2007) or by allowing for electronic company registrations or document filings (France 2003, UK 2006 and Hungary 2007). Almost all reforms increased the speed of incorporation. As previous research has identified these factors as the main drivers of legal arbitrage (Becht et al. 2008), these company law reforms might be considered evidence that legislators reacted to the competitive pressure exerted by the English Limited.

14 We searched for the terms 'UG (haftungsbeschränkt)' and 'Unternehmergesellschaft' at http://www.firmenbuch.at (last accessed on December 27, 2015).

Table 2. Company Law Reforms in Europe Facilitating Private Limited Liability Company Incorporations

Country	**Effective Date**	**New Start-up Company Type**	**Reduction of Minimum Capital**	**Content of Reforms**
Spain	2 June 2003	Yes	No	• New company type *Sociedad Limitada Nueva Empresa* (SLNE) (special form of the traditional *Sociedad de Responsalbilidad Limitada* (SL/SRL) • Registration within 48 hours after filing
France	5 August 2003	No	Yes	• Minimum capital of the *Société à Responsabilité Limitée* (SARL) reduced from EUR 7,500 to EUR 1 • Electronic filing of incorporation documents • Registration within 24 hours after filing • Formalities of incorporation reduced (even applications for registration via the Internet became possible)
UK	2006 (implementation) different effective dates	No	No	• Electronic fillings with the Registrar of Companies • Extension of the reach of the English system of director's disqualification to cover directors disqualified abroad • Introduction of a ban on sole 'corporate directors' under English law
Hungary	1 September 2007	No	Yes	• Minimum capital reduced from HUF 3,000,000 to HUF 500,000 • Electronic filing of incorporation documents • Registration within 15 days or two days, if standard articles of incorporations are used • Formalities of incorporation reduced (no notary required but a lawyer)
France	4 August 2008	Yes	Yes	• New company type *Société par Actions Simplifée* (SAS) (legal form between *Société à Responsabilité Limitée* (SARL) and *Société Anonyme* (SA) • Minimum capital waived from EUR 37,000 to EUR 0

Germany	1 November 2008	Yes	Yes	• New company type *Unternehmergesellschaft (haftungsbeschränkt)* (integrated into the existing GmbH statute) • Minimum capital reduced from EUR 25,000 to EUR 1 • No need to consult a public notary to obtain model articles of association for standard setups
Poland	8 January 2009	No	Yes	• Minimum capital reduced from PLN 50,000 to PLN 5,000
Denmark	1 March 2010	No	Yes	• Minimum capital reduced from DKK 125,000 to DKK 80,000 • Modernization and simplification of the overall regulation • Time for notification of formation reduced from eight weeks to two weeks from the date of execution
Sweden	1 April 2010	No	Yes	• Minimum capital reduced from SEK 100,000 to SEK 50,000
Netherlands	1 October 2012	No	Yes	• Minimum capital waived from EUR 18,000 to EUR 0 • More options in articles of associations to depart from the provisions of law, such as voting rights, board member appointment and shareholder resolution • Incorporation procedure within a couple of days (entire procedure one to two days)

Source: Partly adapted from Braun et al. (2013), Ringe (2013); www.doingbusiness.org.

A straightforward way to investigate whether lawmakers modified the national company law because domestic firms were engaging in legal arbitrage is to analyze the justifications of the new rules. Germany was one of the jurisdictions that experienced the largest drain of private limited liability companies and might have felt the strongest competitive pressure. When the *Gesetz zur Modernisierung des GmbH-Rechts und zur Bekämpfung von Missbräuchen* (MoMiG – Law for the Modernization of the Private Limited Companies Act and to Combat its Abuse) was passed in 2008, the German Ministry of Justice (Bundesministerium der Justiz 2008) justified the reform in a press release, as follows:

> 'A core objective of the reform of the limited liability company is the easing and acceleration of the establishment of companies. The competitive disadvantage of the GmbH with regard to foreign company law forms like the English Limited have to be considered in this respect, because many Member States of the European Union have lower set up costs and minimum capital requirements.'
> ('Ein Kernanliegen der GmbH-Novelle ist die Erleichterung und Beschleunigung von Unternehmensgründungen. Hier werde häufig ein Wettbewerbsnachteil der GmbH gegenüber ausländischen Rechtsformen wie der englischen Limited gesehen, weil in vielen Mitgliedstaaten der Europäischen Union geringere Anforderungen an die Gründungsformalien und die Aufbringung des Mindeststammkapitals gestellt werden.')

According to the press release, the core objective of the MoMiG reform was to improve the attractiveness of the German private limited company in relation to the English Limited. The same holds for the French company law reform, which likewise sought to make the French limited liability company more attractive and competitive (Mortier 2008: 2233; Ringe 2013: 240). It can therefore be argued that the emergence of legal arbitrage provided sufficient incentives for legislators to render their company law more competitive in order to avoid losing the consumers of the national company law. Lawmakers thus engaged in what has come to be known as *defensive regulatory competition* (Klöhn 2012: 300; Ringe 2013: 244).

Nevertheless, Ringe (2013) questions whether these law reforms were successful as a measure to defend national company laws. His analysis reveals that the decline of the English Limited in Germany cannot be attributed to the reform of the MoMiG but began years before the company law reform was enacted. Apparently, not only did entrepreneurs engaging in legal arbitrage misjudge the potential value of a foreign company, but legislators also overestimated the impact of their company law reforms. In support of this, Hungary, which in 2007 had reduced the minimum capital from HUF 3,000,000 to HUF 500,000, increased the minimum capital requirement back to HUF 3,000,000 in March 2014.[15] One might therefore conclude that European legislators initially overreacted in their legislative undertakings and that the pressure from legal arbitrage was not as high as the numerous company law reforms suggest. Braun et al. (2013) argue,

15 See http://www.gtai.de/GTAI/Navigation/DE/Trade/Recht-Zoll/wirtschafts-und-steuerrecht,did=994914.html (last accessed December 27, 2015).

however, that this overreaction was not without merit, as it encouraged entrepreneurship more generally.

Until recently, there was little evidence that legislators have tried to attract foreign law consumers from other EU Member States by engaging in *offensive regulatory competition* (Klöhn 2012: 293). A small step in this direction was taken as part of the MoMiG reform. By abolishing the requirement for German companies to have head offices or places of business in Germany, § 4 a GmbHG now allows a German limited liability company (UG or GmbH) to have its head office abroad. This change allowed foreign entrepreneurs to reap the benefits of German company law, without having their principal place of business in Germany. Use of the German private limited liability company abroad has been limited so far though.

Lawmakers might not engage intensely in offensive regulatory competition because they only have limited scope with regard to the legal products they can offer. In many fields, company law directives bring about a minimum harmonization of common standards. For example, the annual and consolidated accounts of companies with limited liability have been standardized.[16] Moreover, the Directive on Capital Maintenance requires that national legislators establish a minimum capital requirement of at least EUR 25,000 for public limited liability companies.[17]

3. *Vertical Regulatory Competition*

3.1. *Legal Arbitrage*

When on October 8, 2004, Council Regulation (EC) No 2157/2001 on the Statute for a European Company (*Societas Europaea*, SE) became effective, the first supranational company form appeared on the stage of the legal world. As a result, legal arbitrage in company law was extended from

16 See Directive 2013/34/EU of the European Parliament and of the Council of 26 June 2013 on the annual financial statements, consolidated financial statements and related reports of certain types of undertakings amending Directive 2006 /43/EC of the Parliament and of the Council and repealing Council Directives 78/660/EEC and 83/349/EEC.

17 See Art 6 (1) of Directive 2012/30 EU of the European Parliament and of the Council of 25 October 2012, which replaces Second Council Directive 77/91/EEC of 13 December 1976.

the horizontal level to the vertical level for the first time. Although the SE Regulation fails to provide a complete company law statute and refers many material matters to national company law codes, it still leaves scope for legal arbitrage, making the SE slightly more attractive than some of its national contestants. Consequently, 2,563 SEs have been established as of October 15, 2015 (see Figure 1).

Figure 1. SE Incorporations from 2004 to 2015 e

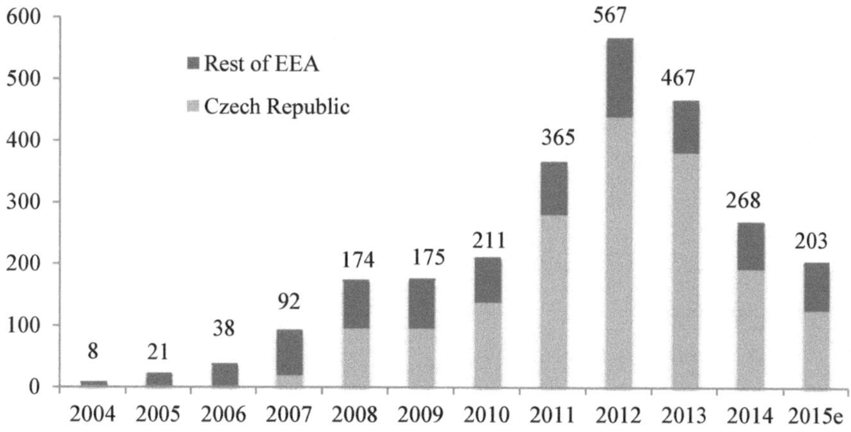

Source: www.worker-participation.eu; 2015 estimate based on authors' own calculations.

In an early study on legal arbitrage regarding the SE, Hornuf (2012: 50) gathered a hand-collected data set on SE incorporations. The evidence showed that the new legal form was initially most frequently used in Germany. Moreover, many firms had adopted the SE to moderate the effect of mandatory codetermination or to establish a one-tier board structure if that was not feasible under the respective national public company law (Eidenmüller et al. 2009; Eidenmüller et al. 2012). Even today, SEs are formed more frequently in jurisdictions that have some form of mandatory codetermination at the board level (see *Table 3*). Finally, another reason for choosing the SE was the advantage of its cross-border mobility, which later became obsolete because of the implementation of Directive 2005/56/EC on cross-border mergers of limited liability companies (Eidenmüller et al. 2009) as well as the ECJ rulings in *Cartesio* (2008 – *obiter dictum*) and *VALE* (2012).

Table 3. SE Incorporations in Countries with and without Codetermination as of October 15, 2015

Country Codetermination	**SEs**		**Country No codetermination**	**SEs**
Austria	22		Belgium	14
Czech Republic	1,743		Bulgaria	1
Denmark	3		Cyprus	16
Finland	1		Estonia	6
Germany	381		France	39
Hungary	5		Greece	0
Luxembourg	29		Ireland	14
Netherlands	41		Iceland	0
Norway	5		Italy	2
Rumania	0		Latvia	5
Slovakia	111		Liechtenstein	9
Slovenia	0		Lithuania	2
Sweden	10		Malta	7
			Poland	4
			Portugal	1
			Spain	6
			United Kingdom	84
Average	**181**			**12**
Without Czech Republic	**51**			

Source: www.worker-participation.eu.

Today, most SEs are established in the Czech Republic. Eidenmüller and Lasák (2012) convincingly argue that the reason for this is the advantages the SE provides to Czech entrepreneurs with regard to legal arbitrage. Users of the SE can save on board compensation when choosing the supranational legal form rather than the national public limited liability company. While Czech company law only permits the two-tier board structure, the SE Regulation allows for the one-tier board structure as well. Moreover, the SE Regulation does not mandate any minimum board size, while under Czech company law the management body of a public limited liability company must consist of at least three members (except if the company has only one shareholder). In a survey conducted by Eidenmüller and Lasák (2012), more than four of five Czech SE founders argued that the simplification of the board structure was the main reason to set up an SE. Many SE users, however, have also claimed that the image of the SE was a major motive to adopt this legal form (Eidenmüller/Lasák 2012: 242; European Commission 2012: recital 4.5).

If the supranational law of the SE was indeed superior to national company law codes, one would expect firm value to increase the moment the market learns about the prospective adoption of the new company law.

After all, this might signal to entrepreneurs engaging in legal arbitrage that adopting the SE is welfare enhancing. However, whether incorporating under European law has a positive effect on firm value is a question that remains unanswered. If anything, the SE seems to have a positive impact on firm value, though research has not yet found this effect to be statistically significant (Eidenmüller et al. 2010; Lamp 2011).

3.2. Regulatory Competition

The EU pursued two major goals when introducing the SE. First, the European legislator wanted to establish a supranational legal form to realize the freedom of establishment of Art. 49, 54 TFEU. Second, the European legislator might have aimed to enrich regulatory competition by adding a vertical dimension (Schön 2005: 361; Klöhn 2012: 283).

For regulatory competition to take place on a vertical dimension, the supranational legal form must offer some exclusive features distinct from national company laws. As mentioned previously, the SE does not provide a real alternative to the national public company law, because it always has a national legal form as its basis.[18] Except for some specific features regulated by the SE Regulation, the national Member State's law applies. This explains why there is not one supranational legal form but 28 different SEs. With regard to the features of the SE not specifically covered by the SE Regulation, an improvement in the domestic company law will not provide a competitive advantage to national legislators. National company law reforms that aim to upgrade the public limited liability company will likewise improve the SE. This limits the incentives of national lawmaker to engage in regulatory competition.

Nevertheless, the SE Regulation provides some exclusive features vis-à-vis national public limited companies. For example, entrepreneurs can exploit the SE to establish a one-tier board structure, which might not be feasible under the domestic company law regime.[19] In addition, the SE requires that management and employees negotiate the terms of worker rep-

18 See opening clause, Art. 9 (1) (1) (c) SE Regulation.

19 Under the two-tier board structure, the board is composed of members of the supervisory board and members of the management board, whereas under a one-tier board structure, the board is made up of one administrative organ, see Art. 43 (1) (1) SE Regulation.

resentation. Although innovative arrangements can be agreed on, employees can also insist on preserving the level of board representation that existed before SE incorporation. Note that even if board-level representation remains untouched, the SE is not subject to size thresholds with regard to enhanced codetermination on the national level.[20] National Member States' legislators may thus improve their company law to equal the supranational law in the fields in which the SE leaves scope for legal arbitrage. However, beyond these specific features of the SE, incentives to improve the national company law are rather limited. Here again, national legislators might only engage in defensive regulatory competition.

Apart from the SE features that provide opportunities for legal arbitrage, in some respects the SE causes additional costs to users. The most prominent example is the minimum capital requirement of EUR 120,000.[21] In this regard, national legislators might indeed improve their company law by reducing the minimum capital requirement for the public limited liability company and thus decrease the opportunity costs of using the national company law form.[22] Moreover, national company law forms might have an advantage over the SE, precisely because they do not require negotiations for worker representation. This is particularly relevant for affiliated firms of corporate groups, which tend to employ only high-level management officials. However, abolishing compulsory negotiations for worker representation does not allow for regulatory competition, as these negotiations are generally absent in national company law.

Conversely, the EU itself might want to engage in regulatory competition by improving its supranational legal form. Thus, innovations may come from a reform of the SE Regulation itself. The original SE Regulation contained a revision clause that required the European Commission to evaluate the original SE Regulation five years after its implementation and to propose amendments when appropriate. According to the Action Plan drafted in response to the revision clause, the European Commission (2012) stated that '*the expected benefits of a revision, in terms of simplification and improvement* [...] *would not outweigh the potential challenges*

---

20 Council Directive 2001/86/EC supplementing the SE with regard to employee involvement.

21 See Art. 4 (2) SE Regulation.

22 As mentioned previously, according to Art. 6 (1) of Directive 2012/30 EU, the minimum capital of a public limited company should not be less than EUR 25,000.

[…], *the Commission does not plan to revise them in short term.'* In 2008, the European Commission made another attempt to engage in regulatory competition proposing a European private limited liability company (*Societas Privata Europaea*, SPE). The proposal faced fierce opposition by national legislators and has so far not been approved by the Council of the European Union. Thus, neither the EU nor national regulators seem eager to engage in vertical regulatory competition in the near future.

4. Other Incentives for Lawmakers to Engage in Regulatory Competition

4.1. Charter Fees

As a necessary precondition for regulatory competition, legal arbitrage activities are almost absent in the EU. The question therefore is whether national legislators have other incentives to engage in regulatory competition.

One of the main objectives for US lawmakers to engage in regulatory competition and to create new company law rules is the ability to raise charter fees (Kieninger 2002: 177). In 2013, Delaware collected 24 percent of its total tax revenues through business entity taxes and fees as well as Delaware Uniform Commercial Code fees (Bullock 2013). In Europe, however, the collection of charter fees is generally prohibited, and as a consequence, direct financial incentives to engage in regulatory competition are almost nonexistent.[23] An exception to this rule is the small state Liechtenstein, which can collect charter fees within the European Economic Area (EEA) (Kieninger 2002: 186; Klöhn, 2012: 292). Because Liechtenstein is a member of the EEA agreement, which generally excludes council directives regarding harmonization measures of direct or indirect taxes, the issuance of charter fees is legally possible.[24] Liechtenstein charges a one-off incorporation fee as well as an annual 'special capital duty' in the amount of 1/1000 of the net assets (minimum CHF 1,000) for 'domiciliary companies'. Domiciliary companies have their registered office in Liechtenstein, though their head offices are located in another

23 See Art. 5, 7 Council Directive 2008/7/EC of 12 February 2008 regarding indirect taxes on the raising of capital, which replaces Art. 2 I, 4, 10 lit. a) Second Council Directive 69/335/EEC of 17 July 1969.

24 See Art. 40 and annex of the agreement on the EEA.

EEA Member State. However, it seems that there is not enough demand for Liechtenstein's company law to put any competitive pressure on the EU Member States.

4.2. Legal Service Exports

Legal scholars have repeatedly argued that lawmakers have an incentive to engage in regulatory competition to promote the domestic legal services industry (Eidenmüller 2011: 713; Gabor 2013, 97; Ringe 2013, 244). After all, lawyers, tax advisers and accountants contribute to the gross domestic product (GDP) of a country and pay taxes. Whether national legislators consider these service activities attractive enough to engage in regulatory competition is questionable though.

For legal services to be worth promoting, not only must they contribute to the GDP, but legal services also must create more value than any other activity that could be pursued instead. Whether national legislators should promote activities other than those of incorporation agents is a matter beyond the scope of this article. However, many economic activities can create more economic value – for example, one might only think of the entrepreneurial initiatives in the US Silicon Valley, which in some cases have a much broader impact on the overall economy. National legislator could thus easily conclude that it is better to promote such entrepreneurial initiatives rather than the domestic legal industry.

Moreover, in general, the promotion of product or service exports might not be advisable from a macroeconomic perspective, because an active trade balance comes along with capital outflows (Sinn 2005: 179). Unlike in the US, legal service providers in Europe may not operate under the same currency as their consumers. Consider, for example, a Spanish entrepreneur who wants to incorporate an English limited liability company with the help of an English incorporation agent. It is important to note that the monetary base in England does not change as a result of such activity. Because the Spanish entrepreneur must pay the incorporation agent in British pounds, the Bank of England must exchange euros for British pounds. If the Bank of England does not want to hold non-interest-bearing euros, it might change the euros back into Spanish debt securities. While these debt securities again might pay an interest to the Bank of England, they might in principle also default. It is thus unclear whether England benefits from the export of its legal services and whether the export of legal services provides an incentive to engage in regulatory competition.[25]

5. Conclusion

In this article, we analyze which route regulatory competition in Europe might take in the future. With regard to horizontal regulatory competition, we found that legal arbitrage had initially taken place but has recently come to an end. This development may be because entrepreneurs were initially myopic with regard to the merits of legal arbitrage and underestimated the costs of running a company under foreign law. Unlike in the US, enthusiasm for legal arbitrage was dampened in Europe because of language barriers and double accounting obligations, which make such activities costly endeavors. Moreover, after company law reforms had lowered the minimum capital requirement in the home jurisdiction, entrepreneurs no longer needed to switch to foreign company laws.

Horizontal regulatory competition, which is triggered by legal arbitrage activities and the pressure stemming from company law reforms of other legislators, has run its course in the EU. Although language barriers with regard to English company law were initially too high, Portuguese or Polish company laws do not seem to be serious contestants. Therefore, legal arbitrage no longer forces national legislators to restrain domestic companies from reincorporation. On the regional level, on which the transaction costs of using a foreign company law might be lower because of uniform or similar languages, not much legal arbitrage has taken place so far, and regulators also do not engage in active regulatory competition. Vertical regulatory competition is not on the agenda of national legislators, as the SE Regulation is largely based on national company laws. In addition, direct and indirect financial incentives are absent in the EU; thus, the necessary preconditions for regulatory competition are missing in Europe. Without a doubt, company law reforms will take place in the future. However, such regulatory changes may no longer be attributed to legal arbitrage and the competitive pressure exerted by foreign legislators. Lawmakers might still compete for the sake of reputation of national company

25 Within the Economic and Monetary Union legal service exports might likewise result in undesirable imbalances of the TARGET2 accounts (Sinn 2012).

laws, which could eventually lead to 'regulatory competition' in the form of yardstick competition.

In summary, this article set out to provide an overview of legal arbitrage and regulatory competition in Europe. The goal was not to analyze any normative implication of legal arbitrage or regulatory competition. However, if regulatory competition leads to a race to the bottom, the European legislator does not have much to worry about right now. In contrast, if regulatory competition in company law is welfare enhancing, the European legislator might currently give away some regulatory opportunities.

References

Bebchuk, Lucian/Cohen, Alma (2003): Firms' Decisions Where To Incorporate, in: Journal of Law and Economics, Vol. 46, pp. 383-425.

Bebchuk, Lucian/Hamdani, Assaf (2002): Optimal Defaults for Corporate Law Evolution, in: Northwestern University Law Review, Vol.96, pp. 489-519.

Becht, Marco/Enriques, Luca/Edit Korom, Veronika (2009): Centros and the Cost of Branching, in: Journal of Corporate Law Studies, Vol. 9, pp. 171-199.

Becht, Marco/Mayer, Colin/Wagner, Hannes (2008): Where Do Firms Incorporate? Deregulation and the Cost of Entry, in: Journal of Corporate Finance, Vol. 14, pp. 241-256.

Behrens, Peter (2009): Economic Law Between Harmonization and Competition: The Law & Economics Approach, in: Messen, Karl /Bungenberg, Marc/Puttler, Adelheid (eds.): Economic Law as an Economic Good, Munich: Sellier, pp. 45-60.

Braun, Reiner/ Eidenmüller, Horst/ Engert, Andreas/ Hornuf, Lars (2009): Does Charter Competition Foster Entrepreneurship? A Difference-in-Difference Approach to European Company Law Reforms in: Journal of Common Market Studies, Vol. 51, pp. 399-415.

Bullock, Jeffrey (2013): Delaware Division of Corporations, 2013 Annual Report, http://corp.delaware.gov/Corporations_2013%20Annual%20Report.pdf (last accessed December 27, 2015).

Bundesministerium der Justiz (2008): Das neue GmbH-Recht, press release from October 30, 2008, Berlin.

Cary, William (1974): Federalism and Corporate Law: Reflections upon Delaware, in: Yale Law Journal, Vol. 83, pp. 663-705.

Charny, David (1991): Competition among Jurisdictions in Formulating Corporate Law Rules: An American Perspective on the 'Race to the Bottom' in the European Communities, in: Harvard International Law Journal, Vol. 32,pp. 423-456.

Dammann, Jens/Schündeln, Matthias (2012): Where Are Limited Liability Companies Formed? An Empirical Analysis, in: Journal of Law and Economics, Vol. 55, pp. 741-791.

Eidenmüller, Horst (2004): Ausländische Kapitalgesellschaften im Deutschen Recht, München: C.H. Beck.

Eidenmüller, Horst (2011): The Transnational Law Market, Regulatory Competition, and Transnational Corporations, in: Indiana Journal of Global Studies, Vol. 18, pp. 707-749.

Eidenmüller, Horst/Engert, Andreas/Hornuf, Lars (2009): Incorporating Under European Law: The Societas Europaea as a Vehicle for Legal Arbitrage, in: European Business Organization Law Review, Vol. 10, pp. 1-33.

Eidenmüller, Horst/Engert, Andreas/Hornuf, Lars (2010): How Does the Market React to the Societas Europaea? in: European Business Organization Law Review, Vol. 11, pp. 35-50.

Eidenmüller, Horst/Hornuf, Lars/Reps, Markus (2012): Contracting Employee Involvement: An Analysis of Bargaining over Employee Involvement Rules for a *Societas Europae*, in: Journal of Corporate Law Studies, Vol. 12, pp. 201-235.

Eidenmüller, Horst/Lasák, Jan (2012): The Czech Societas Europaea Puzzle, in: Journal of Corporate Law Studies, Vol. 12, pp. 237-254.

European Commission (2012): Action Plan: European Company Law and Corporate Governance – A Modern Legal Framework for More Engaged Shareholders and Sustainable Companies, 12. December 2012, available at: http://eur-lex.europa.eu/legal-content/EN/ TXT/?uri=CELEX:52012DC0740

European Trade Union Institute (2014): Overview of the Current State of SE Foundations in Europe, available at: http://www.worker-participation.eu/European-Company-SE/Facts-Figures.

Fischel, Daniel (1982): The "Race to the Bottom" Revisited: Reflections on Recent Developments in Delaware's Corporation Law, in: Northwestern University Law Review, Vol. 76, pp. 913-945.

Fleischer, Victor (2010): Regulatory Arbitrage, in: Texas Law Review, Vol. 89, pp. 227-272.

Gabor, Barbara (2013): Regulatory Competition in the Internal Market: Comparing Models for Corporate Law, Securities Law and Competition Law, Edward Elgar: Cheltenham.

Heine, Klaus/Kerber, Wolfgang (2002): European Corporate Laws, Regulatory Competition and Path Dependence, in: European Journal of Law & Economics, Vol. 13, pp. 47-60.

Henssler, Martin/Strohn, Lutz (eds.) (2014): Gesellschaftsrecht, München: C.H. Beck.

Hornuf, Lars (2012): Regulatory Competition in European Corporate and Capital Market Law – An Empirical Analysis, Cambridge: Intersentia.

Kieninger, Eva Maria (2002): Wettbewerb der Rechtsordnungen im Europäischen Binnenmarkt, Tübingen: Mohr Siebeck.

Klöhn, Lars (2012): Supranationale Rechtsformen im Europäischen Gesellschaftsrecht, in: RabelsZ, Vol. 76, pp. 276-315.

Lamp, Felix (2011): Value Creation and Value Destruction in the Societas Europaea: Evidence from the New Legal Form, available at: http://ssrn.com/abstract=1728162.

McCahery, Joseph/Vermeulen, Erik (2005): Does the European Company Prevent the "Delaware Effect", in: European Law Journal, Vol. 11, pp. 785-801.

Moersdorf, Oliver (2012): The Legal Mobility of Companies Within the European Union Through Cross Border Transfer Conversion, in: Common Market Law Review, Vol. 49, pp. 629-670.

Mortier, Renaud (2008): La modernisation du droit des sociétés, in: Journal officiel de République Français no 0181, 12471, available at: www.modernisationeconomie.fr/.

O'Hara, Erin/Ribstein, Larry (2009): The Law Market, Oxford, Oxford University Press.

Ringe, Wolf-Georg (2013): Corporate Mobility in the European Union – A Flash in the Pan, in: European Company and Financial Law Review, Vol. 10, pp. 230-267.

Romano, Roberta (1985): Law as a Product: Some Pieces of the Incorporation Puzzle, in: Journal of Law, Economics and Organization, Vol. 1, pp. 225-283.

Romano, Roberta (1987): The State Competition Debate in Corporate Law, in: Cardozo Law Review, Vol. 8, pp. 709-757.

Romano, Roberta (1993): The Genius of American Corporate Law, Washington, DC: Publisher for the American Enterprise Institute.

Schön, Wolfgang (2005): Playing Different Games? Regulatory Competition in Tax and Company Law, Common Market Law Review, Vol. 42, pp. 331-365.

Sinn, Hans-Werner (1997): The Selection Principle and Market Failure in Systems Competition, in: Journal of Public Economics, Vol. 66, pp. 247–274.

Sinn, Hans-Werner (2003): The New Systems Competition, Oxford: Blackwell.

Sinn, Hans-Werner (2005): Die Basar-Ökonomie. Deutschland: Exportweltmeister oder Schlusslicht?, Berlin: Econ.

Sinn, Hans-Werner (2012): Die Target Falle: Gefahren für unser Geld und unsere Kinder, München, Carl Hanser Verlag.

Tiebout, Charles (1965): A Pure Theory of Local Expenditures, in: Journal of Political Economy, Vol. 64, pp. 416-424.

Winter, Ralph (1977): State Law, Shareholder Protection and the Theory of the Corporation, in: Journal of Legal Studies, Vol. 6, pp. 251-292.

Und es gibt ihn doch - den Wettbewerb im europäischen Gesellschaftsrecht: eine evolutionsökonomische Analyse unter besonderer Berücksichtigung der zentralen Rolle von Rechtsintermediären

Prof. Dr. Martina Eckardt, Andrássy Universität Budapest, Anja-Maria Lechner, Helmut-Schmidt-Universität Hamburg

1. Einleitung

Die umfangreiche wissenschaftliche Diskussion zu Existenz und Konsequenz eines Wettbewerbs der Gesellschaftsrechtsformen konzentriert sich geografisch primär auf die USA. Seit geraumer Zeit wird damit aber auch die Situation in der Europäischen Union (EU) verglichen. Bis vor kurzem war dabei die Ansicht vorherrschend, dass in den USA ein intensiver Wettbewerb zu Gunsten des vom Bundesstaat Delaware für öffentliche Kapitalgesellschaften angebotenen Gesellschaftsrechts existieren würde, den es so in der EU nicht gebe. Als Indikator dafür wird angeführt, dass der überwiegende Teil der amerikanischen Aktiengesellschaften in Delaware seinen Unternehmenssitz hat. Der Schwerpunkt der Diskussion richtet sich v.a. an der Frage aus, ob der Wettbewerb der Gesellschaftsrechtsordnungen zu einem *race to the top* oder zu einem *race to the bottom* führt (Kahan 2014, Romano 2014). Die in den Analysen vorrangig angewandte Wettbewerbskonzeption entspricht dabei dem Konzept des neoklassischen Wettbewerbs, der zu einem stabilen Gleichgewicht tendiert. In diesem allokationseffizienten Endstadium verwenden, so keine Marktversagensgründe wie etwa unvollkommene Information oder die endogene Erzeugung von Innovationen vorliegen, alle Unternehmen die gleiche Gesellschaftsrechtsform, da diese allen anderen Angeboten effizienzmäßig überlegen ist.

Vergleicht man nun die Situation in der EU mit den USA, so sind gravierende Unterschiede festzustellen. Trotz der garantierten Niederlassungsfreiheit für Unternehmen und der jüngeren Rechtsprechung des EuGH zu ihrer Umsetzung ist eine ähnliche Entwicklung wie in den USA mit einer Tendenz hin zu einer bestimmten Jurisdiktion, deren Angebot an

Gesellschaftsrecht alle anderen eventuell überlegen ist, nicht festzustellen (vgl. für die EU bspw. Merkt 1995, Armour 2005, Kirchner/ Painter/ Kaal 2005, Gelter 2008, Bratton/ McCahery/ Vermeulen 2009, Ringe 2013, Schäfer 2013, Hornuf/ Lindner 2016; die Diskussion für die USA zusammenfassend Kahan 2014; zudem für die der amerikanischen Sicht entgegenstehende kanadische Erfahrung Cummins/ MacInthosh 2000). Als Begründung, warum auch in Zukunft mit keiner dem US-amerikanischen Charterwettbewerb vergleichbaren Entwicklung in der EU zu rechnen ist, wird vorrangig auf den fehlenden Anreiz der EU-Mitgliedstaaten zu aktiven Gesellschaftsrechtsinnovationen hingewiesen. Da in der EU keine Franchise-Steuer auf Inkorporationen erlaubt sei, fehle die wesentliche Motivation auf der Anbieterseite, d.h. bei den einzelnen Mitgliedstaaten.

Es greift nun allerdings zu kurz, wenn man aufgrund dieses Befundes davon ausginge, dass die vorhandenen Gesellschaftsrechtsformen in der EU keinerlei Wettbewerbsdruck ausgesetzt seien. Die These dieses Beitrages lautet demgegenüber, dass diese Vorstellung der Komplexität des Geschehens nicht gerecht wird und auf einem verkürzten Verständnis der Rechtsevolution basiert. Die Evolution der Gesellschaftsrechtsformen kann als Kette kreativer Problemlösungen in einem kumulativen Variations-Selektions-Prozess konzeptionell erfasst werden. Verwendet man einen solchen evolutionsökonomischen Erklärungsansatz, dann wird deutlich, dass auch in der EU die Entwicklung des Gesellschaftsrechts durch vielfältige Variationsprozesse gekennzeichnet ist. Ferner kann gezeigt werden, dass Juristen als Rechtsintermediäre, die den Gesellschaftsrechtsformen nachfragenden Unternehmen vielfältige Informations- und Beratungsdienstleistungen erbringen, zentrale Agenten dieses Innovationsprozesses sind.

In der evolutionsökonomischen Vorstellung des Wettbewerbs lösen die Aktivtäten heterogener Akteure, die immer nur über begrenzte Information und Wissen, zugleich aber über Kreativität als Quelle neuen Wissens verfügen, Variationen innerhalb einer Population aus. Entsprechend der jeweiligen Selektionsumwelt und -mechanismen bestehen jedoch nie alle Varianten den „Existenztest". So konkurrieren etwa Unternehmen um die Kaufkraft der Konsumenten. Ist das Kaufinteresse der Nachfrager zu gering, wird das Angebot der betroffenen Güter und Dienstleistungen eingestellt. Am Markt besteht daher ein permanenter Anreiz, nach für die Konsumenten interessanten Problemlösungen zu suchen und entsprechend grundlegende Neuerungen oder Produktvarianten anzubieten. Unternehmen, die nicht oder nicht ausreichend schnell auf Änderungen der Nachfrage reagieren, laufen Gefahr zu scheitern und aus dem Markt austreten zu müssen. Das Marktergebnis ist nun nicht mehr – wie im neoklassischen Wettbewerb – durch ein stabiles Marktgleichgewicht gekennzeichnet, sondern durch Heterogenität und Veränderung. Aussagen über die Richtung dieses Wandels lassen sich treffen, wenn längerfristig stabile Rahmenbedingungen, die die Variations- und Selektionsmechanismen bestimmen und begrenzen, bekannt sind. Wesentlich hierfür sind die jeweiligen rechtlichen (allgemein: institutionellen) Restriktionen sowie die technischen und marktlichen Gegebenheiten, innerhalb derer Unternehmen agieren (Eckardt 2001).

Auf einer weiteren Analyseebene kann auch die Entstehung und Veränderung der rechtlichen Regelungen selbst im Rahmen eines solchen Variations-Selektions-Prozesses analysiert werden. Entsprechend ist hierzu zunächst festzuhalten, was die der Analyse zugrundeliegende Population an rechtlichen Regelungen (hier das Gesellschaftsrecht) ausmacht, sodann können die Akteure und Mechanismen, die zu ihrer Variation und Selektion beitragen, untersucht werden. Das Gesellschaftsrecht als „nexus for contracts" (Armour/ Hansmann/ Kraakman 2009, 6) stellt Regelungen zur Verfügung, die der Koordination und Konfliktlösung für die wesentlichen an einem Unternehmen beteiligten Akteure dienen. Zentrale Charakteristika moderner Unternehmen (im Folgenden synonym zu Gesellschaften verwendet) sind die ihnen verliehene juristische Persönlichkeit, begrenzte Haftung, Eigentum in Händen der Investoren, die Übertragbarkeit der Eigentumsanteile sowie die Möglichkeit, Führungsaufgaben an ein gesondertes Management zu delegieren (Armour/ Hansmann/ Kraakman 2009). Das Gesellschaftsrecht regelt nun nicht nur die Beziehungen der Eigentümer untereinander und mit dem Management, sondern stellt darüber hinaus weitere Konflikt- und Koordinationsregeln mit anderen Stakeholdern, insbesondere mit Gläubigern sowie mit den Beschäftigten, zur Verfügung.[1] Anbieter neuer Gesellschaftsrechtsformen sind in Analogie zum Markt Gesetzgeber (Regierungen/ Parlamente) sowie die Rechtsprechung, die durch die Gestaltung der einzelnen Komponenten des Gesellschaftsrechts Gesellschaftsrechts-Innovationen hervorbringen können. Ähnlich wie Konsumenten am Markt entscheiden Unternehmen über den relativen

---

1 Das Gesellschaftsrecht regelt nicht umfassend alle Beziehungen mit den Vertragspartnern von Unternehmen; Kaufrecht, Arbeitsrecht und Insolvenzrecht seien nur beispielhaft als weitere Rechtsfelder genannt, die Einfluss nehmen.

Erfolg der angebotenen Gesellschaftsrechtsformen, indem sie diese für ihre ökonomischen Aktivitäten auswählen oder eben nicht.

Ausgehend von den institutionellen Gegebenheiten in der Europäischen Union wird dieser Prozess der Variation und Selektion von Gesellschaftsrechtsformen im Folgenden in seinen Grundzügen dargestellt. Ein besonderes Augenmerk wird dabei auf den bedeutenden Beitrag der Rechtsintermediäre für den Rechtswandel gelegt, deren Rolle und Funktion in der bisherigen Literatur nur am Rande untersucht wird. Abschnitt 2 zeigt zunächst auf, inwiefern sich die Nachfrage nach neuen Gesellschaftsrechtsformen aus der Dynamik der ökonomischen Marktprozesse heraus ergibt. Abschnitt 3 diskutiert sodann die wesentlichen Akteure und Mechanismen in der EU, die neue Gesellschaftsrechtsformen hervorbringen und damit neue Varietät erzeugen, während Abschnitt 4 die wesentlichen Selektionsmechanismen erörtert, die das Ausmaß der Heterogenität begrenzen. Schließlich wird in Abschnitt 5 herausgearbeitet, welch zentralen Einfluss Juristen als Rechtsintermediäre auf die Evolution des Gesellschaftsrechts haben. Abschnitt 6 fasst die wesentlichen Ergebnisse zusammen und gibt einen Ausblick auf noch offene Forschungsfragen.

2. *Die wirtschaftliche Dynamik als Ursache für die Nachfrage nach der Variation von Gesellschaftsrechtsformen durch die Unternehmen*

Einzelne Jurisdiktionen stellen – i.a. gesetzlich kodifiziert – eine Reihe unterschiedlich gestalteter Gesellschaftsrechtsformen zur Verfügung, aus denen die Unternehmer die für ihre jeweiligen Zwecke am geeignetsten erscheinende Form auswählen können. Eine wesentliche Funktion rechtlicher Regelungen ist es, für Erwartungsstabilität der Akteure zu sorgen (Hayek 1973, Eckardt 2001, S. 95 f.). Um diese Aufgabe zu erfüllen, sind sie inhärent träge. Dies gilt auch für das Gesellschaftsrecht. Die Wahl einer Gesellschaftsrechtsform ist aus Sicht der Unternehmer nur einer unter mehreren Aktionsparameter, die über die Wettbewerbsfähigkeit des Unternehmens entscheiden. Die Entscheidung, welche Gesellschaftsrechtsform anzuwenden ist und ob Änderungen vorgenommen werden sollen, wird im Lebenszyklus eines Unternehmens nur bei speziellen Anlässen revidiert. Hierzu zählen zunächst die *Unternehmensneugründung* sowie *Restrukturierungen* im Laufe des weiteren Lebenszyklus, die unterschiedliche Ursachen haben können. So stellt sich die Frage etwa bei der *Akquise* zusätzlichen Eigenkapitals sowie in Folge eines erfolgreichen *Un-*

ternehmenswachstums, das etwa den Übergang von einer GmbH zu einer Aktiengesellschaft interessant werden lässt. Auch ein organisatorischer und rechtlicher *Zusammenschluss* mit anderen Unternehmen durch Akquise oder Fusion ist Anlass für erneute Entscheidungen zur unter diesen Umständen angemessenen Gesellschaftsrechtsform. Gleiches gilt, wenn über die *Aufspaltung* eines Unternehmens in mehrere unabhängige Einheiten entschieden wird. Während bei diesen Entscheidungen zunächst primär die vom jeweils nationalen Gesetzgeber angebotenen Gesellschaftsrechtsformen als Alternativen zur Wahl stehen, ändert sich dies, sobald Unternehmen international aktiv werden.

Eine *Internationalisierung* der wirtschaftlichen Aktivitäten wirft die Frage auf, ob die Aktivitäten auf dem ausländischen Markt durch eine unselbständige Zweigniederlassung, durch eine selbständige Tochtergesellschaft oder in Form einer grenzüberschreitenden Kooperation mit einem ausländischen Unternehmen stattfinden sollen. In Abhängigkeit von Standort und konkreter Aktivität rückt hier nun auch das Angebot an Gesellschaftsrechtsformen auf dem ausländischen Markt ins Blickfeld. Da zudem Internationalisierungsaktivitäten i.a. nicht einem stringenten Plan folgen, sondern häufig das Ergebnis erfolgreich wahrgenommener unternehmerischer Gewinnchancen auf verschiedenen ausländischen Märkten sind, kann dies im Zeitablauf zu einer Mehrzahl von Tochtergesellschaften in verschiedenen Ländern mit jeweils unterschiedlicher Gesellschaftsrechtsform führen. Um die damit verbundenen Kosten zu senken, kann sich daher im Lebenszyklus eines Unternehmens die Frage nach einer sinnvollen organisatorischen und unternehmensrechtlichen *Restrukturierung* stellen. Zu deren Aufgaben gehört dann eine wirksame Integration bislang auf unterschiedlichen ausländischen Märkten in unterschiedlichen Gesellschaftsrechtsformen bestehenden Niederlassungen und Beteiligungen.

Vom wirtschaftlichen System wird also vor dem Hintergrund eines permanenten Strukturwandels bei zunehmender Internationalisierung und damit einhergehender wirtschaftlicher Integration laufend Nachfrage nach für die jeweiligen Umstände geeigneten Gesellschaftsrechtsformen generiert. Um festzustellen, inwieweit diese Nachfrage auch zu einem entsprechenden Angebot an neuen Gesellschaftsrechtsformen führt, werden im folgenden Abschnitt die für die Hervorbringung von Varietät relevanten Rahmenbedingungen, Akteure und Mechanismen analysiert.

3. *Für das Gesellschaftsrecht relevante Variationsmechanismen in der EU*

Rechtswandel ist ein kumulativer Problemlösungsprozess. Er ergibt sich aus der Interdependenz von gesetzlicher und richterrechtlicher Rechtsfortbildung. Diese beiden Formen der Rechtsfortbildung lassen sich jeweils wiederum als kreative Variations-Selektions-Prozesse darstellen, die miteinander institutionell-hierarchisch verbunden sind. (Eckardt 2001, S. 183ff.). In der EU sind auf nationaler Ebene die Gesellschaftsrechtsformen weitetestgehend kodifiziert. Die Rechtsprechung ist primär mit der Auslegung der relevanten Gesetze befasst.

Im Folgenden werden drei verschiedene Variationsmechanismen unterschieden, die Einfluss auf das Angebot an Gesellschaftsrechtsformen nehmen, die Unternehmen in der EU zur Verfügung stehen.[2] Gemeinsam ist ihnen, dass die EU-Ebene mit ihren Rahmenbedingungen und Akteuren eine wesentliche, wenn auch jeweils andere Rolle spielt. Eine zentrale Voraussetzung für die Entstehung neuer gesellschaftsrechtlicher Varianten ist dabei die Rechtswahlfreiheit, deren Basis das europäische Primärrecht, insbesondere die nach Artikel 49 AEUV kodifizierte Niederlassungsfreiheit von Unternehmen in der EU, bildet. Allerdings war ihre Umsetzung durch die einander entgegenstehenden Prinzipien der Sitzland- und der Inkorporationstheorie lange gehemmt. Erst eine Reihe von Entscheidungen des EuGH in Folge seines Urteils zu *Centros* 1999 hat den Weg für eine umfassendere Wahlfreiheit zwischen den Gesellschaftsrechtsformen aus allen 28 EU-Mitgliedstaaten gelegt (EuGH-Urteil vom 9. März 1999 C-212/97). Ausgelöst durch die grenzüberschreitende Mobilität von einzelnen Unternehmen, deren Wahl bestimmter Gesellschaftsrechtsformen von nationalen Behörden nicht akzeptiert wurden, hat der EuGH als übergeordnetes Gericht seine Möglichkeiten der Auslegung der Niederlassungsfreiheit in den letzten Jahren genutzt und neue Handlungsspielräume eröffnet. Da es sich bei den EuGH-Entscheidungen immer um Einzelfallentscheidungen handelt, ist damit aber noch keine umfassende, EU-weit Rechtssicherheit gewährende Rechtsinterpretation entwickelt worden (Gelter 2015, Ringe 2013). Die auf konkrete Einzelfälle bezogene Rechtsprechung des EuGH hat inzwischen jedoch insofern Rechtssicherheit ge-

---

2 Für einen Überblick zu den Gesellschaftsrechtsaktivitäten der EU-Kommission vgl. Hopt (2015).

bracht, als dass nun für jedes Unternehmen offen steht, unter welcher der 28 EU-Gesellschaftsrechtsordnungen es sich mit einer dortigen einheimischen Gesellschaftsrechtsform inkorporieren lassen kann, selbst wenn es seine wirtschaftlichen Aktivitäten in (einem) anderen Mitgliedstaat(en) ausübt. Damit ist Rechtswahlfreiheit für neu gegründete Unternehmen gegeben. Unsicherheit besteht aber weiterhin bzgl. der Konditionen, unter denen ein bestehendes Unternehmen eine Jurisdiktion verlassen und sich in einer anderen Jurisdiktion in einer dortigen Gesellschaftsrechtsform niederlassen kann. Noch gibt es hier Unwägbarkeiten, inwieweit der Wechsel von einer nationalen Gesellschaftsrechtsform in eine andere eine Auflösung des Unternehmens in der bisherigen Gesellschaftsrechtsform erfordert und damit eine rechtliche Neugründung bedingt. Diese Rechtsunsicherheit wird auch in Zukunft eine Quelle weiterer Variation für die Evolution des Gesellschaftsrechts bilden.

Die im Folgenden kurz skizzierten Variationsmechanismen unterscheiden sich sowohl in den Auslösern, den Motiven, den bei der Generierung neuer Gesellschaftsrechtsformen einbezogenen Akteuren wie in ihrer Reichweite.

(1) Innovationen durch die nationalen Gesetzgeber

Die Interpretation der Rechtswahlfreiheit im Gesellschaftsrecht für Unternehmen in der EU durch den EuGH hat auf nationaler Ebene eine Kette von Gesetzesinnovationen nach sich gezogen. Diese sind zum einen eine Reaktion der nationalen Gesetzgeber auf den sich ergebenden horizontalen Wettbewerb zwischen den Gesellschaftsrechtsformen der EU-28. Als Beispiel sei hier die starke Nutzung der britischen Limited genannt, die sich u.a. bei deutschen Unternehmensneugründungen einer großen Beliebtheit erfreute (Eckardt 2012, Eckardt 2014). Die Einführung der Unternehmergesellschaft als einer bzgl. der Mindestkapitalanforderungen günstigen GmbH-Alternative im Jahr 2008 in Deutschland kann als eine durch diesen intensivierten horizontalen Wettbewerb ausgelöste Gesetzesinnovation gesehen werden (Bratton/ McCahery/ Vermeulen 2009, Gelter 2008, Gelter 2015, Schaper 2012; vgl. aber kritisch hierzu bzgl. gegenteiliger Entwicklungen in Österreich Ringe 2013). Zum anderen sind nationale gesetzliche Rechtsinnovationen auch eine Reaktion auf die sich durch die EuGH-Rechtsprechung abzeichnende übergeordnete Rechtsentwicklung. So wurde bei der Reform der deutschen GmbH der Konflikt, der sich aus dem Widerspruch zwischen der vom EuGH vertretenen Inkorporationstheorie und der bislang im deutschen Gesellschaftsrecht vorherrschenden Sitzlandtheorie ergibt, dadurch gelöst, dass im Gesetz kein Hinweis mehr auf die Jurisdiktion der Inkorporation zu finden ist.

Gesetzliche Rechtsinnovationen werden darüber hinaus auch als Lösungsversuche für durch die EuGH-Rechtsprechung erzeugte Probleme hervorgebracht. Dies zeigte sich etwa in erhöhten rechtlichen Anforderungen an die UK Limited, die der britische Gesetzgeber erließ, um bestimmte neue Handlungsspielräume wieder einzugrenzen, die durch die EuGH-Entscheidungen entstanden waren.

(2) Supranationale Gesetzgebung auf der EU-Ebene

Einen weiteren Variationsmechanismus, der das Angebot verfügbarer Gesellschaftsrechtsformen vergrößert, bilden die hierzu angestoßenen Gesetzgebungsaktivitäten auf der supranationalen EU-Ebene (Eckardt 2012, Eckardt/ Kerber 2014, Klöhn 2012, Röpke/ Heine 2005). Moderiert von der EU-Kommission, letztlich entschieden vom Europäischen Rat steht mit der Europäischen Aktiengesellschaft (SE) bereits eine supranationale Gesellschaftsrechtsform zusätzlich zu den nationalen zur Verfügung.[3] Hiermit sollen insbesondere Hemmnisse in der grenzüberschreitenden Zusammenarbeit gemildert werden, die von den unterschiedlichen nationalen Gesellschaftsrechtsordnungen herrühren. Allerdings zeigt sich bei der Analyse der bisherigen Gesetzgebungsprozesse, dass die Überwindung nationaler Regulierungsunterschiede durch eine Einigung im Rahmen der jeweils erforderlichen Mehrheiten im Europäischen Rat ebenfalls mit hohen Hürden verbunden ist. So dauerte es zum einen mehrere Jahrzehnte bis eine Einigung auf die SE erfolgte. Zum anderen enthält das Statut der SE eine Vielzahl von Verweisen auf Regelungen des jeweiligen nationalen Gesellschaftsrechts, unter dem eine SE inkorporiert ist, so dass von einer einheitlichen EU-weit geltenden Gesellschaftsrechtsform nicht gesprochen werden kann. Versuche, mit der SPE eine für international aktive kleine und mittlere Unternehmen attraktive und kostengünstige europäische Gesellschaftsrechtsform einzuführen, scheiterten quasi in der letzten Runde

3 Daneben existiert als supranationale Rechtsform seit 1985 die Europäische Wirtschaftliche Interessenvereinigung und seit 2003 die Europäische Genossenschaft, vgl. Eckardt (2013).

am Widerstand Deutschlands und Schwedens. Vertreter diese beiden Staaten befürchteten durch die SPE eine Aushöhlung weitergehender nationaler Mitbestimmungsrechte. Der im April 2014 gestartete Versuch, eine europäische Unternehmergesellschaft („Gesellschaft mit beschränkter Haftung mit einem einzigen Gesellschafter"/ Single-Member Private Limited Company, EU Kommission 2014, http://ec.europa.eu/justice/civil/company-law/eu-company-law/index_en.htm), die auf die Bedürfnisse von Start ups zugeschnitten ist, einzuführen, droht ein ähnliches Schicksal zu widerfahren. Zumindest zählen auch hier Bedenken bzgl. einer möglichen Aushöhlung der Mitbestimmungsrechte in Deutschland zu den zentralen Problemen für eine schnelle Verabschiedung dieser im Gesetzgebungsprozess befindlichen Gesellschaftsrechtsform.

Die supranationalen EU-Gesellschaftsrechtsformen ersetzen keine nationalen Gesellschaftsrechtsformen, sondern erweitern das Angebot, unter denen Unternehmen wählen können. Insofern findet keine Harmonisierung statt. Es ist auch fraglich, inwieweit hier von „vertikalem Regulierungswettbewerb" zu sprechen ist. Sollte sich herausstellen, dass die supranationalen Gesellschaftsrechtsformen aufgrund der freien Entscheidungen der Unternehmen die nationalen weitgehend verdrängen, könnte man argumentieren, dass die Kompetenz zur Festlegung von Gesellschaftsrechtsformen auch auf der supranationalen Ebene besser angesiedelt wäre. Bislang jedoch befinden sich die supranationalen Gesellschaftsrechtsrechtsformen tendenziell auf einer Ebene mit den nationalen Angeboten. Eine Entscheidung, Kompetenzen zur Gestaltung der Gesellschaftsrechtsform der nationalen Ebenen zu entziehen, steht nicht an.

Zudem ist nicht zu erwarten, dass auch eine massenhafte Nutzung supranationaler Gesellschaftsrechtsformen zu einer EU-weiten Vereinheitlichung führen würde. Dies liegt nach dem jetzigen Stand an zwei Faktoren. Wie bereits dargestellt, verweisen die supranationalen Gesellschaftsrechtsformen häufig auf nationale Regelungen des Gesellschaftsrechts. Entsprechend werden sich SEs in Deutschland von SEs in Polen oder Tschechien weiterhin unterscheiden. Zum anderen gibt es keinen einheitlichen gerichtlichen Instanzenzug für das europäische Gesellschaftsrecht. Bei Rechtsstreitigkeiten werden also die jeweils nationalen Gerichte zuständig sein. Es wird sich keine einheitliche Rechtsprechung unterhalb der Entscheidungen von Fällen, die letztlich dem EuGH vorgelegt werden, herausbilden. Entsprechend wird auch die für die konkrete Rechtsentwicklung relevante richterliche Rechtsfortbildung national unterschiedliche Wege nehmen. Die supranationalen Gesellschaftsrechtsformen bilden daher nur einen gemeinsamen gesetzlichen Ausgangspunkt, der zu einer Varietät an konkreter Umsetzung in den verschiedenen Mitgliedstaaten führen wird. Insofern erhöht sich dadurch die De facto-Verfügbarkeit an unterschiedlichen supranationalen Gesellschaftsrechtsformen.

(3) Aktivitäten der Kommission, die nationale Gesetzgebungsinnovationen in Gang setzen

Schließlich geht ein weiterer Variationsmechanismus, der Einfluss auf die nationalen Gesellschaftsrechtsformen nimmt, von der EU-Kommission und damit von der supranationalen Ebene aus. Motivation dazu sind Initiativen zur Förderung der wirtschaftlichen Integration und Wettbewerbsfähigkeit. Diese schlagen sich in Richtlinien und Mitteilungen nieder, welche ihrerseits von den nationalen Gesetzgebern in Form von Gesetzesänderungen (= gesetzliche Rechtsinnovation auf nationaler Ebene) umgesetzt werden müssen. Hierunter fallen einerseits alle Initiativen zu grenzüberschreitender Kooperation, die in Zusammenhang mit dem Unternehmens- und Gesellschaftsrecht stehen. Neben den eben bereits angeführten supranationalen Gesellschaftsrechtsformen, die die EU initiiert, betrifft dies alle weiteren Aktivitäten, die dem Abbau von Hindernissen in der Kooperation dienen. Hierunter fallen insbesondere Regelungen, die grenzüberschreitende Unternehmenszusammenschlüsse betreffen, aber auch Wirtschaftsprüfungs- und Rechnungslegungsstandards, die nach wie vor national sehr unterschiedlich geregelt sind.[4]

Darüberhinaus haben aber auch Initiativen zur Erhöhung der Wettbewerbsfähigkeit durch Förderung von Unternehmensgründungen sowie durch den Abbau von Bürokratie und Förderung der Internationalisierung insbesondere für kleine und mittlere Unternehmen Einfluss auf das nationale Gesellschaftsrecht. Bereits 1997 wurden von der Kommission Aktivitäten gestartet, um Start ups zu fördern. Mit der Lissabon-Strategie wurde dies ab 2000 verstetigt. In Form eines „Yardstick Competition“ werden seit einer Studie der Kommission aus dem Jahr 2002 zum Thema “Benchmarking the Administration of Business Start-ups" (EU Kommission

4 Entsprechende Initiativen werden inzwischen von der Generaldirektion Justiz und nicht mehr – wie noch bis 2014 – von der Generaldirektion Binnenmarkt wahrgenommen; vgl. http://ec.europa.eu/justice/civil/company-law/eu-company-law/index_en.htm.

2002) regelmäßig die direkten Kosten sowie die Zeitdauer, die in den Mitgliedstaaten für die Gründung von Unternehmen zu veranschlagen ist, vergleichend gegenübergestellt. Entsprechend werden Abhilfemaßnahmen gefordert. Als besonders wirksam hat sich die Einrichtung von sog. One-stop-Shops für die Unternehmensgründung herausgestellt. Dies hatte indirekt auch Rückwirkung auf die nationalen Gesellschaftsrechte. Die durch solches Benchmarking gesetzten Anreize können ebenfalls Reformen des nationalen Gesellschaftsrechts nach sich ziehen.

4. Selektionsmechanismen zur Begrenzung des Ausmaßes der Heterogenität

Analog zu den Variationsmechanismen, die den Anstoß zur Hervorbringung neuer Gesellschaftsrechtsformen bringen, lassen sich auch verschiedene Selektionsmechanismen unterscheiden, die das Ausmaß an Vielfalt der verfügbaren Gesellschaftsrechtsformen begrenzen.

Ein wesentlicher Selektionsmechanismus kann bereits in der *Imitation von als effektiv oder erfolgreich wahrgenommenen Gesellschaftsrechtsregelungen durch die nationalen Gesetzgeber* gesehen werden. Dabei kann sich dies auf die Übernahme von nationalen Regelungen aus anderen Gesellschaftsrechtsformen eines Mitgliedstaates oder auf die Imitation der Regelungen anderer EU-Mitgliedstaaten beziehen. Durch positive Selektion kommt es hier zu einem Diffusionsprozess spezifischer Gesellschaftsrechtsformen bzw. Regelungen (vgl. für Kanada Cumming/MacIntosh 2000). Allerdings ist die Übernahme von aus anderen Rechtsordnungen stammenden gesetzlichen Regelungen immer auch wieder eine neue Quelle von Unsicherheit über den Erfolg der jeweiligen Regelung. Erst im Lauf der Zeit stellt sich heraus, wie gut eine bestimmte Regelung in nationales Recht (im Sinne der gesamten Breite der Rechtsanwendung) eingepasst werden kann und ob hierzu nicht weitere Modifikationen notwendig werden.

Eine wesentliche Rolle als Selektionsmechanismus neuer rechtlicher Regelungen kommt zudem der *durch die Rechtsprechung herbeigeführten Rechtsangleichung* bei. Dies gilt zum einen für nationale Gerichte, die durch ihre Auslegung neuer Rechtsregeln, unabhängig davon, welcher Provenienz diese ursprünglich waren, zur Einpassung dieser Gesellschaftsrechtinnovationen in das nationale Gesellschaftsrechtssystem beitragen. Aber auch die Rechtsprechung des EuGH trägt wesentlich zu einer

Homogenisierung der Anwendung des Gesellschaftsrechts in der EU bei. Es ist kein Widerspruch hierzu, dass der EuGH gerade mit dieser Rechtsprechung auch immer wieder ein zentraler Mechanismus der Generierung von Varietät ist. Durch seine Rechtsauslegung reduziert er einerseits das Maß an Interpretationsspielräumen, andererseits schafft er gerade damit zugleich neue Varietät.

Ob die durch die verschiedenen Variationsmechanismen hervorgebrachten Innovationen im Gesellschaftsrecht erfolgreich sind, darüber entscheiden jedoch letztlich die *Unternehmen als Nachfrager mit der Wahl ihrer Unternehmensrechtsform.* Aus ihrer Sicht ist alleine relevant, ob die angebotenen Innovationen der Gesellschaftsrechtsform eine adäquate Antwort auf die für ihre wirtschaftlichen Aktivitäten zu lösenden Probleme bieten – relativ zu anderen bestehenden Gesellschaftsrechtsformen – oder nicht. In der Folge ist die relative Häufigkeit der Nutzung verschiedener Gesellschaftsrechtsformen ein indirekter Maßstab für den (Miss-)Erfolg einzelner konkreter Gesellschaftsrechtsformen (Becht/ Enriques/ Korom 2009, Cummin/ MacIntosh 2002, Damman/ Schündeln 2009, Häusermann 2011, Manesh 2011).

Da die Wahl einer Gesellschaftsrechtsform jedoch gerade im internationalen Kontext umfassendes Spezial- und Expertenwissen erfordert, verweist dies auf die Bedeutung, denen Rechtsintermediären hier zukommt. Mit zunehmender Internationalisierung auch kleiner und mittlerer Unternehmen ist mit einer stetigen Nachfrage nach für die jeweiligen ökonomischen Zwecke geeigneten Gesellschaftsrechtsformen zu rechnen. Je stärker der wirtschaftliche Integrationsprozess in der EU fortschreitet, umso mehr rücken neben den jeweils nationalen Gesellschaftsrechtsformen auch die Gesellschaftsrechtsformen anderer EU-Mitgliedstaaten in den Fokus. Wenn auch die letzte Entscheidung über die zu wählende Gesellschaftsrechtsform bei der Unternehmensleitung bleibt, so wird diese jedoch in der Regel durch juristisch spezialisierte Dritte (Rechtsintermediäre) vorbereitet. International agierende Rechtsanwaltskanzleien, die mit den Spezifika verschiedener nationaler Gesellschaftsrechtsordnungen vertraut sind, spielen hierbei eine wesentliche Rolle. Der folgende Abschnitt befasst sich daher grundsätzlich mit der Funktion von Rechtsintermediären bei der Evolution des Gesellschaftsrechts.

5. *Die Rolle von Rechtsintermediären bei der Evolution des Gesellschaftsrechts*

Die bisherigen Ausführungen haben einen detaillierten Einblick in die Komplexität und Dynamik der Evolution des Gesellschaftsrechts gegeben. Auch wenn Unternehmen bzgl. der Auswahl einer konkreten Gesellschaftsrechtsform aus dem vielfältigen Angebot letztlich die endgültige Entscheidung treffen, so spielen Juristen bei der Entscheidungsfindung und -umsetzung eine zentrale Rolle. Im Folgenden wird daher ein Überblick über die Rolle von Rechtsintermediären hierbei gegeben.[5]

(1) *Begriffsklärung: Rechtsintermediäre als Informations- und Transaktionsintermediäre*

Aus Sicht eines Unternehmens ist die Entscheidung für eine bestimmte Gesellschaftsrechtsform einer der Parameter, der über seinen Erfolg im wirtschaftlichen Wettbewerb mitentscheidet. Zu den zentralen Determinanten zählen die direkten mit einer bestimmten Gesellschaftsrechtsform verbundenen Kosten (z.B. Registrierungskosten, Mindestkapitalanforderungen etc.), die interne Gestaltungsfreiheit der Unternehmung in einer bestimmten Gesellschaftsrechtsform, die damit verbundenen Mitbestimmungsrechte der Arbeitnehmer, die Auswirkungen der Gesellschaftsrechtsform auf Steuer- und Bilanzierungsvorschriften, die Möglichkeiten und Kosten der Umwandlung des Unternehmens zu einem späten Zeitpunkt in eine andere Gesellschaftsrechtsform, die Konsequenzen für die Fremdkapitalaufnahme und für den Fall einer Insolvenz, die Reputation einer bestimmten Gesellschaftsrechtsform – sowohl im nationalen Markt wie auch auf internationalen Märkten. Schließlich ist die einschlägige Rechtsprechung zu bestimmten Gesellschaftsrechtsformen nicht zu vernachlässigen. Die Entscheidung für eine spezielle Gesellschaftsrechtsform erfordert daher juristisches Spezialwissen um die damit verbundenen Kosten und Gestaltungsmöglichkeiten. Grundsätzlich kann ein Unternehmen dieses Wissen auch durch eigene Informations- und Suchanstrengungen erwerben. Gegenüber hierauf spezialisierten Juristen ist dies jedoch nicht wirtschaftlich. Dies gilt umso mehr, wenn auch ausländische Gesell-

5 Einen der seltenen Hinweise auf die Rolle von Rechtsintermediären im Wettbewerb der Gesellschaftsrechtsordnungen findet sich bei Kahan (2014, S. 52 f.).

schaftsrechtsformen als Alternative in Frage kommen. Hier bieten sog. Rechtsintermediäre Spezialisierungsvorteile.

Im ökonomischen Sinn ist ein Intermediär ein „independent, profit-maximizing economic agent mediating between two market sides in presence of market imperfections” (Rose 1999, 51). Auf dem durch vielfältige Informationsunvollkommenheiten gekennzeichneten Markt für Gesellschaftsrechtsformen in der EU bieten unterschiedliche Intermediäre ihre Dienste an. Ihre Funktion liegt im „bridging of incompatibilities between the two (market) sides involved in a transaction by transformation of output attributes of the supply market side to appropriate input attributes of the demand market side“ (Rose 1999, 51). Sie bilden damit die Brücke zwischen den durch die Mitgliedstaaten der EU angebotenen Gesellschaftsrechtsformen und den nachfragenden Unternehmen.

Grundsätzlich lassen sich Handels- und Maklerintermediäre unterscheiden („Market-Maker“ vs. „Match-Maker“). Während erstere bei vielen ökonomischen Aktivitäten eine wichtige Rolle spielen, sind letztere dann von zentraler Bedeutung, wenn Märkte durch Informationsunvollkommenheiten gekennzeichnet sind – wie es auf dem Markt für Gesellschaftsrechtsformen der Fall ist (Rose 1999, 66-69, Spulber 1998). Maklerintermediäre sind nach Yavas (1992) Handelsintermediären in Märkten mit kostentreibenden Suchprozessen und heterogenen Produkten überlegen. Sie erleichtern “the exchange of goods and services by matching buyers and sellers without taking ownership on the goods traded. Broker intermediaries are compensated for their activities by a revenue-sharing commission either paid by the seller, by the buyer or split up between the two” (Rose 1999, 68).

Maklerintermediäre lassen sich weiter in Informations- und Transaktionsintermediäre unterteilen. Reine *Informationsintermediäre* stellen lediglich Informationen zur Verfügung. Sie sind an der Suche, Aufbereitung, Verarbeitung und Verbreitung der für eine Transaktion relevanten Informationen beteiligt. Darüber hinaus stellen sie keine weiteren Dienstleistungen für die jeweilige Transaktion zur Verfügung. Ihre Hauptfunktion liegt damit allein bei der Reduktion von Informationskosten. Demgegenüber sind *Transaktionsintermediäre* an weiteren Aktivitäten beteiligt. So erbringen sie neben der Informationssuche und -aufbereitung etwa Beratungsleistungen und Überwachungsfunktionen bei der Ausgestaltung und Änderung von Verträgen oder übernehmen mit der Transaktion zusammenhängende administrative Aufgaben (Franck 2006, 191, Morasch/ Bartholomae 2011, 337 f.). In der Regel sind längerfristige direkte persönliche

Kontakte zwischen Transaktionsintermediären und ihren Klienten typisch. Im Gegensatz zu Informationsintermediären, die ihre Leistungen häufig unpersönlich, d.h. durch andere Medien erbringen, ermöglicht dies, auf die spezifische Situation und Bedürfnisse ihrer Klienten zugeschnittenen Informations- und Beratungsleistungen. Im Allgemeinen erhalten Transaktionsintermediäre für ihre Dienstleistungen eine Gebühr bzw. ein Honorar.

Abbildung 1 stellt die verschiedenen Transaktionsstufen, die mit der Entscheidung für eine Gesellschaftsrechtform verbunden sind, im Lebenszyklus eines Unternehmens dar sowie den Beitrag, den Rechtsintermediäre auf den verschiedenen Stufen hierbei leisten. Sie erhöhen die Wertschöpfung durch Senkung von Transaktionskosten bzw. durch Erhöhung des Wertes einer Transaktion. Transaktionskostensenkung entsteht (1) durch Einsparung von Koordinationskosten und Nutzung positiver Netzwerkexternalitäten bei der Informationsbeschaffung, -verarbeitung und -verbreitung, aufgrund (2) von absoluten Kostenvorteilen, die sich aus der Arbeitsteilung und Spezialisierung sowie aus dynamischen Lerneffekten ergeben und (3) aus Kostendegression aufgrund der Nutzung von Größen- und Verbundvorteilen (Rose 1999, 58-66, Spulber 1998, 262-266).

Abbildung 1: Lebenszyklus von Unternehmen und Mitwirkung von Rechtsintermediären auf den verschiedenen Transaktionsstufen

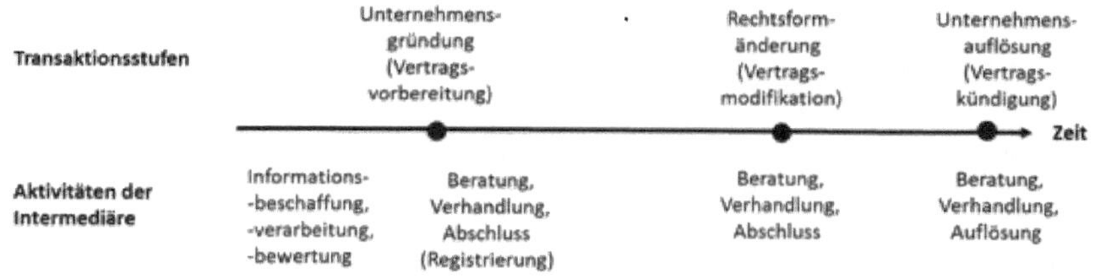

Quelle: Eigene Zusammenstellung.

Wendet man die bisherigen Ausführungen auf die Entscheidung von Unternehmen für bestimmte Gesellschaftsrechtsformen an, so lässt sich folgende Mikrostruktur des Marktes feststellen. Zwischen den Jurisdiktionen als korporativen Anbietern von Gesellschaftsrechtsformen und den Unternehmen als den letztendlichen Nachfragern agieren Informations- und Transaktionsintermediäre. Zur Gruppe der reinen *Informationsintermediäre* im Kontext des gesellschaftsrechtlichen Wettbewerbs zählen Banken, Industrie- und Handelskammern, Branchenverbände, staatliche Stellen wie z.B. das Bundesministerium für Wirtschaft und Energie, Internetportale und verschiedene Fachzeitschriften. Der Informationsintermediär bietet eine an die Allgemeinheit gerichtete Erörterung der Spezifika sowie der Vor- und Nachteile von Gesellschaftsrechtsformen. Meist werden die Informationen über Medien publiziert und damit ohne direkten Kontakt zu einem konkreten Klienten verbreitet. *Transaktionsintermediäre* bieten darüber hinausgehende, fallspezifische Dienstleistungen an. Hierzu zählen neben entsprechend spezialisierten Rechtsanwälten auch interne Rechtsabteilungen bei größeren Unternehmen, nationale und internationale Wirtschaftsprüfungs- und Steuerkanzleien sowie Unternehmensberatungen. Inhaltlich liegt der Schwerpunkt auf Rechtsberatung. In Deutschland strukturiert das Rechtsdienstleistungsgesetz den Anbietermarkt vor und setzt den Aktionsrahmen einzelner Akteure fest.

Abbildung 2: Transaktionskostenreduktion

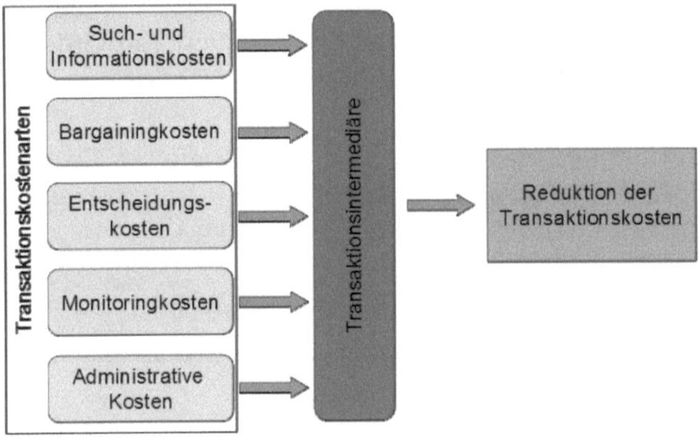

Quelle: Eigene Darstellung in Anlehnung an Benkenstein/ Henke (1993) und Picot (1993).

Unternehmen entscheiden selbst, welche Transaktionsarten sie durch spezialisierte Intermediäre ausführen lassen. Abbildung 2 veranschaulicht diese sowie die damit verbundenen Kostenarten.

Such- und Informationskosten umfassen die Aufwendungen bei der Suche und Aufbereitung der Informationen zu den Charakteristika einzelner Gesellschaftsrechtsformen. Dies erfordert i.d.R. juristische Spezialkenntnisse. Dies gilt umso mehr seit der Rechtsprechung des EuGH zur Rechtswahlfreiheit zwischen allen Gesellschaftsrechtsformen der EU-28. Hierin liegen die zentralen Kostenvorteile von Transaktionsintermediären, die die

Aufwendungen für die Informationssuche und -verarbeitung für eine Vielzahl von *Beratungen* nutzen können, während ein einzelnes Unternehmen im Lauf seines Lebens nur zu Beginn und dann ggfs. bei Restrukturierungsmaßnahmen mit diesen Fragen konfrontiert ist. Die sich ergebenden Kostendegressionen aus den Größen- und Verbundvorteilen machen die Aufwendungen für derartige Spezialisierungen ökonomisch vorteilhaft. Ist die grundsätzliche Entscheidung für eine bestimmte Gesellschaftsrechtsform getroffen, so entstehen weitere Kosten, sofern juristische Fachtexte für Behörden oder die interne Organisation erforderlich sind. Konkretisieren lassen sie sich etwa als Notars- und Anwaltskosten. *Entscheidungskosten* umfassen verstärkt Zeitinvestitionen bei komplexen Entscheidungen. *Monitoringkosten* können im weiteren Sinn als Überwachungs- und Durchsetzungskosten verstanden werden. Diese fallen an, wenn im Lebenslauf des Unternehmens Rechtsformänderungen überlegt werden, die in Zusammenhang mit Restrukturierungen, Erweiterungen und/oder internationalen Geschäftsaktivitäten stehen. Zu den *administrativen Kosten* zählen schließlich Kosten der Bilanzierung und Besteuerung sowie beispielsweise der Durchführung von Registrierungsmaßnahmen (Vgl. IHK24 o.J., S. 55).

Ist es Ziel eines Unternehmens, gesellschaftsrechtlich über die nationalen Grenzen hinweg aktiv zu werden, so sind weitere kostenwirksame Faktoren zu berücksichtigen, da nun Recht anderer Jurisdiktionen Anwendung findet (Krystek/ Zur 1997). In der Konsequenz bedeutet dies, dass die Akteure über Expertise im neuen Rechtsraum verfügen müssen. Wissen diesbezüglich muss in die Unternehmung integriert werden. Unabhängig von den fortgeschrittenen Kommunikationstechnologien sind insbesondere komplexe lokale Informationen oft schwer zugänglich. Rechtsintermediäre bieten Unternehmen eine Möglichkeit, dieses Wissens- und Kenntnisdefizit zu schließen.

(2) Die Rolle von Rechtsintermediären im ökonomischen Wettbewerb

Wie in Abschnitt 2 dargelegt wurde, ist der dynamische Wettbewerb im ökonomischen Bereich die wesentliche Feder, die die Nachfrage von Unternehmen nach geeigneten Gesellschaftsrechtsformen antreibt. Im Folgenden soll die Rolle der Rechtsintermediäre hierbei herausgearbeitet werden. Dazu bietet die ökonomische Evolutionstheorie, die wesentlich auf dynamischen Wettbewerbskonzeptionen basiert, einen geeigneten Rahmen. Zu ihr zählen das von Kirzner prominent vertretene Konzept des *Arbitragewettbewerbs*, die von Hayek geprägte Konzeption des *Wettbewerbs als Entdeckungsverfahren* sowie die Schumpetersche Konzeption des Wettbewerbs als eines *Innovations-Imitations-Prozesses* (Kirzner 1973, Hayek 1968, Schumpeter 1952).

Wendet man die Konzeption des *Arbitragewettbewerbs* auf den Wettbewerb zwischen Gesellschaftsrechtsformen an, so wird ein Unternehmen aus Jurisdiktion B, dessen wirtschaftlicher Standort in B ist, dann eine Gesellschaftsrechtsform aus Jurisdiktion A wählen, wenn diese ihm geldwerte Vorteile im Vergleich zur Inkorporation unter einer Gesellschaftsrechtsform der Jurisdiktion B erbringt. Die Kenntnis über mögliche Gesellschaftsrechtsformen und ihre Konsequenzen erfordert stark spezialisiertes juristisches Expertenwissen. Daher ist das Pendant zum Handelsintermediär (= der Arbitrage-Unternehmer auf Gütermärkten) hier der *Rechtsintermediär*. Als derartige Informations- und Transaktionsintermediäre fungieren bspw. international tätige Anwaltskanzleien, die über Wissen zur Vorteilhaftigkeit der Inkorporation unter der Gesellschaftsrechtsform einer ausländischen Jurisdiktion verfügen und dies den Unternehmen zur Verfügung stellen. Als Beispiel für diese Art des Arbitragewettbewerbs sei das sog. Forum-Shopping genannt, das in den letzten Jahren vorwiegend bei Unternehmensneugründungen in Deutschland zu beobachten war. Um die mit der Wahl einer bestimmten Gesellschaftsrechtsform verbundenen Gründungskosten zu minimieren, wurde die britische Limited als kostengünstige Alternative gesehen. Informationen hierzu wurden aktiv von einer Vielzahl von Rechtsintermediären kostengünstig über das Internet verbreitet (vgl. oben *Abschnitt 3*).

Entsprechend lässt sich auch das Hayeksche Konzept des *Wettbewerbs als Entdeckungsverfahren* auf den Wettbewerb zwischen Gesellschaftsrechtsformen übertragen. Da die gewählte Gesellschaftsrechtsform die Handlungsspielräume des Unternehmens nach innen und außen beeinflusst, sendet sie auch kostenwirksame Signale an Kunden wie Gläubiger des Unternehmens. Insofern bestehen für den Unternehmer Anreize, nach solchen Gesellschaftsrechtsformen zu suchen, die Kosten minimieren und die Zahlungsbereitschaft der Kunden erhöhen. Anders als beim Konzept des Arbitragewettbewerbs kommt hier dem Unternehmen selbst eine deutlich aktivere Rolle zu, um gezielt – wiederum unter Einschaltung von entsprechend spezialisierten Rechtsintermediären – die für ihre Aktivitäten jeweils geeignetste Gesellschaftsrechtsform zu „entdecken“. Rechtsintermediäre, die im Rahmen dieses Hayekschen Entdeckungswettbewerbs aktiv sind, sind beispielsweise stark auf Rechtsvergleichung einzelner Jurisdiktionen spezialisierte internationale Anwaltskanzleien. I.a. konzentrieren sie sich auf bestimmte Länder, zwischen denen enge wirtschaftliche Verflechtungen existieren. Dies gilt etwa für Deutschland und Österreich sowie den angrenzenden osteuropäischen Staaten. Die Nachfrager sind hier nicht primär Unternehmensneugründungen, sondern international aktive Unternehmen mit Niederlassungen auf einem oder mehreren ausländischen Märkten, die dafür maßgeschneiderte gesellschaftsrechtliche Lösungen benötigen. Dies erlaubt es Rechtsintermediären, in diesem Marktsegment höhere Entgelte zu verlangen als es bei Unternehmensneugründungen in der Regel der Fall ist.

Im Rahmen des *Schumpeterschen Wettbewerbs als eines permanenten Innovations-Imitations-Prozesses* stellt die Gesellschaftsrechtsform einen der Aktionsparameter dar. Unternehmen in der EU sehen sich heute zum einem einem internationalen Wettbewerb auf ihrem Heimatmarkt ausgesetzt. Zum anderen sind sie aber ebenfalls vielfältig international aktiv, sowohl auf vorgelagerten Märkten wie auch auf ihrem jeweiligen Endverbrauchermarkt. Dies gilt in starkem Maß auch für kleine und mittlere Unternehmen. Die Frage nach der im Wettbewerb adäquaten Aufstellung bleibt aufgrund der Dynamik der Marktprozesse permanent virulent. Schumpetersche Unternehmen werden daher auch immer auf der Suche nach innovativen Gesellschaftsrechtsform-Lösungen für ihre Wettbewerbsaktivitäten sein, die sich durch permanente Organisations-, Produkt- und Prozessinnovationen auszeichnen und von daher auch permanent neue – u.a. durch die Gesellschaftsrechtsform mit zu bearbeitende – Probleme bzw. Herausforderungen generieren. Daher äußern Schumpetersche Unternehmen eine aktive Nachfrage auch nach neuen Gesellschaftsrechtsform-Lösungen für ihr Unternehmen. Sie haben damit eine hohe Motivation, für sie neue Gesellschaftsrechtsformen zu erproben. Entsprechend der Schumpeterschen Definition von Innovationen als Rekombination bereits bekannter Elemente, bedeutet dies auch die Nutzung bereits bekannter Gesellschaftsrechtsformen anderer Jurisdiktionen durch heimische Unternehmen für bislang nicht bekannte Zwecke. Als Beispiel sei die Inkorporation als britische Limited in Großbritannien genannt, auch wenn die Geschäftstätigkeit eines Unternehmens allein in Deutschland stattfindet. Dies gilt aber gleichermaßen für die Auslagerung bestimmter wirtschaftlicher Aktivitäten in ausländische Rechtsformen – mit oder ohne Beteiligung ausländischer Partner.

Die Suche nach neuartigen Gesellschaftsrechtsformlösungen ist für Unternehmen Teil des sozio-technologischen Innovationsprozesses, der umso intensiver ist, je größer die Wettbewerbsdynamik ist. Für diesen werden Juristen als spezialisierte Innovations-Experten eingesetzt. Ihre Funktion besteht nun nicht mehr nur darin, Informationen über Arbitrage-Möglichkeiten, die andere Gesellschaftsrechtsformen bieten, zu suchen und zu verbreiten, sondern auszuloten, welche innovativen Gestaltungsmöglichkeiten sich aus der Übernahme von Gesellschaftsrechtsformen anderer Jurisdiktionen für ein Unternehmen ergeben könnten. Damit wird ein Prozess des Experimentierens mit neuartigen Gesellschaftsrechtsformen in Gang gesetzt, der neuartige Fragen über seine Kompatibilität mit der bisherigen Gesetzgebung und Rechtsprechung aufwerfen kann. Dies mag zur Befassung der zunächst nationalen Rechtsprechung und in der Folge dann der europäischen Gerichtsbarkeit mit diesen neuartigen Aspekten führen, was wiederum den in *Abschnitt 3* erörterten Prozess der richterrechtlichen und ggfs. anschließenden gesetzgeberischen Rechtsfortbildung antreibt. Damit zeigt sich, dass Rechtsintermediäre nicht nur wesentlich zur Informations- und Transaktionskostensenkung beitragen, sondern auch wesentlich an der Erzeugung neuer Varietät im Gesellschaftsrecht beteiligt sind.

(3) Der Markt für Rechtsintermediäre - ein Überblick zu Marktstruktur und Marktverhalten

Im Zuge der zunehmenden wirtschaftlichen Integration innerhalb der EU und der starken Internationalisierung auch von vielen kleinen und mittleren Unternehmen ist ein dynamischer Markt international agierender Rechtsanwaltskanzleien, Unternehmensberatungen und Wirtschaftsprüfungs- und Steuerberatungsunternehmen entstanden (Ringlstetter/ Kaiser/ Kampe 2007). Die durch die Rechtsprechung des EuGH eröffnete Rechtswahlfreiheit hat hier einen zusätzlichen Anstoß gebracht. Mit der Ausweitung der digitalen Vernetzung und Kommunikation sind zudem neue Anbieter, die sich insbesondere dieses Vertriebskanals für ihre Dienstleistungen bedienen, auf den Markt getreten. Rechtsintermediäre befinden sich nun auch selbst in einer Wettbewerbssituation miteinander. Im Folgenden werden daher kurz wesentliche Aspekte der sie betreffenden Marktstruktur, des relevanten Marktverhaltens und des typischen Marktergebnisses skizziert.

Der Wettbewerb zwischen den die Wahl von Gesellschaftsrechtsformen betreffenden Rechtsintermediären ist durch ein starkes Maß an Produktdifferenzierung gekennzeichnet. Ökonomisch lässt sich hier von monopolistischer Konkurrenz sprechen, bei der eine Vielzahl von Anbietern mit großer Produktvarietät am Markt aktiv ist. Es liegt sog. *horizontale Produktdifferenzierung* vor. Empirisch zeigt sich ein dynamischer Anbietermarkt. Das Angebot unterscheidet sich sowohl in räumlicher Hinsicht als auch in sachlicher Hinsicht, d.h. mit Blick auf die angebotenen Dienstleistungen der Rechtsintermediäre selbst. Die Transaktionsintermediäre reagieren mit ihrer Angebotsstruktur auf die Bedürfnisse der Unternehmen, suchen aber auch eigenständig nach neuen Potentialen und können so entsprechende Wachstumsstrategien entwickeln. Im Rahmen einer Ansoff-Matrix lassen sich diese als produkt- oder marktspezifische Strategien systematisch kategorisieren (vgl. Tabelle 1).

Tabelle 1: Ansoff-Strategie

Produkte / **Märkte**	**Bislang**	**Neu**
Bislang	Marktdurchdringung	Produktentwicklung (Innovation)
Neu	Marktentwicklung (Expansion)	Diversifikation

Quelle: Nach Ansoff (1965).

Wenn weder neue Produkte noch neue Dienstleistungen angeboten und auch keine neuen regionalen Märkte betreten werden, kann eine verbesserte *Marktdurchdringung* durch eine erhöhte Verkaufsrate bestehender Dienstleistungen auf dem bisherigen Markt erreicht werden. Daneben eröffnen sowohl die wirtschaftliche Integration wie auch die verschiedenen, in *Abschnitt 3* besprochenen Variationsmechanismen Rechtsintermediären in der EU neue Marktchancen. Insbesondere die Rechtsprechung des EuGH zur Rechtswahlfreiheit schafft neue Optionen. So bleibt etwa im Rahmen der reinen *Produktentwicklung* zwar der bisherige räumliche Markt unverändert. Allerdings kann durch Ausweitung der Informations- und Beratungsleistungen zu den Gesellschaftsrechtsformen anderer Mitgliedstaaten das Produktsortiment erweitert werden. Damit werden den einheimischen Unternehmen mit Informationen und Beratung zu ausländischen Gesellschaftsrechtsformen innovative Produkte angeboten. So wirbt beispielsweise die Beratungsfirma *Kruemmel & Kollegen* mit ihrer Expertise zur britischen *Limited* Mandanten in Deutschland (www.limited-partner.de/web). Gleichzeitig können Anbieter expandieren, indem Nachfrager in anderen Mitgliedsländern der EU geworben und über die jeweilige einheimische nationale Rechtsform beraten werden. Eine solche *Expansionsstrategie* impliziert eine regionale Marktausdehnung über die nationalen Grenzen hinaus. Hiermit wirbt beispielsweise *Helpers*, ein ungarisches Beratungsunternehmen, Mandanten im In- und Ausland für die ungarische Kft. (helpers.hu). In den letzten beiden Fällen begrenzen sich die Transaktionsintermediäre entweder auf eine Produkt- oder auf eine Markterweiterung. Es gibt jedoch auch eine Vielzahl von Rechtsintermediären, die sowohl ihr Dienstleistungssortiment als auch ihre regionale Marktausdehnung weiter entwickeln. Eine solche *Diversifikationsstrategie* wird sowohl von Rechtsanwaltskanzleien als auch von Unternehmensberatungs- und Wirtschaftsprüfungsgesellschaften verfolgt, die in verschiedenen EU-Mitgliedstaaten Niederlassungen haben. Rechtsanwaltskanzleien wie *bnt* (www.bnt.eu) und auf Steuer- und Wirtschaftsprüfung spezialisierte Unternehmen wie *KPMG* (home.kpmg.com) oder *Rödl & Partner* (www.roedl.de) zählen hierzu. Aber auch Rechtsintermediäre, die gezielt Lücken der nationalen Steuersysteme ausnutzen und spezielle hierauf zugeschnittene Informations- und Beratungsdienstleistungen anbieten, gehören in diese Kategorie, wie etwa das Unternehmen *Excellent Tax & Corporation Management* (www.firma-ausland.de).

Darüber hinaus zeigt sich im Angebot der auf dem Markt für europäische Gesellschaftsrechtsformen aktiven Rechtsintermediäre inzwischen auch eine ausgeprägte *vertikale Produktdifferenzierung*. Dies bedeutet, dass die von den Rechtsintermediären angebotenen Informations- und Beratungsleistungen sich nicht nur inhaltlich unterscheiden, sondern auch qualitativ, d.h. insbesondere in der Güte der spezifischen Beratungs- sowie der sonstigen Dienstleistungen, die erbracht werden. So gibt es am unteren Ende der Qualitätsskala eine Vielzahl von Anbietern, die via Online-Vertrieb standardisierte Basispakete zur Gründung einer britischen Limited anbieten. Die britische Firma *madeSimple®* vermarktet bspw. das Basispaket für eine Online-Gesellschaftsrechtsgründung als britische Limited für 13.99 £, während ihr umfassendstes Paket, das auch den Jahresabschluss und Steuerrechtserklärungen beinhaltet, für 149.99 £ erhältlich ist (www.companiesmadesimple.com/company-formation-name-search.html?namesearch=no). Auch dieser Markt für standardisierte Angebote ohne spezifisch auf das jeweilige Unternehmen zugeschnittene Beratungsleistungen weist große Preisspannen auf. So offeriert die Firma *International Company Formations Ltd.* ihr Basispaket für eine Gesellschaftsgründung als britische Limited etwa erst für 499 € (www.energize-consulting.de/unternehmungsgruendung/ltdgmbh/preisliste-ltd/). Es bleibt hier dem Kunden selbst überlassen, aus der Vielzahl an Angeboten das für ihn passende mit dem besten Preis-Leistungs-Verhältnis auszuwählen.

Ob diese Preisdifferenzen auch Unterschiede in der Qualität der angebotenen Leistungen der Rechtsintermediäre anzeigen, können die nachfragenden Unternehmen aber nur begrenzt beurteilen. Dies verweist auf ein zentrales Problem bzgl. der von Rechtsintermediären im Wettbewerb angebotenen Leistungen. Rechtsintermediäre tragen zwar dazu bei, Informations- und Transaktionskosten für die Unternehmen zu senken, die ihre Dienste nutzen. Dadurch verschiebt sich jedoch die Informationsunvollkommenheit für die Unternehmen weg von den Eigenschaften unterschiedlicher Gesellschaftsrechtsformen hin zur Frage nach der Qualität eben dieser von den Rechtsintermediären angebotenen Informations- und Beratungsdienstleistungen. Voraussetzung dafür, dass ein „Wettbewerb" zwischen den verschiedenen Gesellschaftsrechtsformen überhaupt in Gang kommt, ist, dass die Unternehmen zutreffend und ausreichend über die *verschiedenen nationalen Gesellschaftsrechtsformen und ihre Vor- und Nachteile informiert* sind. Aufgrund von unvollkommener und asymmetrischer Information können Unternehmen, die die von Rechtsintermediären angebotenen Informations-, Beratungs- und administrativen Dienstleistungen nachfragen, die Qualität dieser Leistungen jedoch nur eingeschränkt zutreffend bewerten. Zwar können sie wiederum eigene Aufwendungen für Informationssuche und -verarbeitung über die Qualität der von den Rechtsintermediären angebotenen Erfahrungs- und Vertrauensgüter tätigen.[6] Dies dürfte aber nur bei sehr kostenintensiven Transaktionen, für die diese Rechtsdienstleistungen eingekauft werden, ökonomisch von Vorteil sein.

Grundsätzlich ist die Qualität der Informations- und Beratungsleistungen von Rechtsintermediären von ihrer Kenntnis alternativer Gesell-

---

6 Erfahrungsgüter sind Güter, bei denen Unternehmen erst nach erbrachter Beratungsdienstleistung deren Qualität einschätzen können. Sollten zudem auch noch intermittierende, aber nicht eindeutig separierbare Faktoren Einfluss auf das Ergebnis haben, dann ist eine zutreffende objektive Beurteilung der Qualität einer Leistung noch nicht einmal nach Konsum des Gutes möglich; in diesem Fall liegen sog. Vertrauensgüter vor.

schaftsrechtsformen abhängig. Der Erwerb entsprechender Kenntnisse stellt eine auch für Rechtsintermediäre mit hohen Fixkosten verbundene Investition dar. Negative Anreize, sich entsprechend profundes Wissen über ausländische Gesellschaftsrechtsformen anzueignen, ergeben sich, wenn durch eine evtl. fehlerhafte Beratung finanzielle Haftungsrisiken entstehen. Zudem kann der Erfolg einer ausländischen Gesellschaftsrechtform gegenüber der inländischen zu einer Entwertung des hierzu akkumulierten Humankapitals führen. Auch dies wird negative Anreize nach sich ziehen, Unternehmen über die Vorteilhaftigkeit ausländischer Gesellschaftsrechtsformen aufzuklären.

Allerdings gilt dies zunächst einmal für Rechtsintermediäre mit Standort in Land A, die Beratung zu Gesellschaftsrechtsformen in diesem Land A anbieten. Sollten diese ihr Produktsortiment sachlich differenzieren, dann gelten für sie die oben geschilderten Probleme. Diese lassen sich jedoch lösen, wenn der Rechtsintermediär aus Land A Kollegen oder Mitarbeiter aus Land B, C, D etc. in seine Kanzlei aufnimmt, die dann am Standort in Land A Unternehmen auch profund zu Gesellschaftsrechtsformen in Land B, C, D etc. beraten können. Eine andere, weit verbreitete Alternative ist daneben die Gründung einer Niederlassung des Rechtsintermediärs aus Land A in Land B, C, D etc. mit Beschäftigung von Mitarbeitern aus den jeweiligen Ländern. Werden zudem noch Rechtsintermediäre aus Land A an den ausländischen Standorten beschäftigt, dann können die Spezialisierungsvorteile (im Sinn der Kenntnis der jeweils einheimischen Rechtslage) umfassend genutzt werden. In der Tat finden sich auch eine Vielzahl solcher international aktiver Rechtsanwaltskanzleien, Unternehmensberatungen sowie Steuer- und Wirtschaftsprüfungsgesellschaften am Markt neben Akteuren, die häufig via Online-Vertrieb standardisierte Angebote zu ausländischen Gesellschaftsrechtsformen anbieten.

Es stellt sich die Frage, ob solche sehr unterschiedlichen Geschäftsmodelle, was Art und Umfang der Informations- und Beratungsleistungen betrifft, dauerhaft nebeneinander bestehen können. Industrieökonomische Modelle für Dienstleistungsmärkte mit ähnlichen Eigenschaften haben gezeigt, dass eine solche vertikale Produktdifferenzierung mit einerseits standardisierten Basislösungen und andererseits hochkomplexen ausdifferenzierten Beratungsleistungen in der Tat stabil sein können (Eckardt 2007). Aus wirtschaftlichen Gründen ist es für Rechtsintermediäre profitabel, sich entweder im „Niedrigpreis"-Segment mit standardisierten Informationsangeboten bzw. im „Hochpreis“-Segment mit individualisierten Beratungsangeboten zu positionieren.

Daneben wird die Qualität der Beratungsleistungen durch Rechtsintermediäre durch eine Vielzahl weiterer rechtlicher Rahmenregelungen beeinflusst. Ganz wesentlich ist dabei die für den Marktzugang entscheidende Frage nach den notwendigen Qualifikationen, die Voraussetzung für die Erlaubnis zur Rechtsberatung sind. Weitere Verbraucherschutzrechte sind ebenfalls gesetzlich geregelt, in Deutschland z.B. im Rechtsberatungsgesetz. Sie dienen primär auch der Abgrenzung der für Juristen erlaubten und für Nicht-Juristen, wie etwa für Wirtschaftsprüfer mit wirtschaftswissenschaftlicher Qualifikation, nicht-erlaubten Beratungs- und sonstigen Dienstleistungen.

6. Ausblick

Mit seinen Entscheidungen zur Niederlassungsfreiheit von Unternehmen in der EU hat der EuGH seit seinem Centros-Urteil auch die wissenschaftliche Debatte zum Wettbewerb im Gesellschaftsrecht in der EU nachhaltig befeuert. Dabei herrscht weitestgehend Einigkeit, dass mit keiner wie in der USA (Stichwort: Delaware) zu erwartenden Dynamik zu rechnen ist, sondern im Gegenteil aufgrund des Verbots von Franchise-Steuern auf Seiten der EU-Mitgliedstaaten als der potenziellen Anbieter neuer Gesellschaftsrechtsformen eine weitgehend passive Haltung dominieren wird. Im vorliegenden Aufsatz wurde durch Anwendung eines evolutionsökonomischen Ansatzes dagegen deutlich gemacht, dass nichtsdestotrotz auch unter dem anders gearteten institutionellen Rahmenbedingungen vielfältige Anreize zur Hervorbringung von Gesellschaftsrechtsinnovationen bestehen. Dabei wurde zugleich die zentrale Bedeutung herausgearbeitet, die Rechtsintermediären hierbei zukommt.

Die wesentliche Quelle liegt in der bestehenden Wettbewerbsdynamik, der sich die Unternehmen in der EU ausgesetzt sehen. Die von ihnen jeweils gewählte Gesellschaftsrechtsform ist auch ein Aktionsparameter im wirtschaftlichen Wettbewerb mit anderen Unternehmen. Mit der sich intensivierenden ökonomischen Integration innerhalb der EU wie der zunehmenden Internationalisierung unternehmerischer Aktivitäten rücken auch die Gesellschaftsrechtsformen anderer Staaten als Alternativen in den Fokus. Ausgehend von der Gründung eines Unternehmens ergeben sich im Lauf seines Lebenszyklus immer wieder Anreize zur Modifikation des einmal gewählten Gesellschaftsrechts, sei es aufgrund erfolgreichen Wachstums, erforderlicher Restrukturierungsmaßnahmen oder des Zusammenschlusses mit einem anderen Unternehmen.

Angetrieben von dieser wirtschaftlichen Dynamik werden immer wieder nationale Gerichte mit bislang neuartigen Anwendungen des bestehenden nationalen Gesellschaftsrechts konfrontiert, von denen einige dem EuGH zur Entscheidung vorgelegt werden. Durch dessen Auslegung zur Durchsetzung der Grundfreiheiten und Vollendung des Binnenmarktes im Lichte der europäischen Verträge sind eine Reihe bestehender Hemmnisse für die Niederlassungsfreiheit von Unternehmen beseitigt worden. Dadurch entstehen einerseits neue Handlungsspielräume für Unternehmen, aber auch neue Handlungsnotwendigkeiten für nationale Gesetzgeber zur Modifikation ihrer bestehenden Gesellschaftsrechtsformen. Hinzukommen die Aktivitäten zur Einführung supranationaler, EU-weit geltender Gesellschaftsrechtsformen durch die europäische Ebene, die ebenfalls die Varietät der vorhandenen Gesellschaftsrechtsformen erhöht haben. Schließlich führen auch Maßnahmen der Kommission zur Verbesserung der Rahmenbedingungen für kleine und mittlere Unternehmen wie für Unternehmensneugründung im Zuge eines Yardstickwettbewerbs zu Reaktionen der nationalen Gesetzgeber, die sich wiederum auch in Änderungen der verfügbaren Gesellschaftsrechtsformen niederschlagen.

Welche Gesellschaftsrechtsform sich als erfolgreich durchsetzt, hängt letztlich von der Entscheidung der Unternehmen ab. Da für eine informierte rationale Entscheidung jedoch umfangreiches juristisches Expertenwissen notwendig ist, spielen Rechtsintermediäre hierbei eine zentrale Rolle. Durch Spezialisierung und Arbeitsteilung ermöglichen sie umfangreiche Informations- und Transaktionskostenreduktionen. Wissen über die Spezifika nationaler Gesellschaftsrechtsformen erlaubt es ihnen, Unternehmen die mit der Wahl spezifischer Gesellschaftsrechtsformen verbundenen Arbitragemöglichkeiten aufzuzeigen. Zudem leisten sie durch die Rekombination verschiedener bekannter Gesellschaftsrechtsformen auch einen wichtigen Beitrag, um den oben skizzierten Prozess der Generierung von neuer Varietät mit in Gang zu halten. Der Markt für Rechtsintermediäre ist durch eine ausgeprägte horizontale und vertikale Produktdifferenzierung gekennzeichnet. Der Konkurrenzdruck unter Rechtsintermediären selbst ist dabei ein weiterer Mechanismus, der zur Erzeugung von Varietät beiträgt.

Analysiert man also mit Hilfe eines evolutionsökonomischen Variations-Selektions-Ansatzes den Wettbewerb im Gesellschaftsrecht in der EU, so lassen sich folgende Ergebnisse festhalten:

- Ausgelöst durch den mit zunehmender wirtschaftlicher Integration und Internationalisierung sich ergebenden Wettbewerbsdruck auf die Unternehmen entsteht eine Nachfrage nach neuen Gesellschaftsrechtsformen in der EU.
- Durch die Aktivitäten der supranationalen Akteure (EuGH, Ministerrat, Kommission) entstehen Anreize bei den Gesetzgebern in den EU-Mitgliedstaaten, auf nationaler Ebene Neuerungen im Gesellschaftsrecht einzuführen.
- EU-weit aktive Rechtsintermediäre, deren Beratungs- und Serviceleistungen von Unternehmen aus Gründen der Informations- und Transaktionskostenersparnis herangezogen werden, haben eine zentrale Rolle in diesem Prozess der Generierung wie der Selektion von Gesellschaftsrechtsinnovationen inne.

Allerdings stellt sich auch noch eine Vielzahl von Fragen, die bislang noch der Antwort harren. Zu den zentralen zählen die folgenden:

- Lässt sich eine bestimmte Richtung des Wandels der Gesellschaftsrechtsformen in der EU ausmachen und wenn ja, bewegt er sich dann in Richtung eines *Race-to-the-bottom* oder eines *Race-to-the-top*?
- Gibt es bestimmte institutionell geformte Mechanismen, die die Richtung des Wettbewerbs im Gesellschaftsrecht in der EU beeinflussen? Ließe sich durch ihre Modifikation die Richtung des Wandels im Gesellschaftsrecht in der EU zumindest partiell steuern?
- Welchen Einfluss haben die vielfältigen – oft wechselnden – Rollen, die Juristen einnehmen, auf die Hervorbringung von Innovationen im Gesellschaftsrecht? Juristen tragen nicht nur – wie oben analysiert – als Rechtsintermediäre durch Informations- und Beratungsleistungen für Unternehmen über die Nachfrageseite zu Modifikationen im Gesellschaftsrecht bei. Sie sind auch auf vielfältige Weise als Innovationsexperten in das Angebot neuer Gesellschaftsrechtsformen eingebunden. So sind sie direkt als Mitglieder von Judikative oder Exekutive oder indirekt als Rechtswissenschaftler wie Praktiker, die durch Publikationen von Kommentaren und Fachbeiträgen wie durch die Teilnahme an wissenschaftlichen Tagungen an der Reflexion über den aktuellen Stand des Gesellschaftsrecht und über mögliche Neuerungen aktiv beteiligt.

Dies zeigt sich auch in der Herausbildung eines nicht mehr nur national orientierten, sondern zunehmend europäischen Diskurses. Aufgrund der Bedeutung des Gesellschaftsrechts für die wirtschaftliche Konkurrenzfähigkeit von Unternehmen erscheint die Analyse des rechtlichen Innovationssystems auch aus wirtschaftswissenschaftlicher Perspektive wirtschaftspolitisch höchst relevant.

Literatur

Ansoff, Harry I. (1965): Corporate Strategy: an Analytic Approach to Business Policy for Growth and Expansion, Mac Graw Hill.

Armour, John (2005): Who Should Make Corporate Law? EC Legislation versus Regulatory Competition, European Corporate Governance Institute, Law Working Paper No. 54/2005, June 2005, SSRN: http://ssrn.com/abstract=860444.

Armour, John, Hansmann, Henry, Kraakman, Reinier (2009): What is Corporate Law? in: Kraakman et al. (Hrsg.): The Anatomy of Corporate Law. A Comparative and Functional Approach, Oxford et al., S. 1-34.

Becht, Marco, Enriques, Lucas, Korom, Veronika (2009): CENTROS and the Cost of Branching, in: Journal of Corporate Law Studies, Vol.9, S. 171-199.

Benkenstein, Martin, Henke, Nikolaus (1993): Der Grad vertikaler Integration als strategisches Entscheidungsproblem, in: Die Betriebswirtschaft, 53.Jg., S. 77-91.

Bratton, William W. McCahery, Joseph A., Vermeulen, Erik P.M. (2009): How does Corporate Mobility Affect Lawmaking? A Comparative Analysis, in: American Journal of Comparative Law, Vol.57, S. 347-386.

Cumming, Douglas J., MacIntosh, Jeffrey G. (2000): The Role of Interjurisdictional Competition in Shaping Canadian Law, in: International Review of Law and Economics, Vol.20, S. 141-186.

Cumming, Douglas J., MacIntosh, Jeffrey G. (2002): The Rationales Underlying Reincorporation and Implications for Canadian Corporations, in: International Review of Law and Economics, Vol.22, S. 277-330.

Dammann, Jens, Schündeln, Matthias (2009): The Incorporation Choices of Privately Held Corporations, in: Journal of Law, Economics, and Organization, Vol.27, S. 79-112.

Eckardt, Martina (2001): Technischer Wandel und Rechtsevolution. Ein Beitrag zur ökonomischen Theorie der Rechtsentwicklung am Beispiel des deutschen Unfallschadenrechts im 19. Jahrhundert, Tübingen.

Eckardt, Martina (2007): Insurance Intermediation: An Economic Analysis of the Information Services Market, Berlin, Heidelberg.

Eckardt, Martina (2012): The European Private Company: Do we Need another 28th Private Company Law Form? Regulatory Competition of Corporate Law in the EU, in: Discussions on Estonian Economic Policy, Nr. 1, 2012, Berlin, S. 39-57 (CD-Rom), abrufbar unter SSRN: http://ssrn.com/abstract=2190951.

Eckardt, Martina (2013): Der Einfluss der Unternehmensrechtsform auf die Internationalisierung von Kleinen und Mittleren Unternehmen, in: Masát, András et al. (Hrsg.): Der Donauraum in Europa, Andrássy Studien zur Europaforschung, Baden-Baden, Band.1, S. 143-180.

Eckardt, Martina, Kerber, Wolfgang (2014): Developing Two Tiered Regulatory Competition in EU Corporate Law: Assessing the Impact of the Societas Privata Europaea, in: Journal of Law and Society. Special Issue, Vol.41, S. 152-170.

EU Kommission (2002): Benchmarking the Administration of Business Start-ups, Final Report, Center of Strategy and Evaluation Services, Enterprise Directorate General, Brussels, http://ec.europa.eu/DocsRoom/documents/2210/attachments/1/translations/.../pdf.

Franck, Uwe (2006): Europäisches Absatzrecht, Berlin.

Gelter, Martin (2008): The Structure of Regulatory Competition in European Corporate Law, Harvard John M. Olin Fellow's Discussion Paper Series, Discussion Paper 20, 07/2008, http://www.law.harvard.edu/programs/olin_center.

Gelter, Martin (2015): Centros, the Freedom of Establishment for Companies and the Court's Accidental Vision for Corporate Law, European Corporate Governance Institute, Law Working Paper 287/2015, February 2015, http://ssrn.com/abstract=2564765.

Häusermann, Daniel A. (2011): For a Few Dollar Less: Explaining State to State Variation in Limited Liability Company Popularity, University of St. Gallen Law & Economics Working Paper No. 2011-09, http://ssrn.com/abstract=1879430.

Hayek, Friedrich A. (1969): Der Wettbewerb als Entdeckungsverfahren, Kiel.

Hayek, Friedrich A. (1973): Law, Legislation and Liberty, Vol.1 Rules and Order, London, Henley.

Hopt, Klaus, J. (2015): Corporate Governance in Europe. A Critical Review of the European Commission's Initiatives on Corporate Law and Corporate Governance, Law Working Paper No. 296/2015, August 2015, http://ssrn.com/abstract=2644156.

Hornuf, Lars, Lindner, Julia (2016): The End of Regulatory Competition in European Company Law? in diesem Band, S. 117-138.

IHK24 (o.J.): Leitfaden zum Outsourcen von Dienstleistungen, http://www.stuttgart.ihk24.de/linkableblob/sihk24/Branchen/Dienstleistung/downloads/975112/.9./data/OutsourcingLeitfaden_Final_druck-data.pdf.

Kahan, Marcel (2014): The State of State Competition for Incorporations, European Corporate Governance Institute, Law Working Paper 263/2014, August 2015, http://ssrn.com/abstract=2474658.

Kirchner, Christian, Painter, Richard W., Kaal, Wulf A. (2005): Regulatory Competition in EU Corporate Law After Inspire Art: Unbundling Delaware's Product for Europe, in: European Company and Financial Law Review, Vol.2, S. 159-206.

Kirzner, Israel M. (1973): Competition and Entrepreneurship, Chicago.

Klöhn, Lars (2012): Supranational Legal Entities and Vertical Regulatory Competition in European Corporate Law. The Case for Market-mimicking Supranational Corporate Forms in Europe, in: Rabels Zeitschrift für ausländisches und internationales Privatrecht, Vol.76, S. 276-315.

Krystek, Ulrich, Zur, Eberhard (Hrsg.) (1997): Internationalisierung – Eine Herausforderung für die Unternehmensführung, Heidelberg.

Manesh, Mohsen (2011): Delaware and the Market für LLC Law: A Theory of Contractibility and Legal Indeterminacy, in: Boston College Law Review, Vol. 52, S. 189-266.

Merkt, Hanno (1995): Das Europäische Gesellschaftsrecht und die Idee des »Wettbewerbs der Gesetzgeber", in: Rabels Zeitschrift für ausländisches und internationales Privatrecht, Band 59, S. 545-568.

Morasch, Karl, Bartholomae, Florian (2011): Internationale Wirtschaft: Handel und Wettbewerb auf globalen Märkten, Konstanz.

Picot, Arnold (1993): Transaktionskostenansatz, in: Wittmann, Waldemar et al. (Hrsg.), HWB; Band III, Stuttgart, 5.Aufl., S. 4194-4204.

Ringe, Wolf-Georg (2013): Corporate Mobility in the European Union – a Flash in the Pan? An Empirical Study on the Success of Lawmaking and Regulatory Competition, in: European Company and Financial Law Review, Vol.10, S. 230-267.

Romano, Roberta (2014): The Market for Corporate Law Redux, European Corporate Governance Institute, Law Working Paper No. 270/2014, October 2014, http://ssrn.com/abstract=2514650.

Röpke, Katharina, Heine, Klaus (2005): Vertikaler Regulierungswettbewerb und europäischer Binnenmarkt – die Europäische Aktiengesellschaft als supranationales Rechtsangebot, ORDO Band. 56, S. 157-185.

Rose, Frank (1999): The Economics, Concept, and Design of Information Intermediaries, Heidelberg.

Schäfer, Sebastian (2013): Systemwettbewerb in der Europäischen Union – Eine Fallstudie im Gesellschaftsrecht, Hamburg.

Schaper, M. (2012), Selektion und Kombination von Gesellschaftsformen im institutionellen Wettbewerb. Typenvermischung und hybride Rechtsformen im europäischen und US-amerikanischen Wettbewerb der Gesellschaftsrechte, Duncker & Humblot, Berlin.

Schumpeter, Jospeh A. (1952): Theorie der wirtschaftlichen Entwicklung. Eine Untersuchung über Unternehmergewinn, Kapital, Kredit, Zins und den Konjunkturzyklus, Berlin, 5.Aufl.

Spulber, Daniel F. (1999): Market Microstructure. Intermediaries and the Theory of the Firm, Cambridge, New York, Melbourne.

Yavas, Abdullah (1992): Marketmakers versus Matchmakers, in: Journal of Financial Intermediation, Vol.2, S. 33-58.

Systemwettbewerb und Systemkooperation im Gesellschaftsrecht

Prof. Dr. Stefan Okruch, Andrássy Universität Budapest

> „Der Wettbewerb... muss im weitesten Sinne verstanden werden. Er schließt Wettbewerb zwischen organisierten und zwischen unorganisierten Gruppen ebenso ein wie den Wettbewerb zwischen Individuen. *Ihn im Gegensatz zu Kooperation und Organisation zu sehen, heißt sein Wesen missverstehen.* Das Bemühen, gewisse Ergebnisse durch Kooperation und Organisation zu erreichen, gehört ebenso zum Wettbewerb wie die Bemühungen des Einzelnen. (...) Nur wenn... ausschließliche Rechte verliehen werden unter der Anmaßung höheren Wissens auf seiten bestimmter Individuen oder Gruppen, verliert der Entwicklungsprozess seinen experimentellen Charakter" (Hayek 1991, 46 f., Hervorhebung S.O.).

1. Orientierung

„Wettbewerb der Gesellschaftsrechtsordnungen in Ostmitteleuropa?" ist zunächst eine empirische Frage. Doch ihre Beantwortung ist theoretisch voraussetzungsvoll. Alleine die Frage „Was ist Wettbewerb?" hat die Ökonomik in jahrzehntelange Dispute und in manche, auch leidenschaftlich ausgetragene Kontroversen verwickelt. Und die Herausforderungen werden beim Systemwettbewerb nicht kleiner: einerseits bleiben alle ungelösten Fragen zum Wettbewerb auf Märkten offen, andererseits entstehen zusätzliche Probleme durch den Analogieschluss von marktlichem auf den Systemwettbewerb. Die gesamte, inzwischen unüberschaubar gewordene Literatur zum Systemwettbewerb, institutionellen Wettbewerb oder interjurisdiktionellen Wettbewerb kann als Auseinandersetzung mit der zugrunde liegenden Analogie gelesen werden.

Diese Auseinandersetzung muss in ihren Grundlinien nachgezeichnet werden, um zu verstehen, welchen Reiz der Gedanke des Systemwettbewerbs für die Ökonomik entwickelt (hat) – trotz aller Entzauberung im Detail. Doch das im Folgenden entwickelte Argument zielt nicht auf die Einzelfragen zur Funktionsfähigkeit und Intensität des Systemwettbewerbs, sondern kehrt zurück zur grundlegenden Analogie – und zu deren Defiziten. Denn wenn es – gemäß dem als Motto vorangestellten Hayek-Zitat – bedeutet, das Wesen des Wettbewerb misszuverstehen, wenn man ihn im Gegensatz zu Organisation und Kooperation sieht, so fragt sich sofort, wo denn eine Theorie der ‚Systemkooperation' und ‚Systemorganisation' zu finden ist, die die Theorie des Systemwettbewerbs ergänzen kann. Und mehr noch: Die Theorie des Systemwettbewerb muss, so die hier vertretene These, Kooperation und Organisation wesentlich beinhalten. Dies soll im Folgenden entwickelt werden und mit Beobachtungen zur rechtshistorischen Systemkooperation (oder der Kooperation im Systemwettbewerb) ergänzt werden.

Im Folgenden werden zuerst die wettbewerbstheoretischen Argumentationslinien nachgezeichnet, bevor deren Anwendung auf den Wettbewerb der Systeme erläutert wird. Gerade in einem – wie hier – interdisziplinären Kontext ist derartige Grundlagenarbeit unerlässlich, auch um einen gemeinsamen Sprachgebrauch zu sichern.

Dazu sind die gemeinsamen Entwicklungslinien in der Theorie des marktlichen und des interjurisdiktionellen Wettbewerbs aufzuzeigen. In der Theorie des Systemwettbewerbs bleiben offensichtliche Leerstellen, die es zuerst theoretisch auszufüllen gilt, indem die Bedeutung von Kooperation im Innovationswettbewerb beleuchtet wird. Sodann soll die Gleichzeitigkeit von Wettbewerb und Kooperation durch ein interdisziplinäres Schlaglicht auf die Rechtsgeschichte und insbesondere auf die Entwicklung des Gesellschaftsrechts erhellt werden.

2. Das Vorbild: Wettbewerb auf Märkten

2.1 Wettbewerbstheorie: Gleichgewicht, Wissen und Regeln

Über weite Strecken der ökonomischen Theoriegeschichte konzentrierte sich die Wettbewerbstheorie auf den Nachweis der (relativen) Stabilität von Märkten: es war zu zeigen, dass wettbewerbliche Märkte auch ohne zentrale Kontrolle und Koordination funktionsfähig sind, also nicht in Chaos und Anarchie enden. Die neoklassische Preistheorie interpretiert dieses Programm besonders strikt und vermag die Existenz von Wettbewerbs-Gleichgewichten nachzuweisen. Unter bestimmten, einschränkenden Annahmen streben Märkte im preistheoretischen Modell stabilen Ruhezuständen zu – und damit dem genauen Gegenteil von Chaos und Anarchie. Außerdem können diese Wettbewerbsgleichgewichte, wie die Wohlfahrtstheorie aufzeigt, stets positiv bewertet werden. Damit kann das Modell sowohl die positive Frage nach der Stabilität beantworten, als auch die normative Herausforderung annehmen und die (Pareto-)Optimalität bzw. Effizienz der Wettbewerbsgleichgewichte ausweisen.

Für die Eleganz dieses Nachweises ist allerdings theoretisch ein hoher Preis zu zahlen, denn dem Modell ist jede Dynamik ausgetrieben worden. Märkte gleichen ewiggleich funktionierenden Maschinen, das Bild des Wettbewerb bleibt völlig mechanistisch. Konsequenz ist dann notwendigerweise, dass keine Erklärung für Phänomene gelingen kann, die für moderne Volkswirtschaften kennzeichnend sind: Innovationen und Wachstum als Phänomene *endogenen Wandels*. In einem „Maschinenmodell" (Hesse 1990, 51 ff.), in welchem unveränderliche Bewegungsgesetze gelten, muss die Quelle von Neuerungen stets exogen bleiben, also z.B. wie der technische Fortschritt in der Wachstumstheorie als ‚Manna vom Himmel regnen'.

Die Kritik an den Tautologien eines Maschinenmodells ist somit zugleich Programmsatz einer dynamischen Wettbewerbstheorie, mit der endogener Wandel analysiert werden soll:

> „... die Tautologien, aus denen die formale Wirtschaftsanalyse im wesentlichen besteht, (können) nur insoweit in Aussagen verwandelt werden..., die uns irgend etwas über die Kausalzusammenhänge in der realen Welt sagen, als wir imstande sind, in diese formalen Sätze bestimmte Behauptungen darüber einzusetzen, wie Wissen erworben und vermittelt wird" (Hayek 1976, 49).

Um gehaltvollere Handlungserklärung zu ermöglichen, müssen also Wettbewerbs-Prozesse als „Entdeckungsverfahren" (Hayek 1968) analysiert werden. Es geht, mit anderen Worten, bei Gleichgewichtstendenzen auf Märkten um den Erwerb und die Nutzung von Wissen. Neues Wissen ermöglicht dann aber auch Bewegungen vom alten zu einem neuen Marktzustand. Da die Nutzung von Wissen den Kern der Hayekschen Kritik an einer tautologischen Wettbewerbstheorie bildet, erwartet man dazu nähere Erläuterungen. Tatsächlich führt Hayek (1976, 70) in seiner programmatischen Darlegung aus:

> „Es gibt hier entschieden ein Problem der ‚Wissensteilung', das ganz analog und mindestens ebenso wichtig ist wie das Problem der Arbeitsteilung. Während aber das letztere seit den Anfängen unserer Wissenschaft eines ihrer Hauptuntersuchungsobjekte war, wurde das erstere völlig vernachlässigt. Obwohl es mir das zentrale Problem der Volkswirtschaftslehre als einer Sozialwissenschaft zu sein scheint".

So wie aus der Arbeitsteilung der Tausch von Gütern und Faktoren resultiert, sollte aus der Wissensteilung (als der Tatsache ‚zerstreuten' Wissens) eine Theorie des Wissenstauschs bzw. der Wissensteilhabe folgen (Helmstädter 2001), zumal mit zunehmender Aufgabenspezialisierung auch das jeweilige Wissen immer spezifischer und immer weiter ‚zerteilt' wird. Programmatisch ist Hayeks Ansatz plausibel und intuitiv zugänglich, es fragt sich aber, ob die Frage der Wissensteilung erschöpfend damit zu beantworten ist, dass einerseits in der wettbewerblichen Koordination von Einzelhandlungen (spontane „Handelnsordnung") Wissen genutzt werde und andererseits die Rahmenordnung rechtlicher Regeln („Rechtsordnung") als Speicher von Erfahrungen diene (Hayek 1969 a). Der pauschale Verweis auf die Handelnsordnung lässt die Frage nach den Handelnden und nach deren Organisation unbeantwortet – und leistet damit, in Hayeks eigenen Worten, einem „Missverständnis" des Wettbewerbs Vorschub. Die Betonung der Rechtsordnung als stabilisierendem Rahmen ist ähnlich abstrakt und wiederum eher ein Programm für die ordnungstheoretische (und interdisziplinäre) Forschung, die an erster Stelle die Frage nach der Herkunft der Regeln behandeln muss. Die von Hayek selbst gegebene Antwort bleibt unbefriedigend, da er praktisch ausschließlich auf richterliche Rechtsfortbildung vertraut (Okruch 2001). Im Grunde umgibt sowohl die Handelns- als auch die Rechtsordnung (und deren Entwicklung) dasselbe organisationale Vakuum, das in beiden Fällen durch den Verweis auf „Spontaneität" (Hayek 1969 b, 209; 1980, 68 f.) nicht gefüllt werden kann.

Bei näherem Hinsehen dient die Zweiteilung in Handelns- und Rechtsordnung auch weniger der Erklärung ihrer Interaktion, sondern vielmehr einem normativen Ziel. Mit dem Fokus auf das rechtlich-institutionelle Arrangement kann die Bewertungsfrage von den Marktergebnissen zur Wirtschaftsordnung verschoben werden – ein erwünschter und notwendiger Perspektivwechsel: Denn mit dem evolutorischen Konzept wissenschaffenden Wettbewerbs wird die normative Seite der Wettbewerbstheorie zwangsläufig problematisch. Die zusätzliche Outputgröße versperrt sich der Maximierungslogik, denn der quantitative Zuwachs an Wissen kann nicht zwangsläufig als superior betrachtet werden. Selbst wenn die Qualitätsdimension ausgeblendet wird, so stößt die Optimierung noch an eine weitere Grenze, denn mit der Zielgröße ‚Wissen' weist der Maximand Eigenschaften eines öffentliches Gutes auf. Folgerichtig wird der Effizienzbegriff bei der Fortentwicklung des hayekianischen Ansatzes mit Attributen ergänzt, die jedoch inhaltlich eine radikale Neukonzeption bedeuten. Mit Attributen wie „katallaktisch" (Cordato 1998, 132) wird Effizienz von einem Bewertungsmaßstab für Endzustände umgedeutet in einen Maßstab für Prozesse und für die sie beeinflussenden Regeln.

2.2 Markttheorie: Institutionen, Organisationen und Unternehmer

Dieser Gedanke wird folgerichtig von der (Neuen) Institutionenökonomik aufgegriffen. Ein mögliches Gütekriterium für Institutionen, die die Märkte einrahmen, sei „adaptive Effizienz". Dabei gehe es

> „... um die Arten von Regeln, die den Entwicklungspfad einer Wirtschaft über die Zeit bestimmen. Außerdem geht es dabei um die Bereitschaft einer Gesellschaft, Wissen und Bildung zu erwerben, Innovationen zu bewirken, Risiko zu übernehmen und in verschiedenster Hinsicht kreativ tätig zu werden" (North 1992, 96).

Im Gegensatz zu Hayeks Theorie entstehen solche (adaptiv) effizienten Institutionen nicht gleichsam naturwüchsig, sondern sind Gegenstand politischer Setzung – und wirtschaftswissenschaftlicher Beratung:

> „The economist's task is simply that of repeating in various ways the admonition, ‚there exist mutual gains from trade', emphasizing the word mutual and forever keeping in mind that ‚trade' need not be confined to the exchange of goods and services in the marketplace" (Buchanan 1977, 234).

Aus diesem konstitutionenökonomischen Blickwinkel wird das Beurteilungskriterium abermals in Richtung Prozesse verschoben und letztlich auf Legitimität umgestellt (Vanberg/Buchanan 1989). Nur für den Extremfall vollständiger Ausschöpfung aller ‚Handelsgewinne' beim ‚Tausch' zwischen unterschiedlichen Regeln fallen Effizienz und Legitimität wieder zusammen: der faktische Konsens im Prozess der Abstimmung ist das exakte Äquivalent der Pareto-Effizienz für marktliche Endzustände[1].

Doch spätestens mit diesem Gedanken eines Marktplatzes für Ideen bzw. eines Tauschs von Regelarrangements lässt sich die Frage der Wissensteilung nicht mehr auf eine (noch) höhere Ebene verschieben. Vielmehr muss jene bereits angedeutete ‚order of actors' näher untersucht werden, die zwischen Handelns- und Rechtsordnung angesiedelt ist. Es müssen also für beide Typen von Märkten die darin agierenden Organisatio-

1 Mit dieser Äquivalenz ist auch klar, dass Konsens ebenso wie Pareto-Effizienz zu Nirwana-Fehlschlüssen verleiten kann; vgl. grundlegend Demsetz (1969), für die Konstitutionenökonomik Okruch (2005).

nen analysiert werden. Für die Produktion und den Austausch von Gütern ist also die Rolle von Unternehmen zu klären, bevor auch diese Konzepte auf den Systemwettbewerb übertragen werden können. In diesem Zusammenhang ist zunächst bemerkenswert, wie sprachlos Hayeks Theorie bei diesem Thema bleibt. Unternehmen, zwischenbetriebliche Kooperationen oder andere Organisationsformen für die Wissensteilung sind ein blinder Fleck in seiner Markttheorie (Foss 1998, 152 f.).

Aus Sicht der Institutionenökonomik ist dagegen klar, dass Existenz, Dimension und Wachstum von Unternehmen gerade mit der Unfähigkeit erklärt werden können, aus den allgemeinen Regeln der Rechtsordnung (und individuellen vertraglichen Vereinbarungen) die Ordnung individueller Handlungen zu determinieren (Williamson 1985). Dabei ist es freilich nicht hinreichend, die Entstehung, Wachstum und Begrenzung von Unternehmen an sich zu erklären. Oder anders gewendet: Die Betrachtung einer repräsentativen Unternehmung stellvertretend für die gesamte Unternehmenslandschaft kann nicht überzeugen, da die Population dieser ‚Wissensintegrierenden' Einrichtungen (Grant 1996) gerade durch ihre Diversität geprägt ist. Um die Bedeutung von Unternehmen für Wissensteilung und Wissensteilhabe zu verstehen, müssen unter anderem die interne Generation von Wissen und auch die Absorptionskapazität für Wissen analysiert werden. Wissen umfasst in diesem Zusammenhang neben sprachlich vermittelbarem (explizitem) *knowing-that* auch das praktische und implizite *knowing-how* (Ryle 1949) – und gerade diese Art des Wissens dürfte einen bedeutenden Teil des unterschiedlichen unternehmerischen Erfolgs ausmachen (Mantzavinos 2001). Dies bedeutet zugleich, das Spektrum unternehmerischer Aktionsparameter deutlich zu erweitern, sodass neben den harten Fakten (Preis, Menge) weitere, auch weiche Parameter (Kommunikation, Forschung und Entwicklung usw.) berücksichtigt werden. Letztlich kann eine solche Theorie der Unternehmung nicht ohne motivationale Aspekte auskommen und muss eine wenigstens rudimentäre Theorie der Unternehmerpersönlichkeit entwickeln, um unterschiedlichen Parametereinsatz verstehen zu können (Heuß 1965).

Unternehmer/-innen erzeugen durch ihre Handlungen Innovationen (und damit Ungleichgewichte in der Handelnsordnung), sind jedoch zugleich auf eine relative (!) Stabilität der Regelordnung angewiesen. Aus diesem Blickwinkel einer Ko-Evolution lassen sich Wettbewerbsprozesse auch auf der Regelebene sinnvoll betrachten.

3. Der Zauber des Systemwettbewerbs

Das aufgezeigte Spannungsverhältnis von statischer Effizienz und Dynamik von Wettbewerbsprozessen ist unschwer auch in der theoretischen Entwicklung einer Ökonomik von Mehr-Ebenen-Systemen nachweisbar. Den Ausgangspunkt dazu bildet die Auseinandersetzung mit der Problematik von Gemeinschaftsgütern (Tiebout 1956, Breton 1965). Anfänglich wurden diese in einem engeren Sinne verstanden, um der (messbaren) Produktion die entsprechenden Kosten gegenüberzustellen und Effizienz beurteilen zu können. Später werden einerseits weitere Wettbewerbsfunktionen in den Blick genommen und andererseits wird das Spektrum der betrachteten Gemeinschaftsgüter breiter und umfasst letztendlich die Produktion von Recht.

3.1 Vom Fiskalföderalismus ...

Betrachtet man die dezentrale Produktion von Gemeinschaftsgütern im engeren Sinne, so entstehen zwei Fragen: Erstens ist zu fragen, ob ein auf verschiedenen Ebenen differenziertes Angebot von Gemeinschaftsgütern begründet werden kann, zweitens muss untersucht werden, welche Konsequenzen eine differenzierte Nachfrage nach Gemeinschaftsgütern für ein Mehr-Ebenen-System hat.

Bezüglich der Eigenschaften von öffentlichen Gütern, die ihr Angebot auf verschiedenen Ebenen rechtfertigen können, wurde im traditionellen Fiskalföderalismus die unterschiedliche Reichweite betont (Breton 1965). Es wird letztlich eine weitere Güterklasse gebildet, welche solche Güter umfasst, bei deren Nutzung zwar Nicht-Ausschließbarkeit gilt, deren Nutzen jedoch – im Gegensatz zu rein-öffentlichen Gütern – räumlich begrenzt ist. Mit dieser Überlegung lässt sich ein räumlich differenziertes Angebot regionaler öffentlicher Güter begründen, das im Idealfall eine genaue Entsprechung zwischen der Reichweite des entfalteten Nutzens und der bereitstellenden Gebietskörperschaft gewährleistet („perfect mapping", Breton 1965). Zudem ist damit die fiskalische Äquivalenz (Olson 1969) zwischen Nutzerkreis und regionaler Steuerbasis gesichert. Sofern zugestanden wird, dass die historisch gewachsenen, politischen Grenzen von Gebietskörperschaften nicht der Reichweite regionaler öffentlicher Güter entsprechen und dass eine ständige Anpassung des Zuschnitts der föderalen Einheiten an die (sich wandelnden) Reichweiten wenig wahrscheinlich ist, so werden allerdings die Voraussetzungen eines pareto-optimalen Angebots öffentlicher Güter nicht erfüllt.

Gründe für eine Dezentralisierung auf der Nachfrageseite können darin gesehen werden, dass mit zunehmender Bündelung von Gütern in einem zentralisierten System die Wahrscheinlichkeit sinkt, dass das Bündel den individuellen Präferenzen eines Bürgers entspricht (Tullock 1969). Bei den kollektiven Entscheidungen über Quantität und Qualität der Güter werden folglich Teile der Wählerschaft mit ihren Vorstellungen nicht zum Zuge kommen, also „Frustrationskosten“ (Pennock 1959) auf sich nehmen müssen. Eine ausreichende Heterogenität der Präferenzen vorausgesetzt, spricht die Minimierung der Frustrationskosten für Dezentralisierung. Möglicherweise sind außerdem Dezentralisierungsvorteile bei der Umsetzung der kollektiven Entscheidungen zu realisieren, doch ein besonders gewichtiges Argument für Dezentralisierung ist die erleichterte Feststellung der Bürgerpräferenzen. Den geringeren Frustrationskosten entsprechen also geringere Informationskosten der politischen Akteure. Die bessere Erkennbarkeit resultiert dabei nicht allein aus der Dezentralisierung des politischen Widerspruchs, sondern auch daraus, dass den Bürgern in einem föderalen System außerdem die Option der Abwanderung zu Verfügung steht (Hirschman 1974), um ihrer Unzufriedenheit mit dem angebotenen Steuer-Leistungs-Paket Ausdruck zu verleihen.

Wanderungen als Präferenzoffenbarungs-Mechanismus wurden bekanntlich erstmals von Tiebout (1956) behandelt, der damit an das Kernproblem bei der Produktion von öffentlichen Gütern anknüpft und gegen die These der Ineffizienz dezentraler Produktion öffentlicher Güter die Aussage stellt, dass bei perfekter Standortkonkurrenz ein Gleichgewicht erreicht wird, bei dem jeder Bürger die optimale Kombination von Abgabenbelastung und Versorgung mit öffentlichen Gütern realisieren kann. Tiebout will also zeigen, dass bei perfektem Standortwettbewerb einerseits die individuellen Präferenzen für Gemeinschaftsgüter tatsächlich zum Ausdruck gebracht werden und außerdem jene Anbieter öffentlicher Leistungen unter Wettbewerbsdruck geraten, welche die Leistungen zu ‚Preisen‘ über den Kosten effizienter Leistungserstellung anbieten. Mit dieser Konzeption des Wettbewerbs zwischen Regierungen als Mechanismus der Kontrolle und der Präferenzaufdeckung markiert Tiebouts „voting by feet“ den (gleichgewichtstheoretischen) Ausgangspunkt der Ansätze zum Systemwettbewerb.

Bereits sehr früh beginnt sich in der Folge die Interpretation der mit Standortkonkurrenz erreichbaren Effizienz zu verschieben (Breton 1987).

Damit verbunden verändert sich die zugrunde liegende Wettbewerbskonzeption in Richtung auf eine dynamische Wettbewerbssicht, indem die größere Innovationsfähigkeit dezentraler Systeme betont wird (Oates 1972, 12). Im Wettbewerb der Gebietskörperschaften soll der Erfolg innovativer Angebote außerdem leichter erkennbar sein und der Wettbewerbsdruck für eine rasche Diffusion der Neuerung sorgen, sodass insgesamt eine überlegene Anpassungsfähigkeit – oder adaptive Effizienz – föderaler Systeme gesehen wird.

Diese Dynamisierung des Fiskalföderalismus bleibt freilich handlungstheoretisch wenig begründet. Wo sich die traditionelle Theorie des fiskalischen Föderalismus überwiegend mit der Ableitung von Empfehlungen für wohlmeinende, dem Internalisierungsziel verpflichtete Diktatoren beschäftigt hatte, da wurde den politischen Entscheidungsträgern nun zwar die Fähigkeit zu Innovation und Lernen zugesprochen, ohne dass jedoch der politische Entscheidungsprozess in die Analyse integriert wurde.

3.2 ... zum Wettbewerbsföderalismus

Sofern der öffentliche Sektor als gemeinwohlorientierte Durchsetzungsinstanz für notwendige Korrekturen von Marktversagen angesehen wird, so ist jede Öffnung dieses wettbewerblichen Ausnahmebereichs notwendig suboptimal. Diese Position muss aber erstens davon ausgehen, dass sich nicht nur die Staatsaufgaben ex ante mit Sicherheit bestimmen lassen, sondern darüber hinaus auch davon, dass das zur Auswahl der optimalen Instrumente erforderliche Lenkungswissen zur Verfügung steht. Diese theoretische Hintergrundannahme ist allerdings sehr voraussetzungsvoll. Darüber hinaus muss bei einer solchen Staatskonzeption der empirische Einwand geprüft werden, staatliches Handeln beschränke sich realiter nicht auf diese Aufgaben. Mit dem Zugeständnis von Unsicherheit bei der Implementation und der Vermutung, staatliches Handeln lasse sich nicht nur als Walten eines wohlmeinenden Diktators auffassen (Oates 2001, 134, 138 ff.), wird Wettbewerb als Entdeckungsverfahren und ebenso als Kontrollmechanismus bedeutsam.

Der Wettbewerbsföderalismus geht angesichts solcher Einwände von einem diametral entgegengesetzten Staatsverständnis aus und untersucht die Möglichkeiten der wettbewerblichen Kontrolle nicht gemeinwohlorientierter ‚Leviathan'"-Regierungen. Bei der Frage, ob ein solcher Wettbewerb funktionsfähig sei, werden die schon im Fiskalföderalismus angedeuteten unterschiedlichen Effizienzbegriffe und die damit verbundenen wettbewerbstheoretischen Konzeptionen besonders wichtig – und stehen sich als stark polarisierte Lager gegenüber: Wo aus wohlfahrtsökonomischer Sicht wiederum ein Versagen auch dieses Wettbewerbsmechanismus' zu befürchten steht, argumentieren die Befürworter des Wettbewerbs zwischen Regierungen, dass auch dafür ein Modell vollkommener Konkurrenz unangemessen sei. Es gehe nicht um die Sicherstellung paretianischer Effizienz, sondern um die Nutzung jener Funktionen, die ein dynamisches Konzept dem Wettbewerb zuschreibt. Durch die Eröffnung von Substitutionskonkurrenz, die mit der Abwanderungsoption verbunden ist, sollen Politiker dem Druck ausgesetzt werden, beständig nach einer besseren Befriedigung von Präferenzen der Bürger zu suchen, was jedoch nicht nur als Reagieren unter dem Druck der Abwanderungsdrohung zu verstehen ist. Vielmehr sollen Innovationen ermöglicht und angereizt werden, die – wie das ‚politische Angebot' insgesamt – dem wettbewerblichen Sanktionsmechanismus unterworfen sind, so dass schließlich eine Zähmung des Leviathan ermöglicht werde, die konstitutionelle Beschränkungen ergänzt oder im Extremfall ersetzt.

3.3 Zwischenergebnis: Statik und Dynamik im Systemwettbewerb

Für beide Richtungen ist weiterhin die Tieboutsche Idee der „Abstimmung zu Fuß" leitend, wobei auch erweiterte gleichgewichtstheoretische Modellierungen bestätigen, dass der Wettbewerb zwischen Regierungen überwiegend ineffizient ist oder aber, dass kein Gleichgewicht bestimmt werden kann (Apolte 1999). Aus Sicht der dynamischen Wettbewerbstheorie wird gekontert, dass (1.) das ineffiziente oder fehlende Gleichgewicht nur Beschränkungen des statischen Ansatzes widerspiegele und dass (2.) gerade angesichts der Tatsache, dass eine Vielzahl „eigentlich" privater Güter öffentlich bereitgestellt wird, die wettbewerbliche Kontrolle der Regierungen erforderlich sei. Folglich wird der föderal aufgebaute Staat in der Logik einer Firma gesehen, als eine Summe territorial definierter Clubs. Deren ‚Management' sind die Regierungen, die mit dem Angebot von Gemeinschaftsgütern um die Loyalität der Bürger (Hirschman 1974) – oder allgemeiner: um mobile Produktionsfaktoren – konkurrieren (Kerber 1998). Ob diese Analogieschlüsse völlig überzeugen, kann vorerst offen bleiben. Entscheidend ist aber, dass mit den Anleihen bei der Theorie der

Unternehmung die Wissensteilung und deren Organisation auch für den Systemwettbewerb in den Vordergrund rücken.

3.4 Eine allgemeine ökonomische Theorie der Mehr-Ebenen-Systeme

Die aufgezeigten Argumentationslinien wurde in verschiedenen Richtungen weiterentwickelt: Neben die Analyse von Möglichkeiten, die Wettbewerbsintensität in föderalen Systemen zu steigern, tritt eine zunehmende Erweiterung der betrachteten Wettbewerbsdimensionen. Ersteres ist mit der Idee des funktionalen Föderalismus verbunden, bei der die Produktion (und die Produzenten) öffentlicher Güter differenziert werden. Letzteres bedeutet, dass Gemeinschaftsgüter zunehmend virtualisiert werden, und mündet in eine allgemeine Theorie des Wettbewerbs der Institutionen, Jurisdiktionen oder Systeme.

3.4.1 Das Referenzmodell: freie Ordnungswahl

Als Referenzmodell einer allgemeinen ökonomische Theorie der Mehr-Ebenen-Systeme hat Vanberg (1997, 13) ein „System freier Ordnungswahl“ formuliert, in welchem „Akteure völlig frei zwischen alternativen Jurisdiktionen wählen können“ (Vanberg 1997, 28). Kriterium für die individuelle Wahl der präferierten Jurisdiktion ist die „in ihren Grenzen geltende Wirtschaftsverfassung“, also „das gesamte Rahmenwerk von Regeln..., die für alle Mitglieder oder Bürger einer Jurisdiktion verbindlich, und für ihre wirtschaftlichen Aktivitäten und Transaktionen von Belang sind“ (Vanberg 1997, 13 f.).

Neben den nicht-diskriminierenden Regeln der Wirtschaftsverfassung können die Jurisdiktionen auch Privilegien einräumen, also entweder Regulierungen erlassen, die für spezielle Gruppen begünstigend wirken, oder direkte Zwangstransfers an Teile der Bevölkerung vorsehen. Im Standortwettbewerb des Modells freier Ordnungswahl können somit Regeln, Regulierungen und Steuer-Leistungs-Pakete als unternehmerische Aktionsparameter eingesetzt werden.

Mit der Zulassung von Mobilität von Individuen, Unternehmen und Produktionsfaktoren verlieren die Staaten ihre Monopolstellung als Anbieter institutioneller Arrangements, und es entsteht potenzielle Substitutionskonkurrenz, was zugleich bedeutet, dass zeitgleich mit unterschiedlichen

Ordnungen experimentiert werden kann (Kerber 2000, 72 ff.). Solange allerdings Ordnungen territorial definiert sind, findet Systemwettbewerb zwischen den jeweiligen Gebietskörperschaften statt. Auch wenn in Mehr-Ebenen-Systemen dieser Wettbewerb sowohl horizontal (also zwischen Gebietskörperschaften derselben Ebene) und vertikal (zwischen den Ebenen) wirken kann, so ist die Funktionsfähigkeit eines solchen Standortwettbewerbs aus zwei Gründen systematisch beschränkt, die als Bündelungsnachteile (‚Paket'-Problem) und als Wissensproblem erörtert werden können.

3.4.2 Grenzen des Standortwettbewerbs und funktionaler Föderalismus

Einerseits betrifft die Ordnungswahl der zu Fuß abstimmenden Akteure stets die Gesamtheit der Wirtschaftsverfassung, also das besagte ‚Paket' von Regeln und Regulierungen, das von der jeweiligen Regierung angeboten wird. Damit ist zugleich ein Ansatzpunkt zur Intensivierung des Systemwettbewerbs markiert, nämlich die Entbündelung des institutionellen Pakets, was beispielsweise mit der funktionalen Differenzierung der Ordnungsanbieter gelingt. Grundsätzlich geht es immer darum, die strikte Verbindung zwischen Standort und geltenden Institutionen zu lockern, also die Territorialität des Rechts aufzuweichen.

Die Entkoppelung von Recht und Territorium ermöglicht eine nicht mit einer Standortverlagerung verbundene, ‚virtuelle' Abwanderung zu einem konkurrierenden Ordnungsanbieter. In einem System solchen funktionalen Föderalismus' (Straubhaar 1995) wird einerseits die Intensität des Systemwettbewerbs gesteigert, andererseits die Präferenzkonformität der Angebote potenziell erhöht. Die theoretischen Ansätze zum funktionalen Föderalismus integrieren damit zum einen die Internalisierungsnorm des fiskalischen Föderalismus und zum anderen die dynamische Sichtweise des Wettbewerbsföderalismus: Durch Wettbewerb gewährleistete Effizienz ist sowohl die Vermeidung interregionaler spill-overs als auch die (dynamische) Entsprechung der Bürgerpräferenzen.

Diese Form des Systemwettbewerbs ist potenziell besonders intensiv: Einerseits entfällt das ‚Paket'-Problem, andererseits fallen auch keine Translokationskosten im Zusammenhang mit der Wahl einer überlegenen (Teil-)Rechtsordnung an. Mit einem entbündelten Angebot und ohne die üblichen Hürden der ‚Abstimmung zu Fuß' für die Nachfrager kann grundsätzlich lebhafter Wettbewerb entstehen. Allerdings wird ein umfassendes System, das funktionalen Föderalismus und Wettbewerb bei der Produktion öffentlicher Leistungen verbinden möchte, utopisch bleiben müssen[2]. Bei der Produktion und Anwendung von Recht dagegen findet häufig einerseits eine funktionale Differenzierung statt (Kerber 2000, 183 f.), und andererseits kann in einzelnen Rechtsbereichen Wettbewerb zwischen unterschiedlichen Produzenten von Recht stattfinden. In beiden Dimensionen wird auch die besondere Bedeutung von Wissen erkennbar.

Hinsichtlich der Differenzierung unterschiedlicher ‚Produzenten' von Recht ist an erster Stelle an die Funktionale Selbstverwaltung zu denken. Diese unterscheidet sich von der üblichen föderalen Schichtung und soll eine Anpassung an die ‚Geographie der Probleme' gewährleisten. Mit der delegierten Rechtsetzungskompetenz für Hochschulen, Kammern etc. sollen Regelungen für solche Fragen ermöglicht werden, die spezifisches Wissen bzw. eine besondere Expertise benötigen (Okruch/Mingst 2008).

Das einschlägige und aktuelle Beispiel für selektiven Systemwettbewerb ist im EU-Maßstab selbstredend das Gesellschaftsrecht. Um die Intensität dieses Wettbewerbs kreisen zahlreiche juristische Beiträge in diesem Band. Aus der hier eingenommenen ökonomischen Perspektive kann vermutet werden, dass dieser Systemwettbewerb trotz geringer Kosten und (scheinbar) fehlender Bündelungsnachteile beschränkt bleiben muss, weil der Wettbewerb in diesem Fall nicht ohne weiteres wissenschaffend ist.

3.4.3 Grenzen theoretischen Ordnungswissens und laboratory federalism

Bei der individuellen Wahl von Ordnungen muss berücksichtigt werden, dass nicht die Wirtschaftsverfassung an sich betrachtet wird, sondern deren praktische Funktionsfähigkeit. Hier stellt sich erneut ein fundamentales Wissensproblem, da die Problemlösungskapazität institutioneller Arrangements nicht vollständig theoretisch antizipiert werden kann:

> „...we cannot discern ex ante what the best 'tools' [for solving recurrent social interaction problems, S.O.] are. We are unable to do so because we simply do not possess as explicit knowledge the accumulated experience that underlies the system of rules and institutions we live in. (...) Our search for good rules has, therefore, to be guided by the kind of experience that accumu-

2 Vgl. die Auseinandersetzung zum Utopie-Vorwurf gegen das Modell der „Functional Overlapping Competing Jurisdictions": Frey (2001), Keber (2001).

> lates in an ongoing, open-ended process of trial and error" (Vanberg/ Buchanan 1991, 71)

Theoretisches Wissen und als „Rezeptwissen" formulierte praktische Expertise sind mithin stets unvollständig und mit Unsicherheit behaftet. Dies ließe sich nur im theoretischen Grenzfall vermeiden, dass Verfassungsexperten in die Rolle des politischen Unternehmers schlüpfen und nicht allein ihr Wissen um überlegene Ordnungen, sondern die Ordnung selbst anböten (Vanberg/Buchanan 1991, 70).

Das unhintergehbare Wissensproblem spricht aber keineswegs gegen Versuche, Kenntnisse über die relative Leistungsfähigkeit von Institutionen zu erlangen. Ganz im Gegenteil sollten alle (im doppelten Sinne) pragmatischen Experimente unternommen werden, um (unsicheres) theoretisches Wissen mit praktischen Erfahrungen zu konfrontieren – und zu ergänzen (Dewey 1954). In diesem Sinne sind föderale Systeme ‚Laboratorien' zur Gewinnung solchen praktischen Wissens und für praktisches Lernen:

> "In a setting of imperfect information with learning-by-doing, there are potential gains from experimentation with a variety of policies for addressing social and economic problems [..., from making, S.O] use of the states as 'laboratories' to try to find out what sorts of programs can work" („laboratory federalism", Oates 1999, 1132).

Und im selben Sinne beginnt Systemwettbewerb nicht erst mit der Mobilität von Gütern und Faktoren, sondern bereits mit der Mobilität von Informationen über die und mit Vergleichen der Funktionsfähigkeit von Ordnungen. Bei „yardstick competition" (Breton 1996, 233) wird allerdings die Frage der Wissensteilung besonders drängend: zuerst muss genauer untersucht werden, welche Informationen aus dem Vergleich zu gewinnen sind. Sodann ist zu erörtern, ob die hohe Intensität potenziellen Wettbewerbs zu intensivem aktuellen Wettbewerb führt. Beides zusammen verweist auf die Notwendigkeit der Systemkooperation.

Theoretisch ist klar, dass aus der Beobachtung überlegener Problemlösungskapazität einer Ordnung oder eines spezifischen Teils daraus nur unsichere Schlüsse gezogen werden können. Hinzukommt bei *yardstick competition*, dass die oder der Beobachtende möglicherweise einen wesentlich geringeren Anreiz zu sorgfältiger Prüfung hat als ein mobiler Faktor vor der Wanderungsentscheidung (Vanberg/Buchanan 1989). Unabhängig davon ist klarerweise auch die Beobachtung von Gesamtordnungen von dem erörterten ‚Paket'-Problem beeinflusst: es muss dann versucht werden, jene Teilordnungen zu isolieren, die den größten Beitrag zur insgesamt herausragenden Leistungsfähigkeit liefern – wenn man nicht auf den Gedanken verfallen möchte, ein institutionelles Gesamtarrangement zu ‚verpflanzen'. Die Problematik dieser Idee wird aber auch schon beim ‚Import' einzelner Institutionen deutlich. Denn auch die Beobachtung überlegener Funktionsfähigkeit eines Teils der (Rechts-)Ordnung kann nicht zum Schluss führen, die unveränderte oder unreflektierte Kopie der fraglichen Institutionen in eine andere Ordnung würde dort dieselbe Problemlösungskapazität entfalten. Ein solcher Fehlschluss verkennte die Kontextualität von Institutionen und deren soziale ‚Einbettung' – sei es in weitere formelle oder in informelle Institutionen (North 1992, Granovetter 1985). Diese Interdependenz belastet im Übrigen auch den Systemwettbewerb durch Mobilität von Rechten, also etwa im Gesellschaftsrecht: der Import des Gesellschaftsrecht gelingt damit eben doch nicht isoliert, und folglich ist auch die Wettbewerbsintensität nicht so hoch, wie es bei völliger Abwesenheit der Bündelungsproblematik zu erwarten wäre. Diese Inkohärenzproblematik betrifft den Rechtsimport über die Anwendbarkeit fremden Rechts (wie im Falle des Gesellschaftsrechts in der EU) ebenso wie die legislative Einpflanzung fremder Institutionen. Die Diskussion um solche *legal transplants* hat gezeigt, dass diese – um im Bild zu bleiben – Abstoßungsreaktionen provozieren können (Spamann 2009, Langer 2004, Watson 1995).

Insgesamt ergibt sich somit, dass die Beobachtung fremder Institutionen oder der Wettbewerbsdruck durch fremde Ordnungen nicht zur bloßen Imitation, sondern zu politischem Lernen genutzt werden müssen. Doch stoßen solche Lernprozesse auf praktische Schwierigkeiten: bei *yardstick competition* in föderalen Systemen ist, unabhängig von den diskutierten Schwierigkeiten bei der Gewinnung von Wissen, dessen Diffusion häufig unzureichend (Oates 1999, 1133 f.). Diese Beobachtung ist auch für die anderen Formen des Systemwettbewerbs relevant, für die zwar klar ist, dass stärkerer Wettbewerbsdruck zur Wissensgenerierung besteht, nicht jedoch, wie politisches Lernen zu Innovationen genutzt werden kann.

3.4.4 Politisches Unternehmertum und Systemkooperation

Zusammenfassend wird ein markantes Defizit der theoretischen Ansätze zum Systemwettbewerb deutlich: mag die politische ‚Arbeitsteilung' mit elaborierten Modellen des Systemwettbewerbs immer besser beschrieben worden sein, so mangelt es an einer Theorie der Wissensteilung für den Bereich kollektiver Problemlösungen.

Diese Leerstelle lässt sich zwar formal erneut im Wege der Analogie füllen, indem als Akteur des dynamischen Systemwettbewerbs ein ‚politischer Unternehmer' eingeführt wird. Angesichts der (im Vergleich zum Markt) potenziell noch größeren Komplexität kann es sich aber nicht um ein heroisierendes Idealbild der Unternehmerperson à la Schumpeter handeln. Vielmehr geht es um institutionelles Unternehmertum (Battilana et al. 2009) und seine organisationalen Ausprägungen – es geht um „Kooperation und Organisation" (Hayek) innerhalb des Systemwettbewerbs!

Nach dieser unvermeidlichen Weitung der Perspektive ist es unzulässig, Methoden, die offensichtlich (zumindest auch) der Wissensnutzung dienen, als dem (System-)Wettbewerb fremd und als mit Sicherheit dem Wettbewerb schädlich zu betrachten. Dies betrifft insbesondere Formen der Kooperation im Systemwettbewerb, die häufig als mögliche Wettbewerbsbeschränkungen verdächtigt werden[3]. Dies ist jedoch dann offensichtlich verkürzt, wenn es um Innovationen und ihre Diffusion geht. Denn auch beim kollektiven Innovationsprozess auf Märkten (Pyka 1999, Silverberg 1990) ist die Frage der Organisation nicht einfach und eindeutig zu beantworten, weil sich über die Produktion des noch Unbekannten kein einfacher Marktkontrakt schließen lässt – und genauso wenig eine hierarchische Anweisung gegeben werden kann. Wenn aber für marktliche Innovationen offensichtlich eigene Organisationsformen erforderlich sind, mit denen jenseits der Koordinationsformen ‚Markt' und ‚Hierarchie' operiert – und kooperiert – werden kann, so sind Verfahren der hybriden Koordination auch für die Förderung politischer Innovationen nicht a priori wettbewerbsbeschränkend[4].

Einen interessanten Ansatz zur praktischen Ausgestaltung eines solchen Systems der Co-opetition hat der *democratic experimentalism* (Sabel 1997, Dorf/Sabel 1998) formuliert. Bezeichnenderweise ist auch dessen Ausgangspunkt eine Analogie zum Marktgeschehen – nur dass dabei bereits für den (gegenwärtigen) Wettbewerbsprozess auf Märkten die Gleichzeitigkeit von kompetitiven und kooperativen Elementen betont wird. Bereits auf der Marktebene wird also die ‚order of actors' berücksichtigt, und es werden Formen inner- und zwischenbetrieblicher Organi-

---

3 Vgl. die differenzierte Analyse bei Eckardt/Kerber (2005).

4 So auch die Argumentation zu „regulatory co-opetition", vgl. Neuwirth/Svetlicinii (2014); grundlegend Esty/Geradin (2000) sowie Geradin/McCahery (2005).

sation und Kooperation untersucht, wie sie insbesondere für Innovationen von Bedeutung sind. Bei der Übertragung dieses Gedankens auf den politischen Prozess (und die Produktion von Gemeinschaftsgütern) wird versucht, eine geeignete Organisationsform zu finden, die eine vergleichbare Anpassungsflexibilität und Lernfähigkeit gewährleistet. Mit der Entscheidung für eine öffentliche Produktion von Gütern sollen die Potenziale wissenschaffenden Wettbewerbs nicht verschlossen werden, gleichzeitig kann aber das erworbene Wissen, da es sich um Produktion von Gemeinschaftsgütern handelt, nicht dezentral bleiben. Damit wird jene Systemkooperation in den Vordergrund gestellt, der abschließend auch in der Rechtsgeschichte nachgespürt werden soll.

4. Systemwettbewerb, Systemvergleich und Systemkooperation in der Entwicklung des Gesellschaftsrechts

Ein Blick in die Entstehungsgeschichte des kontinentaleuropäischen Gesellschaftsrechts ist für die hier entwickelte Argumentation erhellend – auch wenn dieser fachfremd („transdisziplinär") und nur kursorisch erfolgen kann. Erhellend zum einen, weil mit der Entstehung nationaler Kodifikationen der Systemwettbewerb intensiviert wird. Zum anderen geht es in vielen Bereichen des „Neuen Rechts" (Coing 1989) nicht nur formal um die Ablösung des *Ius Commune*, sondern tatsächlich um inhaltlich Neues – um rechtliche Innovationen.

Die industrielle Revolution und die Industrialisierung der Landwirtschaft erforderte innovative Regelungen im Gefolge neuer technischer und wirtschaftlicher Möglichkeiten. Das Recht musste beispielsweise mit größeren Unternehmenseinheiten oder -verbünden umgehen, die höhere Geschwindigkeit und das größere Volumen des (internationalen) Handels und Kapitalverkehrs berücksichtigen sowie vermehrte Schäden durch neue und nur unzureichend beherrschte Techniken rechtlich beherrschbar machen. Organisationsprobleme entstanden nicht nur bei den Unternehmen (gleichsam auf der ‚Arbeitgeberseite'), sondern auch bei dem neuartigen Phänomen der Vertretung der Interessen der Industriearbeiter.

Die Neuigkeit der gesellschaftsrechtlichen Regelungsprobleme geht nur teilweise Hand in Hand mit den Emanzipationsbestrebungen der Nationalstaaten und ihrer Kodifikationen. Die Problemlösungen folgten zwar der jeweiligen ‚Geographie der Probleme', ließen sich aber offensichtlich nicht ‚aus einem Guss' zu neuen Regelungen formen:

> „Dieses neue Recht [der privatrechtlichen Organisationen, S.O.] ist nicht auf der Grundlage eines Gesamtplanes oder auch aus einfachen Leitideen, wie denjenigen von Freiheit und Gleichheit, entstanden. Auch hat ihm nicht ein von der Wissenschaft entwickeltes System zugrunde gelegen (...). Vielmehr ist die Rechtsbildung den tatsächlichen Entwicklungen gefolgt und hat die Probleme geregelt, so wie sie nach und nach in das Bewußtsein getreten sind. Mit einer gewissen Übertreibung könnte man auch sagen, daß viele der Einzelregelungen erst aus dem Erscheinen von Mißbräuchen der jeweils gegebenen Möglichkeiten hervorgegangen sind" (Coing 1989, 145).

Vor diesem Hintergrund wird verständlich, warum die nationalstaatlichen Kodifikationen von einer bemerkenswerten Gegenbewegung begleitet wurden. Zum Neuen Recht gehört nicht allein die nationale Abschließungstendenz, sondern zugleich auch die Systemkooperation einer intensiv gepflegten Rechtsvergleichung. Beobachtung und Reflexion des je fremden Rechts beginnen mit der „législation comparée", also der Erschließung fremder Gesetzgebung als Quelle juristischer Erkenntnisse. Später wurde auch die ausländische Rechtsprechung in die Vergleichung mit einbezogen, bis schließlich auch die Rechtswissenschaft und -geschichte berücksichtigt wurden (Coing 1989, 56ff.). Vermittelt durch diese intensive Rechtsvergleichung und den Export erarbeiteter Lösungen wurde das Gesellschaftsrecht zu einer europäischen Leistung: mit Blick auf das Aktienrecht wurde von einer „Schöpfung selten in so glücklicher Verbindung wiederkehrender gemeinsamer Kulturarbeit" (Klein 1904, 10) gesprochen.

5. Ausblick: Rechtsentwicklung als Entdeckungsverfahren

Wettbewerb ist, so das geflügelte Wort Hayeks (1968), ein Entdeckungsverfahren, das – nach Einschätzung desselben Autors (Hayek 1991, 46 f.) – „Organisation und Kooperation" mit einschließt, solange der „experimentelle Charakter" des Wettbewerbs dadurch erhalten bleibt. Während die Ausfüllung dieser programmatischen Leitlinien für den Wettbewerb auf Märkten weit gediehen ist, blieb für den Systemwettbewerb Kooperation lange Zeit ein blinder Fleck. Doch gerade die Produktion von Recht im (historischen ebenso wie im aktuellen) Wettbewerb der Systeme lässt die Gleichzeitigkeit von Wettbewerbsdruck, Kooperation und rechtswissenschaftlich vermittelten Lernerfahrungen (Zumbansen 2000) erkennen. „Rechtsfortbildung als Entdeckungsverfahren" (Schmidt 1993, 87) beinhaltet also Organisation und Kooperation, und diese Systemkooperation muss bei der Frage nach der Intensität des Systemwettbewerbs im (Gesellschafts-)Recht mit berücksichtigt werden.

Literatur

Apolte, Thomas (1999): Die ökonomische Konstitution eines föderalen Systems: Dezentrale Wirtschaftspolitik zwischen Kooperation und Wettbewerb, Tübingen.

Battilana, Julie/ Leca, Bernard/ Boxenbaum, Eva (2009): How Actors Change Institutions: Towards a Theory of Institutional Entrepreneurship, in: The Academy of Management Annals, Vol. 3, S. 65-107.

Breton, Albert (1965): A Theory of Government Grants, in: Canadian Journal of Economics and Political Science, Vol. 26, S. 175-187.

Breton, Albert (1987): Towards a Theory of Competitive Federalism, in: European Journal of Political Economy, Special Issue Nr. 3, S. 263-329.

Breton, Albert (1996): Competitive Governments: An Economic Theory of Politics and Public Finance, Cambridge.

Buchanan, James M. (1977): Freedom in Constitutional Contract – Perspectives of a Political Economist, College Station.

Coing, Helmut (1989): Europäisches Privatrecht, Bd. II: 19. Jahrhundert - Überblick über die Entwicklung des Privatrechts in den ehemals gemeinrechtlichen Ländern, München.

Cordato, Roy E. (1998): Efficiency, in: Boettke, Peter J. (Hrsg.), The Elgar Companion to Austrian Economics, Cheltenham u.a., S. 131-136.

Demsetz, Harold (1969): Information and Efficiency: Another Viewpoint, in: The Journal of Law and Economics, Vol. 12, S. 1-22.

Dewey, John (1954): The Public and Its Problems, Athens.

Dorf, Michael C./Sabel, Charles F. (1998): A Constitution of Democratic Experimentalism, in: Columbia Law Review, Vol. 98, S. 267-473.

Eckardt, Martina/ Kerber, Wolfgang (2005): Best Practices, Yardstick Competition und Lernen in der Wirtschaftspolitik – eine kritische Analyse der Methode der offenen Koordinierung der EU, in: Schäfer, Wolf (Hrsg.), Institutionelle Grundlagen effizienter Wirtschaftspolitik, Berlin, S. 121-166.

Esty, Daniel C./ Geradin, Damien (2000): Regulatory Co-opetition, in: Journal of International Economic Law, Vol. 3, S. 235-255.

Foss, Nicolai J. (1998): Austrian and Post-Marshallian Economics: the Bridging Work of George Richardson, in: Foss, Nicolai J./ Loasby, Brian J. (Hrsg.), Economic Organization, Capabilities and Co-Ordination: Essays in Honour of G. B. Richardson, London/New York, S. 138-162.

Frey, Bruno S. (2001): A Utopia? Government Without Territorial Monopoly, in: Journal of Institutional and Theoretical Economics, Vol. 157, S. 162-175.

Geradin, Damien/ McCahery, Joseph A. (2005): Regulatory Co-opetition: Transcending the Regulatory Competition Debate, in: TILEC Discussion Paper Serie, Vol. 2005-020.

Granovetter, Mark (1985): Economic Action and Social Structure: The Problem of Embeddedness, in: American Journal of Sociology, Vol. 91, S. 481-510.

Grant, Robert M. (1996): Toward a Knowledge-Based Theory of the Firm, in: Strategic Management Journal, Vol. 17, S. 109-122.

Hayek, Friedrich A. v. (1968): Wettbewerb als Entdeckungsverfahren, Kiel.

Hayek, Friedrich A. v. (1969 a): Rechtsordnung und Handelnsordnung, in: Hayek, Friedrich A. von, Freiburger Studien: Gesammelte Aufsätze, Tübingen, S. 161-198.

Hayek, Friedrich A. v. (1969 b): Die Sprachverwirrung im politischen Denken: mit einigen Vorschlägen zur Abhilfe, in: Hayek, Friedrich A. von, Freiburger Studien: Gesammelte Aufsätze, Tübingen, S. 206-231.

Hayek, Friedrich A. v. (1976): Individualismus und wirtschaftliche Ordnung, 2. Aufl., Salzburg.

Hayek, Friedrich A. v. (1980): Recht, Gesetzgebung und Freiheit, Band 1: Regeln und Ordnung, München.

Hayek, Friedrich A. v. (1991): Die Verfassung der Freiheit, 3. Aufl., Tübingen.

Helmstädter, Ernst (2001): Wissensteilung: Thünen-Vorlesung bei der Jahrestagung 2000 des Vereins für Socialpolitik, Berlin 20. September 2000, in: Perspektiven der Wirtschaftspolitik, Bd. 2, S. 445-465.

Hesse, Günter (1990): Evolutorische Ökonomik oder: Kreativität in der Theorie, in: Witt, Ulrich (Hrsg.), Studien zur Evolutorischen Ökonomik I, Berlin, S. 49-73.

Heuß, Ernst (1965): Allgemeine Markttheorie, Tübingen.

Hirschman, Albert O. (1974): Abwanderung und Widerspruch: Reaktionen auf Leistungsabfall bei Unternehmungen, Organisationen und Staaten, Tübingen.

Kerber, Wolfgang (1998): Erfordern Globalisierung und Standortwettbewerb einen Paradigmenwechsel in der Theorie der Wirtschaftspolitik?, in: ORDO: Jahrbuch für die Ordnung von Wirtschaft und Gesellschaft, Bd. 49, S. 253-268.

Kerber, Wolfgang (2000): Rechtseinheitlichkeit und Rechtsvielfalt aus ökonomischer Sicht, in: Grundmann, Stefan (Hrsg.), Systembildung und Systemlücken in Kerngebieten des Europäischen Privatrechts: Gesellschafts-, Arbeits- und Schuldvertragsrecht, Tübingen, S. 67-97.

Kerber, Wolfgang (2001): Comment on Bruno S. Frey, A Utopia? Government Without Territorial Monopoly, in: Journal of Institutional and Theoretical Economics, Vol. 157, S. 180-186.

Klein, Franz (1904): Die neueren Entwicklungen in Verfassung und Recht der Aktiengesellschaft, Wien.

Langer, Máximo (2004): From Legal Transplants to Legal Translations, in: Harvard International Law Review, Vol. 45, S. 1-64.

Mantzavinos, Chrysostomos (2001): Individuals, Institutions, and Markets, Cambridge u.a.

Neuwirth, Rostam J./ Svetlicinii, Alexandr (2014): International Trade, Intellectual Property and Competition Rules: Multiple Cases for Global 'Regulatory Co-Opetition'? (October 18, 2014). The New Zealand Association for Comparative Law, Hors Serie, Vol. 19 (available at SSRN:http://ssrn.com/abstract=2651123, 01.07.2016).

North, Douglass C. (1992): Institutionen, institutioneller Wandel und Wirtschaftsleistung, Tübingen.

Oates, Wallace E. (1972): Fiscal Federalism, New York.

Oates, Wallace E. (1999): An Essay on Fiscal Federalism, in: Journal of Economic Literature, Vol. 37, S. 1120-1149.

Oates, Wallace E. (2001): Fiscal Competition and the European Union: Contrasting Perspectives, in: Regional Science and Urban Economics, Vol. 31, S. 133-145.

Okruch, Stefan (2001): Der Richter als Institution einer spontanen Ordnung: Einige kritische Bemerkungen zu einer Zentralfigur in Hayeks Theorie der kulturellen Evolution, in: ORDO: Jahrbuch für die Ordnung von Wirtschaft und Gesellschaft, Bd. 52, S. 131-153.

Okruch, Stefan (2005): Verfassungswahl und Verfassungswandel aus ökonomischer Perspektive – oder: Die Grenzen der konstitutionenökonomischen Suche nach der guten Verfassung, in: Beckmann, Klaus/ Dieringer, Jürgen/ Hufeld, Ulrich (Hrsg.), Eine Verfassung für Europa, 2. Aufl., Tübingen, S. 135-158.

Okruch, Stefan/ Mingst, Alexander (2008): Die Kammerorganisation in evolutorischer Perspektive, in: Jahrbuch Recht und Ökonomik des Dritten Sektors 2007/2008, Baden-Baden, S. 123-149.

Olson, Mancur (1969): The Principle of 'Fiscal Equivalence': The Division of Responsibilities Among Sifferent Levels of Government, in: American Economic Review, Vol. 59, S. 479-487.

Pennock, James R. (1959): Federal and Unitary Government: Disharmony and Frustration, in: Behavioural Science, Vol. 4, S. 149-157.

Pyka, Andreas (1999): Der kollektive Innovationsprozeß: Eine theoretische Analyse informeller Netzwerke und absorptiver Fähigkeiten, Berlin.

Ryle, Gilbert (1949): The Concept of Mind, London.

Sabel, Charles F. (1997): Design, Deliberation, and Democracy: On the New Pragmatism of Firms and Public Institutions, in: Ladeur, Karl-Heinz (Hrsg.), Liberal Institutions, Economic Constitutional Rights, and the Role of Organizations, Baden-Baden, S. 101-149.

Schmidt, Karsten (1993): Jherings Geist in der heutigen Rechtsfortbildung: Ein Streifzug durch den „Geist des römischen Rechts" aus heutiger Sicht, in: Behrends, Okko (Hrsg.), Privatrecht heute und Jherings evolutionäres Rechtsdenken, Köln, S. 77-109.

Silverberg, Gerald (1990): Adoption and Diffusion of Technology as a Collective Evolutionary Process, in: Freeman, Christopher/ Soete, Luc (Hrsg.), New Explorations in the Economics of Technical Change, London, S. 177-192.

Spamann, Holger (2009): Contemporary Legal Transplants: Legal Families and the Diffusion of (Corporate) Law, in: BYU Law Review, Vol. 2009, S. 1813-1878.

Straubhaar, Thomas (1995): Ein Europa des funktionalen Föderalismus: mehr als ein Denkmodell?, in: ORDO: Jahrbuch für die Ordnung von Wirtschaft und Gesellschaft, Bd. 46, S. 185-202.

Tiebout, Charles M. (1956): A Pure Theory of Local Expenditures, in: Journal of Political Economy, Vol. 64, S. 416-424.

Tullock, Gordon (1969): Federalism: Problems of Scale, in: Public Choice, Vol. 6, S. 19-29.

Vanberg, Viktor (1997): Systemtransformation, Ordnungsevolution und Protektion: Zum Problem der Anpassung von Wirtschaftssystemen an ihre Umwelt, in: Cassel, Dieter (Hrsg.), Institutionelle Probleme der Systemtransformation, Berlin, S. 11-41.

Vanberg, Viktor/ Buchanan, James M. (1989): Interests and Theories in Constitutional Choice, in: Journal of Theoretical Politics, Vol. 1, S. 49-62.

Vanberg, Viktor/Buchanan, James M. (1991): Constitutional Choice, Rational Ignorance and the Limits of Reason, in: Jahrbuch für Neue Politische Ökonomie, Bd. 10, S. 61-78.

Watson, Alan (1995): From Legal Transplants to Legal Formants, in: The American Journal of Comparative Law, Vol. 43, S. 469-476.

Williamson, Oliver E. (1985): The Economic Institutions of Capitalism, New York.

Zumbansen, Peer (2000): Ordnungsmuster im modernen Wohlfahrtsstaat: Lernerfahrungen zwischen Staat, Gesellschaft und Vertrag, Baden-Baden.

Die Autorinnen und Autoren

Zoltán Csehi, Prof. Dr., LL.M. (Heidelberg), M.A. (Kunstgeschichte), ist seit 2016 als Richter am Gericht der Europäischen Union tätig, außerdem seit 2013 Professur für Bürgerliches und Handelsrecht an der Pázmány Péter Katholischen Universität, Budapest. Zuvor war er Dozent an der ELTE Universtät in Budapest sowie im Jahr 2006 Humboldt-Stipendiat an der Universität Köln. Seine Forsschungsschwerpunkte liegen im Bereich des Handelsrechts, des Stiftungsrechts, des Erbrechts und des IPR.

Gabriella Dobrin, Dr. jur, LL.M. (AUB), studierte Rechtswissenschaften in Rumänien, Ungarn und Deutschland. 2012 promovierte sie an der Juristischen Fakultät der Ruprecht-Karls-Universität Heidelberg zu einem deutsch-ungarisch-rumänischen rechtsvergleichenden Gesellschaftsrechtsthema. 2009-2012 war sie an der Fakultät für Vergleichende Staats- und Rechtswissenschaften der AUB als wissenschaftliche Mitarbeiterin tätig. Danach wurde sie Leiterin des Dezernats für Studienangelegenheiten und Internationales der AUB. Zwischenzeitlich war sie im ungarischen Landesgerichtsamt für die Regelkonformität zuständig. Ihre Forschungsschwerpunkte liegen im Bereich des Gesellschaftsrechts und des Europarechts.

Jana Duračinská, JUDr. PhD., ist Absolventin der Rechtswissenschaftlichen Fakultät der Comenius-Universität in Bratislava. Zurzeit ist sie als Fachassistentin am Lehrstuhl für Handelsrecht und Wirtschaftsrecht an der Rechtswissenschaftlichen Fakultät der Comenius-Universität tätig. Seit 1999 ist sie Mitglied der slowakischen Rechtsanwaltskammer. Ihre Forschungsschwerpunkte liegen im Bereich des Gesellschaftsrechts, des Insolvenzrechts und des Vergaberechts.

Martina Eckardt, Prof. Dr. rer. pol., hat seit 2007 die Professur für Volkswirtschaftslehre, insbes. Finanzwissenschaft an der Andrássy Universität Budapest (AUB) inne. Zuvor war sie an der Universität Bamberg (1993-1998), an der Universität Rostock (1999-2005) und an der Universität Witten-Herdecke (2005-2007) tätig. Von 2008 bis 2010 war sie Dekanin der Fakultät für Internationale Beziehungen, seit 2010 ist sie Mitglied im Universitätsrat der AUB. Ihre Forschungsschwerpunkte liegen im Bereich der Institutionenökonomik, der Ökonomischen Analyse des Rechts, der Evolutorik und der Industrieökonomik sowie der Sozialpolitik.

Thomas Ehrmann, Prof. Dr. rer. pol., ist seit 2000 Direktor am Institut für Strategisches Management an der Universität Münster. Er promovierte 1988 zu einem Thema der Wohnungsbaufinanzierung. Danach war er Referent im Bundesministerium für Wirtschaft, Senior Manager bei Price Waterhouse und Bereichsleiter Strategie bei o.tel.o. Er ist u.a. Direktor F&C an der Universität Münster und Mitglied im BahnBeirat der DB AG. Seine Forschungsschwerpunkte liegen auf den Gebieten Netzwerkforschung und Regulierung. Er ist zudem Autor und Herausgeber zahlreicher einschlägiger Publikationen und Mitglied in einschlägigen Fachgremien.

Lars Hornuf, Jun.-Prof. Dr. oec. publ. M.A., hat seit 2014 die Juniorprofessur für die ökonomische Analyse des Rechts an der Universität Trier inne. Zuvor war er an der Ludwig-Maximilians-Universität München (2008-2014) und am ifo Institut für Wirtschaftsforschung (2006-2008) tätig. Im Jahr 2010 war er Visiting Researcher an der Boalt Hall Law School der UC Berkeley, 2012 Visiting Scholar an der Standford Law School, 2014 Visiting Fellow an der Duke University, 2015 Visiting Professor am Max-Planck-Institute für Innovation und Wettbewerb und 2016 Visiting Researcher an der Georgetown Law School. Seine Forschungsschwerpunkte liegen im Bereich der Ökonomischen Analyse des Rechts, der Finanzierungslehre sowie der Verhaltensökonomik.

Anja-Maria Lechner, M.A., studierte Politikwissenschaft an der Universität Bremen und Wirtschaftswissenschaften an der Andrássy Universität Budapest. Seit 2015 ist sie wissenschaftliche Mitarbeiterin an der Helmut-Schmidt-Universität der Bundeswehr Hamburg am Lehrstuhl für Public Economics. Ihre Forschungsschwerpunkte bilden die Institutionenökonomik sowie die dynamische Optimierung.

Julia Lindner studiert Rechtswissenschaften an der Ludwig-Maximilians-Universität in München mit dem Schwerpunktbereich Unternehmensrecht, Gesellschafts-/Kapitalmarkt- und Insolvenzrecht. Sie war von 2014 bis 2016 als studentische Hilfskraft am Lehrstuhl für Unternehmensrecht und Bürgerliches Recht von Herrn Prof. Dr. Lars. Klöhn, LL.M. (Harvard) tätig.

Balázs Mladonyiczki ist Alumnus der Andrássy Universität Budapest, Ökonom und Steuerberater. Seit Mitte 2011 ist er bei LeitnerLeitner tätig. Seine Tätigkeitsschwerpunkte liegen in der Steuerberatung betreffend Umsatzsteuer, ungarische Produktgebühr und internationales Steuerrecht in drei Sprachen.

Stefan Okruch, Prof. Dr. rer. pol., Professur für Wirtschaftspolitik an der Andrássy Universität Budapest (AUB). Studium der Volkswirtschaftslehre (bis 1992) und Promotion (1997) an der Universität Bayreuth; 1997-2002 wiss. Mitarbeiter der interdisziplinären Max-Planck-Projektgruppe (jetzt: MPI) zur Erforschung von Gemeinschaftsgütern; seit 2002 Professuren für Wirtschaftspolitik an der Universität Kassel und der deutschsprachigen Andrássy Universität Budapest. An der AUB Gründungsdekan und Dekan der Fakultät für Internationale Beziehungen; 2008-2014 stv. Rektor der AUB. Forschungsschwerpunkte: Europäische Wirtschaftspolitik, Law & Economics, evolutorische, institutionelle und Verhaltensökonomik.

Mária Patakyová, Prof. JUDr. PhD. ist ordentliche Professorin am Institut für Handels- und Wirtschaftsrecht an der Rechtswissenschaftlichen Fakultät der Comenius-Universität Bratislava. In den Jahren 2003 - 2011 war sie als Vizerektorin der Comenius-Universität Bratislava für internationale Beziehungen und für die Förderungspolitik verantwortlich. Seit 2011 ist sie dort als Vizerektorin für Legislative tätig. Sie vertritt die Comenius-Universität u. a. im Rahmen des internationalen Programms E. MA, das mittels EIUC in Venedig stattfindet. Sie absolvierte mehrere ausländische Studienaufenthalte, u. a. an der Wirtschaftsuniversität WIEN, FOWI (1999, 2004, 2005), an der Cambridge University (2007), an der Helsinki University (2015) sowie an der Indianapolis University (2015). Seit 2007 ist sie Mitglied der Arbeitsgruppe European Model Company Act (EMCA), in deren Rahmen sie als Vertreterin der Slowakischen Republik an der Vorbereitung eines alternativen Models der Regelung von Handelsgesellschaften teilnimmt. Prof. Patakyová hat zahlreiche Publikationen auf dem Gebiet des Handels- und Gesellschaftsrechts verfasst, darunter insbesondere ihre Habilitationsarbeit „Das Handelsregister. Ausgewählte und zusammenhängende Probleme (Obchodný register. Vybrané a súvisiace problémy). Darüber hinaus ist sie Leiterin des Autorenkollektivs des Beck-Kommentars zum slowakischen Handelsgesetzbuch, der bis dato in vier Auflagen erschienen ist.

Christian Schubel, Prof. Dr. jur., studierte Rechtswissenschaft an der Friedrich-Schiller-Universität in Jena, wo er auch 1990 mit einer Arbeit über die Besteuerung von Joint Ventures in Osteuropa promovierte. 1992 wechselte er an die Ruprecht-Karls-Universität Heidelberg, an deren Juristischer Fakultät er 2001 mit einer Schrift über die Verbandssouveränität und die Binnenorganisation der Handelsgesellschaften habilitiert wurde. Seit 2002 hat er den Lehrstuhl für Zivil- und Wirtschaftsrecht an der Andrássy Universität Budapest inne. Von 2006 bis 2009 war er als Prorektor und zugleich von 2007 bis 2008 als kommissarischer Rektor der Andrássy Universität tätig. Seine Forschungsschwerpunkte bilden das Gesellschafts- und Konzernrecht, das Privatrecht und die Privatrechtsgeschichte der Neuzeit.

Márta Siklós ist Volkswirtin, Steuerberaterin und Wirtschaftsprüferin und seit 1999 Partnerin bei LeitnerLeitner. Zuvor war sie viele Jahre in ihrer eigenen Kanzlei selbständig tätig. Sie betreut internationale Kunden umfassend in den Bereichen der Wirtschaftsprüfung, Bilanzerstellung, Buchführung (HAS, IFRS) sowie Personalabrechnung. Ihre Tätigkeitsschwerpunkte liegen im ungarischen und internationalen Unternehmenssteuerrecht, Financial & Tax Due Diligence und Transaktionsberatung (M&A, Private Equity). Weiters ist sie Co-Präsidentin beim Landesverband der Ungarischen Steuerberater und Präsidentin der Steuersektion der Kammer der Ungarischen Wirtschaftsprüfer. Márta Siklós ist gefragte Vortragende zu verschiedensten Themen des Steuerrechts und unterrichtet regelmäßig an der Corvinus Universität in Budapest, wo sie auch ihr Wirtschafts- und Lehrer-Diplom erhalten hat.

FSC
www.fsc.org
MIX
Papier | Fördert gute Waldnutzung
FSC® C083411

Kolibri 360 GmbH
Ferdinand-Jühlke-Straße 7
99095 Erfurt, Deutschland
produktsicherheit@kolibri360.de